中國学術思想研究輯刊

十六編

林慶彰 主編

第 **15** 冊

黃宗羲理學思想之研究
——以心理氣是一爲詮釋進路（下）

陳正宜 著

花木蘭文化出版社

國家圖書館出版品預行編目資料

黃宗羲理學思想之研究——以心理氣是一為詮釋進路（下）／
陳正宜 著 — 初版 — 新北市：花木蘭文化出版社，2013〔民
102〕
目 2+230 面；19×26 公分
（中國學術思想研究輯刊 十六編：第 15 冊）
ISBN：978-986-322-140-1（精裝）
1.（清）黃宗羲 2. 學術思想 3. 理學
030.8   102002268

ISBN-978-986-322-140-1

9 789863 221401

中國學術思想研究輯刊
十六編　第十五冊　　　　　　ISBN：978-986-322-140-1

黃宗羲理學思想之研究
——以心理氣是一爲詮釋進路（下）

作　　者　陳正宜
主　　編　林慶彰
總 編 輯　杜潔祥
出　　版　花木蘭文化出版社
發 行 所　花木蘭文化出版社
發 行 人　高小娟
聯絡地址　235 新北市中和區中安街七二號十三樓
　　　　　電話：02-2923-1455／傳眞：02-2923-1452
網　　址　http://www.huamulan.tw 信箱 sut81518@gmail.com
印　　刷　普羅文化出版廣告事業
封面設計　劉開工作室
初　　版　2013 年 3 月
定　　價　十六編 25 冊（精裝）新台幣 42,000 元　　　　　版權所有·請勿翻印

黃宗羲理學思想之研究
——以心理氣是一爲詮釋進路（下）

陳正宜　著

第四章　盈天地間皆心，心乃氣之靈

　　朱子認為「天地之間，有理有氣，理也者，形而上之道也，生物之本也；氣也者，形而下之器也，生物之具也。是以人物之生必稟此理然後有性，必稟此氣然後有形。」〔註1〕以「理」為形而上之本體，並賦予形質萬物本然之性，而形質之萬物雖由「氣」所構成，但此氣卻生自於理，為理之從屬。王陽明則認為「夫在物為理，處物為義，在性為善，因所指而異其名，實皆吾之心也。心外無物，心外無事，心外無理，心外無義，心外無善，吾心之處事物，純乎理，而無人偽之雜。」〔註2〕明確以萬物之理其實即吾「心」中之理，不須外求，主張心與理一，以心為本體之存有。然而在此二種思路之外，宗羲提出「盈天地間皆氣」的論點，認為「氣」乃萬物生化之本體本源，即「大化之流行，只有一氣充周無間。」〔註3〕是以「氣」為首出的本體論。不過，宗羲此處卻又提出「盈天地皆心也」〔註4〕的觀點，〔註5〕是完全異於前

〔註1〕　（宋）朱熹：《朱子文集》，卷第五十八，〈答黃道夫〉，冊六，頁2798。

〔註2〕　（明）王陽明：《王陽明書牘》，卷一，〈與王純甫〉癸酉（《王陽明全集》），頁10。

〔註3〕　（明）黃宗羲：《南雷文案》，卷三，〈與友人論學書〉（《黃宗羲全集》增訂版），冊十，頁152。

〔註4〕　（明）黃宗羲：《南雷文定》四集，卷一，〈明儒學案序〉（《黃宗羲全集》增訂版），冊十，頁77。

〔註5〕　《明儒學案》完成之時，宗羲並未為之作序，直至康熙32年（1698年）賈樸刻成此書後，遂為其作了兩篇序。根據吳光先生的研究，「一篇是在病中『口授兒子百家書之』，並未寄送賈樸；一篇是在病後改作，由賈樸收入紫筠齋初刻本。前序由梨洲門人收入《南雷文定》四集，後經賈念祖竄改後收入紫筠齋重印本。後序除收入賈氏初刻本外，又由梨洲之子黃百家收入了《南雷文定》五集。」（《黃宗羲著作彙考》，臺北：臺灣學生書局，1990年5月初版，

－187－

述氣論的主張，而造成「氣」與「心」孰為本體的複雜理論架構。故本章先就宗羲心、性、情之內容作一分析，再討論其與氣之關係，冀以解決宗羲思想中氣與心在本體問題上爭訟不已之處。

第一節　散殊者無非一本，吾心是也

一、心為萬殊之本

宗羲承繼了劉宗周的思想，而劉宗周本身又是王學的繼承者，故宗羲自然表現出尊王抑朱的傾向。其曾云：

> 有明學術，從前習熟先儒之成說，未嘗反身理會，推見至隱。所謂「此亦一述朱，彼亦一述朱」耳。高忠憲云：「薛敬軒、呂涇野語錄中，皆無甚透悟。」亦為是也。自姚江指點出「良知人人現在，一反觀而自得」，便人人有個作聖之路。故無姚江，則古來之學脈絕矣。
> 〔註6〕

宗羲此處明確表現出尊王的態度，認為薛瑄、呂柟等一系朱學論者，對儒學的認識並不算是真正透悟，只有姚江陽明以吾心之良知即天理的主張，才是真切發揚儒學本質，將其最根本的實學義理展現出來。即以心為宇宙之本體，天地萬物存在之根據，強調心與理一。即陽明所云：

> 夫萬事萬物之理，不外於吾心，而必曰窮天下之理，是殆以吾心之良知為未足，而必外求於天下之廣，以禆補增益之，是猶析心與理而為二也。〔註7〕

陽明發揮了陸九淵「四方上下曰宇，往古來今曰宙，宇宙便是吾心，吾心即是宇宙。」〔註8〕的觀點，以心為宇宙之本體，而宇宙間的萬事萬物即納於吾心之中，即使「心」成為宇宙萬物之本體與本源。因此，陽明直言：「心者，天地萬物之主也。心即天，言心則天地萬物皆舉之矣。」〔註9〕以心為天地萬

　　頁27。）故本論文即以宗羲病中口授的黃百家之序稱〈明儒學案序〉，而病癒之後，所改寫之序稱作〈明儒學案序〉改本。

〔註6〕　（明）黃宗羲：《明儒學案》，卷十，〈姚江學案〉序論（《黃宗羲全集》增訂版），冊七，頁197。

〔註7〕　（明）黃宗羲：《傳習錄》，中，〈答顧東橋書〉（《王陽明全集》），頁36。

〔註8〕　（明）陸九淵：《陸象山全集》，卷二十二，〈雜說〉，頁5上。

〔註9〕　（明）王陽明：《王陽明書牘》，卷三，〈答季明德書〉丙戌，（《王陽明全集》），

物之主宰，故天下萬事萬物之理皆在吾心之中，而天地萬物亦以吾心之存在為其存有之根據。至此，自然反對程朱析心與理為二的主張。所以陽明進一步認為萬理皆根源於吾心，「心」是自我完善的本體，故萬物之理必須是由吾心發之，才有萬物之理的存在。換言之，外在無限的客觀世界，是必須透過主觀精神本體之心認識之後，才得以確實存在。即客觀實體與主觀精神的結合，才是萬物之所以存在的根據，這正是陽明心即理的表現，故提出「心者，天地萬物之主」的主張，以本體之「心」統括宇宙萬物。簡言之，心為最高主體，其物之存在必透過「心」之感應而存有，絕無心外之物，〔註 10〕故舉陽明觀花為例：

> 先生（陽明）遊南鎮，一友指岩中花樹，問曰：「天下無心外之物，如此花樹在深山中自開自落，於我心亦何相關？」先生曰：「你未看此花時，此花與汝心同歸於寂；你來看此花時，則此花顏色一時明白起來，便知此花不在你的心外。」〔註 11〕

陽明認為吾「心」即是宇宙萬物之本體，所以外在客觀存在之花，卻因未透過主觀本體之心的認知，此現實雖存在之花，就如同未見此花之時，是同歸於寂無而不存在。只有在本心已發用的情況下，由主觀之心認定此花及其顏色時，此具色彩之花才算是主、客觀並存的真實存在。即萬物皆備於吾心，吾心為萬事萬物生成之本體及本源，完全是以心為天地萬物之主，而心外無物的論點。而此論點又為宗羲所承繼而有所發揮，故宗羲在〈明儒學案〉序文中有云：

> 盈天地皆心也。人與天地萬物為一體，故窮天地萬物之理，即在吾心之中。後之學者錯會前賢之意，以為此理懸空於天地萬物之間，吾從而窮之，不幾於義外乎？此處一差，則萬殊不能歸一，夫苟工夫著到，不離此心，則萬殊總為一致。〔註 12〕

　　又

頁 52。

〔註 10〕 王陽明有云：「心外無物，心外無事，心外無理，心外無義，心外無善。」（《王陽明書牘》，卷一，〈與王純甫書〉癸酉。《王陽明全集》，頁 10。）明確表示在吾心包含天地萬物，天地萬物皆依賴吾心而存在的前提下，「心」外絕無其他之物理。

〔註 11〕 （明）王陽明：《傳習錄》，下（《王陽明全集》），頁 83。

〔註 12〕 （明）黃宗羲：《南雷文定》五集，卷一，〈明儒學案序〉改本（《黃宗羲全集》增訂版），冊十，頁 79。

> 盈天地皆心也，變化不測，不能不萬殊。心無本體，功力所至，即
> 其本體。故窮理者窮此心之萬殊，非窮萬物之萬殊也。窮心則物莫
> 能遁，窮物則心滯於一隅。是以古之君子寧鑿五丁之間道，不假邯
> 鄲之野馬，故其途亦不得不殊；奈何今之君子必欲出於一途，使美
> 厥靈根者，化爲焦芽絕港。〔註13〕

宗羲此處明確提出「盈天地皆心」的觀點，認爲「心」雖是充塞宇宙天地之
間，但卻不受客觀人、事、物之限制，自能變化不測而生成萬殊不同的形質
之理。換言之，天地萬物之理，其實莫不在吾心之中，故當主觀之心發用時，
天地萬物之理隨之體顯而成爲天地萬物具體存在之因。所以宗羲認爲要認知
萬有形質之理，必先從「窮此心之萬殊」著手，即窮得此心之理則萬物之理
莫不豁然開通；反之，若藉由外物之理以內求本心，不僅是本末倒置的行爲，
更使「美厥靈根者，化爲焦芽絕港。」因此，宗羲直言「不離此心，則萬殊
總爲一致」，可謂是站在以心爲本體的立場，表明只有「窮此心之萬殊，非窮
萬物之萬殊」，認爲天地萬殊之理，其實就是吾心之所發，以心統合一切萬理
而具本體主宰義。故宗羲又云：

> 盈天地間無所謂萬物，萬物皆因我而名。如父便是吾之父，君便是
> 吾之君，君父二字，可推之爲身外乎？然必實有孝父之心，而後成
> 其爲吾之父；實有忠君之心，而後成其爲吾之君。此所謂「反身而
> 誠」，纔見得萬物非萬物，我非我，渾然一體，此身在天地間，無少
> 欠缺，何樂如之？〔註14〕

此處筆者以爲可從三階段來討論。第一，宗羲「盈天地間無所謂萬物，萬物
皆因我而名」的論點，是建立在「盈天地皆心」的基礎上，明確以萬物之名
皆由吾本體之心而來，完全是心本體論的表現，更可謂是將陽明唯心觀花之
論做最精要的敘述。然而此處卻馬上產生了一個有趣的問題，就是依照萬物
皆因「我」而名的邏輯推論，則父親及國君之名是須透過本體之心的認知之
後，才能成爲「我」的父親及國君，此在推理論述上並無錯誤，所以宗羲才
會提出「必實有孝父之心，而後成其爲吾之父；實有忠君之心，而後成其爲

〔註13〕 （明）黃宗羲：《南雷文定》四集，卷一，〈明儒學案序〉（《黃宗羲全集》增訂版），冊十，頁77。
〔註14〕 （明）黃宗羲：《孟子師說》，卷七，〈萬物皆備章〉（《黃宗羲全集》增訂版），冊一，頁149。

吾之君」的結論。然而，問題就出在實際的社會人倫中，就算沒有本體之心的認知，但是「父親」及「國君」依舊是現實客觀存在，並不受主觀本體之心的影響，於是造成了理論與現實之間的差距。故此處必須接著再由下一階段討論。

　　第二，宗羲對於上述的差距，並無視而不見，反而具體提出「反身而誠」的解決之道。《中庸》有云：「誠者，天之道也；誠之者，人之道也。」〔註15〕劉宗周據此天道為誠的觀點，亦認為「『誠者，天之道也』，獨之體也。『誠之者，人之道也』，慎獨之功也。」〔註16〕明確以其思想中心的獨體，是本於天道之誠者，是同時本體義與主宰義並存，〔註17〕故宗羲承繼此論點，主張「大虛之中，昆侖旁薄，四時不忒，萬物發生，無非實理，此天道之誠也。」〔註18〕即以誠者是天道本然之理。以天地萬物之實理具存於誠中的觀點，就是萬殊之理總為一心的表現，故回歸本心之發用即是反身而誠。因此，宗羲為了解決現實上父親與國君不受主觀心之認定，卻仍客觀存在的事實，提出一旦有父子、君臣之名時，同時亦就是心體發用之時，因為宗羲表示「父便是吾之父，君便是吾之君，君父二字，可推之為身外乎？」明確以「可推之為身外乎？」說明了事實狀況與本心認知在時間上的等同地位，故有君父之名，本心就必須旋即發用，其發用的過程即是反身而誠，以本心具萬殊之理，當中亦包括父子、君臣之理，所以現實上父子、君臣之關係，其實是存於本心之中，因此本心「必然」亦「必須」同時發用為父子、君臣之理，即回歸本心內在的本然之理，是將客觀事實轉化為主觀本心中的萬殊之理，使心與事理合一，達到萬物不僅因我而名亦同時因我而具體存在。

　　第三，若暫拋開「盈天地皆心」的基本立場而言，其實萬物之存有是既

〔註15〕（宋）朱熹：《中庸章句》，第二十章（《四書集注》），頁18。

〔註16〕（明）劉宗周：《學言中》（《劉宗周全集》），冊二，頁495。

〔註17〕勞思光先生對此亦有類似的結論，但其推理則由工夫層面立論，以為「蕺山之言『慎獨』，則重在『獨體』之觀念。所謂『獨體』，即主宰，亦即指超越意義之自我或主體。故蕺山之『慎獨』工夫，即於此靈明主宰之無所走失上如實建立。由是一面將『存養』與『省察』統攝為一，另一面即由此『獨體』通往所謂『意』之肯定，前者屬工夫理論，後者屬本體理論，而貫通其間者即此『主體性』或『主宰』一義也。」（《新編中國哲學史》，第六章，〈明末清初之哲學思想（上）〉。臺北：三民書局股份有限公司，1992年9月增訂七版，冊三下，頁576。）

〔註18〕（明）黃宗羲：《孟子師說》，卷四，〈居下位章〉（《黃宗羲全集》增訂版），冊一，頁94。

定的事實，爲何宗羲卻主張須經本體之心認知後，萬殊之物才爲眞實的存在。筆者則以爲宗羲透過心爲萬殊之本的思路，主張盈天地皆心而能貫通萬物，其實是賦予了萬物之所以存在的價值意義，使冰冷的現實世界充滿了人文精神，尤其是本體之心經由反身而誠的作用，才見得「萬物非萬物，我非我，渾然一體」，以萬物不能只是單純以「物的形態」存在，而我亦不能僅以「人的形軀」存在，而是必須賦予人及萬物內在精神本體，使其有存在的價值，即心與事理合一，消融主、客觀間的限制。否則，萬物仍只是一外物，人亦只是一形軀外殼，並無內在精神意義，於是人將淪爲一形物而喪失了人文精神。因此，宗羲盈天地皆心的散殊無非本於一心的主張，其實是肯定了氣化世界具人文化成之義，更證明了人是同時精神與實體的存在。

以上先就理論推衍而言，接著在承上述第二階段來討論，就是在已實際存有的父子、君臣的關係上，爲何又需「多此一舉」再由本心做再次的認知。筆者認爲這「多此一舉」的發用，正是證明了「人」的存在價值。因爲現實存在的具體關係，促使了本心「必然」亦「必須」同時發用認知此層關係，相對而言，心既然已知父君的存在，則此心亦必然需忠孝之理與之配合。換言之，宗羲以心爲本體之論點，除了是盈天地間無非一心的觀點外，其實更是要人無從逃避現實人倫的手段，即透過心與事理合一，使人在自我要求之下，「必定」達到與事實相配合的行爲，此處已凸顯出人是具有道德實踐的必然性。

綜合上述可知，宗羲以盈天地間無所謂萬物，萬物皆因我而名，以心爲本體，故心體流行而萬殊之理莫不隨之而存在，故宗羲又云：

> 自其分者而觀之，天地萬物各一理也，何其博也；自其合者而觀之，天地萬物一理也，理亦無理也，何其約也。汎窮天地萬物之理，則反之約甚難。散殊者無非一本，吾心是也。仰觀俯察，無非使吾心體之流行，所謂「反說約」也。若以吾心陪奉於事物，便是玩物喪志矣。〔註19〕

宗羲此處從分合的角度言理，認爲自其分者而言，天地萬物各有其自爲萬物的分殊之理；以其合者而言，天地萬物之所以存在，皆本於一所以存在之理，然此理並非萬物自身的分殊之理，此論正是傳統儒學理一分殊的概念。不過

〔註19〕　（明）黃宗羲：《孟子師說》，卷四，〈博學章〉（《黃宗羲全集》增訂版），冊一，頁110。

宗羲將此概念與本體之心結合，[註20] 認為天地萬物乃萬殊之理的表現，而此萬殊之理又內存於吾心之中，即「散殊者無非一本，吾心是也。」明確以心統合萬殊之物理，以心為本，而物理為末。換言之，此處可謂是「心」之一本萬殊的作用，以「心之萬殊」即萬物本身所各自具備的分殊之理，而這些分殊之理又本於一心而為「心之一本」。據此，順向由本心發用而言，吾心體之流行，就是天地萬物之理的流行；再逆向由萬物之理溯源而言，萬殊之理可回歸本心之中，就是散殊者無非一本的論點。

　　由此可見，宗羲是主張以心統合天地萬物，而萬物又內存於心體之中，是提高了「心」的絕對地位。因此，宗羲此處又再次論及「汎窮天地萬物之理」，是欲藉外求物理以回歸心體的做法，將使「此理懸空於天地萬物之間，吾從而窮之，不幾於義外乎？」[註21] 即是將心與事理二分，而造成「窮物則心滯於一隅」[註22] 使心體淪喪的窘境。所以宗羲認為緣物求心，是「以吾心陪奉於事物，便是玩物喪志矣。」故宗羲此處以心為萬物根據的論點，明顯與陽明一致。陽明有云：

> 夫析心與理而為二，此告子義外之說，孟子之所深闢也。務外遺內，博而寡要，吾子既已知之矣；是果何謂而然哉？謂之玩物喪志，尚猶以為不可歟。[註23]

陽明認為分心與理為二，便是於心外求理，其結果將造成「務外遺內，博而寡要」，是本末倒置的行為。而宗羲據此提出「散殊者無非一本，吾心是也」的論點，完全是心學一系的表現；反對窮萬物之理以求本心，主張窮盡本心，則萬殊歸於一本。故宗羲直云：「根本不出一心，由一心以措天地萬物，則無所不貫；由天地萬物以補湊此心，乃是眼中之金屑也。」[註24] 明確以「心」

[註20]　劉述先先生對此觀點亦云：「理一而分殊，把握到心的樞紐點，則可以把握道，而知性知天，這是孟子以降一貫傳留下來的思路。梨洲所繼承的正是陽明這一類心學，……有關心與世界之相應架構，梨洲完全是一同型態的思路。」（《黃宗羲心學的定位》，臺北：允晨文化實業股份有限公司，1986 年 10 月 28 日初版，頁 100。）

[註21]　（明）黃宗羲：《南雷文定》五集，卷一，〈明儒學案序〉改本（《黃宗羲全集》增訂版），冊十，頁 79。

[註22]　（明）黃宗羲：《南雷文定》四集，卷一，〈明儒學案序〉（《黃宗羲全集》增訂版），冊十，頁 77。

[註23]　（明）王陽明：《傳習錄》，中，〈答顧東橋書〉（《王陽明全集》），頁 35。

[註24]　（明）黃宗羲：《明儒學案》，卷五十二，〈諸儒學案中六〉，「諸生李大經先生經綸」（《黃宗羲全集》增訂版），冊八，頁 583。

通貫萬物，即此心含括萬殊之理，已是將心定位在本體立場；若由窮天地萬物以內求本心，則將導致心裂爲萬殊，是爲「玩物喪志」，或眼中有金屑，愈是傷害，反而更使本心不明。簡言之：「天地萬物之理，不外於腔子裏，故見心之廣大。」〔註25〕即心體之流行，便能體天地萬物，而萬物之理即在本心之中。

綜合而言，宗羲主張「盈天地間皆心」，即以心爲本體，故「由一心以措天地物」，就是以「心」充塞流行於天地之間，而天地萬物只是心體的不同表現。因此，可以得到三個結論。一、由外而論，「盈天地間無所謂萬物，萬物皆因我而名。」明確表現出心體具有主宰義，即萬物必須經過本心的認知之後，萬物才有所以然而然的存在意義。換言之，天地萬物莫不本於心體之流行，以本心建立萬物的存在。二、再由內而言，「散殊者無非一本，吾心是也」。直以散殊之理歸於本心，心體含括天地萬物之理，使心成爲眾理所歸之處，成爲眾理的根據而具本體義。因此，「窮理者，窮此心之萬殊」，以心包含天地萬物及其物理，心體的流行變化即成萬殊。簡言之，天地萬物變化莫測只是本體之心不同的發用而已。三、在客觀事實上，萬物本現實存有，並不受本心認知與否而有所改變。然而宗羲仍承繼心學的傳統，認爲萬物需透過本心認知之後，才算是有意義的存在。故宗羲此種「多此一舉」的本心認知萬物的過程，其實是賦予了世界萬物人文價值精神，尤其是「人」在心體得知人倫關係的同時，本心「即感即發」而有忠孝之理；此不僅證明了人存在的價值意義外，更與前兩點一齊指出一共同性，即此心之中含萬理，是心與理合一的表現。不過，若在由根本立場深究，此心雖爲萬殊之本，但此心體又由何組成而來，故再轉由下節討論。

二、心即氣之靈處

宗羲以心爲萬殊之本，而主張「盈天地皆心也。人與天地萬物爲一體，故窮天地萬物之理，即在吾心之中，……不離此心，則萬殊總爲一致。」〔註26〕明確以人之心與天地萬物同體，故萬物流行之理即吾心之理，使心成爲萬

〔註25〕 （明）黃宗羲：《明儒學案》，卷三十七，〈甘泉學案一〉，「文簡湛甘泉先生若水」（《黃宗羲全集》增訂版），冊八，頁141。

〔註26〕 （明）黃宗羲：《南雷文定》五集，卷一，〈明儒學案序〉改本（《黃宗羲全集》增訂版），冊十，頁79。

殊之理的本源。不過，宗羲卻又直言：「通天地、互古今，無非一氣而已，氣本一也。」〔註27〕即以氣爲天地萬物的本體。如此，馬上產生一個疑問，就是在宗羲的思想中，究竟是以心爲本源，還是以氣爲本體，或者根本上就主張「心」、「氣」二元論。對此，宗羲則明確表示：

> 孟子言萬物皆備於我，言我與天地萬物一氣流通，無有礙隔。故人
> 心之理，即天地萬物之理，非二也。〔註28〕

宗羲認爲人心之所以能與天地萬物同體而爲萬殊之本，在與此心與天地萬物同爲一「氣」所組成，故此氣之心與氣之萬物能彼此互通，並歸攝於吾心之中。換言之，站在「氣」的立場，吾人透過「氣」而通貫萬物之理，即「人與天雖有形色之隔，而氣未嘗不相通。」〔註29〕明確提出以「氣」能超越形體的限制，並加入「由一心以措天地萬物，則無所不貫」〔註30〕之心具本體義的成分，而得以使「萬物皆備於我」。因此，若依照此思路繼續推論，即萬物皆透過「氣」而與吾心同體，又「散殊者無非一本，吾心是也。」〔註31〕以吾心即散殊萬物之所本者；所以天地萬物能與吾心相貫通而備於其中，完全在於二者同爲「氣」所構成。由此可見，此推論已凸顯出宗羲之心與氣之間其實有者密切的關係。因此，宗羲對此直云：

> 夫在天爲氣者，在人爲心；……人受天之氣以生，祇有一心而已。
> 〔註32〕

又

> 盈天地間皆氣也，其在人心，一氣之流行，誠通誠復。〔註33〕

〔註27〕（明）黃宗羲：《宋元學案》，卷十二，〈濂溪學案下〉，附「梨洲太極圖講義」（《黃宗羲全集》增訂版），冊三，頁609。
〔註28〕（明）黃宗羲：《明儒學案》，卷二十二，〈江右王門學案七〉，「憲使胡廬山先生直」（《黃宗羲全集》增訂版），冊七，頁593。
〔註29〕（明）黃宗羲：《孟子師說》，卷七，〈盡其心者章〉（《黃宗羲全集》增訂版），冊一，頁148。
〔註30〕（明）黃宗羲：《明儒學案》，卷五十二，〈諸儒學案中六〉，「諸生李大經先生經綸」（《黃宗羲全集》增訂版），冊八，頁583。
〔註31〕（明）黃宗羲：《孟子師說》，卷四，〈博學章〉（《黃宗羲全集》增訂版），冊一，頁110。
〔註32〕（明）黃宗羲：《明儒學案》，卷四十七，〈諸儒學案中一〉，「文莊羅整菴先生欽順」（《黃宗羲全集》增訂版），冊八，頁408。
〔註33〕（明）黃宗羲：《明儒學案》，卷六十二，〈蕺山學案〉，「忠端劉念臺先生宗周」（《黃宗羲全集》增訂版），冊八，頁890。

又

夫大化之流行，只有一氣充周無間。……其在人而為惻隱、羞惡、
恭敬、是非之心，同此一氣之流行也。〔註34〕

筆者以為此處必須分從兩階段來討論：第一、宗羲明確主張心為氣在人身上
之流行，其能表現為惻隱、羞惡、恭敬、是非等心之特性，其實亦仍是一氣
之體顯，故此心是本於氣而來。因此，宗羲明確提出「心即氣也」〔註35〕的
論點，以為天以氣化流行而生人物，其中人卻能得此氣而為心，可見此心體
是稟氣所構成。然而此處馬上產生一個新問題，即是心體既然由氣所構成，
則此結論是否僅證明「氣」只是組成心體的基本成分而已；或是另證明「氣」
既然為心之體，是否就決定了氣為心之主宰。對此，筆者認為若就生成論上
而言，「心即氣也」，以心本於氣之結論，是不置可否的；但若以此論則認定
氣亦同時為心之主宰，在推理的邏輯上將過於牽強，因此，不得不再轉由下
一階段討論。

　　第二、就宗羲的思路而言，「散殊者無非一本，吾心是也。」是以「心」
為萬物之主宰。又「孟子言萬物皆備於我，言我與天地萬物一氣流通，無有
礙隔。」是透過「氣」以達到人心之理與天地萬物之理的相通貫。於是在上
述「心即氣也」的結論下，人與萬物雖皆一氣流通而存在，是稟「氣」而流
行，但心即氣也，心又為散殊之本，故稟「氣」者即轉變成以「心」為之主
宰。而將直接推得所謂「萬物皆備於我」實即「萬物皆在我一心」之意，而
導致將「氣」認定為心體實踐之載具，使「萬物皆備於我」即由本心認定後
再藉一氣流通貫穿實現的。明顯以心的位階高於氣。但不能就以此觀點直言
判定只有「『心』才是天地萬物的基礎，……氣不是作為天地萬物的基礎，而
是『物我一體』或『心物合一』實現的媒介或場所。」〔註36〕即以氣僅是心
體與天地萬物溝通的橋樑，其主宰權仍在心上。得到如此結論，完全是就孟
子的心學角度來判定宗羲之氣論。孟子曰：「萬物皆備於我矣。反身而誠，樂

〔註34〕　（明）黃宗羲：《南雷文案》，卷三，〈與友人論學書〉（《黃宗羲全集》增訂版），
　　　　　冊十，頁152。
〔註35〕　（明）黃宗羲：《孟子師說》，卷二，〈浩然章〉（《黃宗羲全集》增訂版），冊
　　　　　一，頁60。
〔註36〕　參考王邦雄、楊祖漢、岑溢成、高柏園：《中國哲學史》，下冊，（臺北：里仁
　　　　　書局，2005年11月15日增訂1版），頁596。

莫大焉。強恕而行，求仁莫近焉。」〔註37〕孟子認爲「心」不僅具主觀的認知作用，〔註38〕而且爲一切道德本性之價值本體，〔註39〕所以「萬物皆備於我矣」，不僅是萬物之存有爲吾本心所認定，還包括仁義道德亦由吾本心之所發。因此，孟子主張透過「心體」以達人我互通，使邁向聖賢之路簡化，只須向內反觀於本心，而不須向外尋求於物，即吾心之理發爲外在道德之理，而外在道德之理又本於吾心之體。故只要能掌握本心，就能成聖成賢而功德圓滿。〔註40〕然而，孟子此種心物一體，以「心」爲絕對形上本體之主張，不僅是以孟子之心來解釋宗義的氣論，而非宗義本意之外；反而是陷入理路上的混亂，即究竟「氣」與「心」孰爲主體的疑問。對此，宗義在「心即氣」的立場下，明確提出「心即氣之靈處」的觀點，其云：

> 四時行，百物生，其間主宰謂之天。所謂主宰者，純是一團虛靈之氣，流行於人物。故民之視聽，即天之視聽，無有二也。〔註41〕

又

> 天地間只有一氣充周，生人生物。人稟是氣以生，心即氣之靈處，所謂知氣在上也。〔註42〕

〔註37〕（漢）趙岐注，（宋）孫奭疏：《孟子注疏》，卷第十三上，〈盡心上〉《十三經注疏》，頁4上。

〔註38〕孟子曰：「耳目之官不思，而蔽於物：物交物，則引之而已矣。心之官則思，思則得之，不思則不得也，此天之所與我者。」（《孟子注疏》，卷第十一下，〈告子上〉。《十三經注疏》，頁9上。）明確指出人心天生就具有思維認知的能力、即以心爲思官，與耳目等感官相對，表現出心具認知作用的能力。

〔註39〕孟子曰：「君子所性，仁義禮智根於心。」（《孟子注疏》，卷第十三上，〈盡心上〉。《十三經注疏》，頁12上。）孟子認爲仁義禮智等道德皆本於天生的個人本心之中，故一切道德行爲其實皆由內在本心而發，即心爲一切道德之性的本根。

〔註40〕錢穆先生對於孟子的「萬物皆備於我」，亦主張人的本心之中原具道德之理。其云：「凡屬人生界一切公認爲善與德之標準，其實皆從人心中來，因此在我莫不備有。我們若反身體認，覺得別人所提倡所公認的這許多善與德之標準，皆是恰如我心之所欲，又恰爲我心之所有。如是，我便感到內外如一，外面一切善與德，便恰如我心般，眞實不虛，此即所謂反身而誠，那豈有不大樂的呢？」（《中國思想史》，臺北：臺灣學生書局，1993年8月第七次印刷，頁32。）

〔註41〕（明）黃宗義：《孟子師說》，卷五，〈堯以天下與舜章〉《黃宗義全集》增訂版），冊一，頁123。

〔註42〕（明）黃宗義：《孟子師說》，卷二，〈浩然章〉《黃宗義全集》增訂版），冊一，頁60。

宗義明確指出天地間只有一氣流行生人生物，故人、物皆稟氣而生，但其中卻只有「在天爲氣者，在人爲心；……人受天之氣以生，祇有一心而已。」〔註43〕以人之所以異於物者，在於人具一「心」而已。因此，可以作一比較，「大化之流行，只有一氣充周無間」，〔註44〕其間之主宰者「純是一團虛靈之氣」，再反觀「散殊者無非一本，吾心是也。」，〔註45〕是以「心」統攝萬殊之理。於是將可推得「心」與「虛靈之氣」同具主宰之能力。但此處並不表示心完全等同於氣，因爲筆者認爲就前述的生成義上言，宗義曾直云：「天地間祇有一氣，……人得之以爲心，亦氣也。」〔註46〕據此而主張「心即氣也」，這僅能說明心爲氣所組成，故在生成義的這一個層面上，心體其實仍本於氣而來，此時雖可謂心等同於氣即「心即氣」之論。但進一步深究，卻可發現在宗義的思想中，並非以「心」與「氣」同具認知之能力，而是專指以「虛靈之氣」爲本體的「心」才具認知之能力，可見心在生成意義上雖本源於氣，但作用上絕非一般單純的氣之流行者，而是只有具備「虛靈」特性之氣者，才具成爲「心」體的資格，所以宗義才會直言「心即氣之靈處」，以氣之虛靈者爲心。換言之，宗義認爲「天以其氣之精者生人，麤者生物，雖一氣而有精麤之判。」〔註47〕確實指出氣有精粗之分，其中只有氣之精者才得以生人，再加上人之異於物者在於一「心」之有無，故人之心只能在氣之精處及氣之靈處才得以生。不過，此處又產一個新問題，究竟此「氣」要具何種特性，才可稱之爲「氣之靈」者。對此，宗義則提出了「心即氣之靈處，所謂知氣在上也」以氣具「知」之特性而爲氣之靈的觀點。其云：

> 天以氣化流行而生人物，純是一團和氣。人物稟之即爲知覺，知覺之精者靈明而爲人，知覺之麤者昏濁而爲物。人之靈明，惻隱、羞惡、辭讓、是非，合下具足，不囿於形氣之內；禽獸之昏濁，所知

〔註43〕（明）黃宗義：《明儒學案》，卷四十七，〈諸儒學案中一〉，「文莊羅整菴先生欽順」（《黃宗義全集》增訂版），冊八，頁408。

〔註44〕（明）黃宗義：《南雷文案》，卷三，〈與友人論學書〉（《黃宗義全集》增訂版），冊十，頁152。

〔註45〕（明）黃宗義：《孟子師說》，卷四，〈博學章〉（《黃宗義全集》增訂版），冊一，頁110。

〔註46〕（明）黃宗義：《明儒學案》，卷三，〈崇仁學案三〉，「恭簡魏莊渠先生校」（《黃宗義全集》增訂版），冊七，頁42。

〔註47〕（明）黃宗義：《孟子師說》，卷六，〈食色性也章〉（《黃宗義全集》增訂版），冊一，頁135。

　　　　所覺，不出於飲食牡牝之間，爲形氣所錮，原是截然分別。……人
　　　　道之大，不在經綸參贊，而在空際之虛明。其爲幾希者此也。〔註48〕
人之所以異於萬物及禽獸，在於人能不囿於形氣之內，而卻另有那一點靈明、
虛明的知覺之精者，然這知覺之精者其實就是「心」之作用。宗羲明顯以氣
之虛靈者爲人的知覺之精者，是以「心即氣之靈處，所謂知氣在上」的思路
繼續發展，認爲人、物雖皆稟氣以生而有知覺，但是人之所以爲人之因，在
於人心所具之知覺乃氣之虛靈者故「精」。因此，不僅能認知飲食牡牝之間，
更能反觀內在本具惻隱羞惡辭讓是非四者。換言之，若從認知作用方面立論，
人心具有認知的能力，其所認知者已超越禽獸生存繁衍的實質層面，而是達
到知覺人倫五常的精神層次。其因在於人心所具「知」的能力，是「知覺之
精者」，非一般的認知作用。故宗羲對此則加以說明：

　　　　「知」者，氣之靈者也。氣而不靈，則昏濁之氣而已。〔註49〕

宗羲指出心所擁有「知」的作用，其實是由於氣之靈者所賦予其認知的能力。
因此「心即氣之靈處」，又其「知」之作用亦是氣之靈者，所以心具知覺作用
在生成意義上並無疑問，皆同爲一氣所賦予。不過此氣非一般生生之氣而已，
而是必須爲精純、虛靈之氣，才足以生化流行爲人之心並使其具備知覺之作
用。反言之，只有人才擁有虛靈知覺之心，此心雖與物同爲一氣流行，但此
流行中唯有氣之靈者，才能同時生化人心及其認知能力。

　　　　所以在「心即氣也」的前提下，宗羲直言：「天之生人，除虛靈知覺之外，
更無別物。」〔註50〕明確表示人之所以異於物者，在於「虛靈知覺」，其中虛
靈知覺又爲心的認知能力，可見人與物的區別，僅在於「心」的有無與否來
判定，所以孟子才會直言：「人之所以異於禽獸者，幾希。」〔註51〕不過，此
處要特別注意一點，即是「心」的存在與否，其實是建立在「氣」是否爲「氣
之靈」的條件之下，以人之有心而具靈明知覺，乃是因人稟氣之精靈者而生，
故能不爲形氣所錮，並藉著「我與天地萬物一氣流通」，以心透過「氣」去感

〔註48〕　（明）黃宗羲：《孟子師說》，卷四，〈人之所以異章〉（《黃宗羲全集》增訂版），
　　　　　冊一，頁111。
〔註49〕　（明）黃宗羲：《孟子師說》，卷二，〈浩然章〉（《黃宗羲全集》增訂版），冊
　　　　　一，頁64。
〔註50〕　（明）黃宗羲：《明儒學案》，卷四十二，〈甘泉學案六〉，「端潔楊止菴先生時
　　　　　喬」（《黃宗羲全集》增訂版），冊八，頁317。
〔註51〕　（漢）趙岐注，（宋）孫奭疏：《孟子注疏》，卷第八上，〈離婁下〉（《十三經
　　　　　注疏》），頁10上。

應知覺萬殊之理其實就是吾心之理，即萬物及吾心皆本於一氣故能互相通貫。如此結論，才是由宗羲「心即氣也」的立場解釋孟子的心學。不過，由此也可得知宗羲如同孟子亦以心具認知作用，仍是繼承了儒家心之官能思的觀點。孟子曾云：

> 耳目之官不思，而蔽於物：物交物，則引之而已矣。心之官則思，思則得之，不思則不得也，此天之所與我者。先立乎其大者，則小者不能奪也。〔註52〕

孟子明確以耳目爲感應器官，其因不具認知思考的能力，故蔽於物而無法作用；唯有「心」這一個特殊器官，不僅具有認知思考的能力，又因爲此心爲天所賦予，本源於天，所以能「盡其心者，知其性也，知其性則知天矣。」〔註53〕以人之心受於天而具道德義理。因此，人可依此活活潑潑之心去認知判定一切行爲準則。簡言之，孟子之心乃爲思官，心之職能爲知，心之內涵則從道德義理爲內容。至於荀子則認爲：

> 形具而神生，好惡、喜怒、哀樂臧焉，夫是之謂天情；耳、目、鼻、口、形，能各有接而不相能也，夫是之謂天官；心居中虛，以治五官，夫是之謂天君。〔註54〕

又

> 心有徵知，徵知，則緣耳而知聲可也，緣目而知形可也；然而徵知必將待天官之當簿其類，然後可也。五官簿之而不知，心徵之而無說，則人莫不然謂之不知，此所緣而以同異也。〔註55〕

荀子認爲耳目口鼻形態、五官，各有所接，各能當簿其類，即五官雖各能接受一類型的感應知覺，卻不能相互爲用，是必須透過「心」以統治五官的。不過，此「心」亦只有徵知之作用即察而知之的能力，仍必須緣耳而知聲，緣目以知形。相對而言，耳目亦必須提供感應知覺予心，心方能徵而知之，否則心將無法施其能。簡言之，荀子之心具有徵知之能力，但此心不活動，

〔註52〕 （漢）趙岐注，（宋）孫奭疏：《孟子注疏》，卷第十一下，〈告子上〉（《十三經注疏》），頁9上。

〔註53〕 （漢）趙岐注，（宋）孫奭疏：《孟子注疏》，卷第十三上，〈盡心上〉（《十三經注疏》），頁2上。

〔註54〕 （周）荀況撰、（唐）楊倞注、（清）王先謙集解：《荀子集解》，卷十一，〈天論篇〉第十七（臺北：世界書局，1970年10月4版），頁206。

〔註55〕 （周）荀況撰、（唐）楊倞注、（清）王先謙集解：《荀子集解》，卷十六，〈正名〉第二十二，頁277。

故心雖具有思考察知能力而居中虛以治五官，仍不具感應知覺之作用。朱子則認爲：

> 心者，氣之精爽。〔註56〕

又

> 虛靈自是心之本體，非我所能虛也。耳目之視聽，所以視聽者即其心也，豈有形象。然有耳目以視聽之，則猶有形象也。若心之虛靈，何嘗有物！〔註57〕

又

> 官之爲言司也。耳司聽，目司視，各有所職而不能思，是以蔽於外物。既不能思而蔽於外物，則亦一物而已。又以外物交於此物，其引之而去不難矣。心則能思，而以思爲職，凡事物之來，心得其職，則得其理，而物不能蔽。失其職則不得其理，而物來蔽之。此三者皆天之所以與我者，而心爲大。若能有以立之，則事無不思，而耳目之欲不能奪之矣。〔註58〕

此處朱子之「心」可分從二方面討論。第一，朱子以氣之精者爽者爲心，即此心以虛靈爲本體，不是實有之物，所以能透過心之「虛靈」去認知外物及思慮萬物之理。換言之，心即氣之靈者，心之職則爲思，思則得其理，即認知事物之理及其規律。可見此心具虛靈知覺的能知能慮之作用。第二，雖然「心則能思」，但此心卻仍必須通過耳目感官與外物接觸而獲得知覺，再經由心本身的思慮作用而認知外物之理。相對而言，耳目感官因不能思而蔽於物，故於與外物相交時被「引之而去」，所以就必須藉由心之思慮的主導作用，去正確認知外物之理。故朱子才會直言：「天之所以與我者，而心爲大。」即以「心」具主宰認知之能力。

所以綜合上述兩點結論，即朱子主張「心官至靈，藏往知來。」〔註59〕明確以心爲氣之靈者而具靈明知覺，但此知覺又須由人的感官與外物相接而產生，然而人的感官則因不具思維能力，故對外物的認識又必須回歸氣之靈的本心來作認知判斷。可見此心不僅具虛靈知覺的認知能力，亦具有主宰引

〔註56〕　（宋）黎靖德編：《朱子語類》，卷第五，〈性理二〉，冊一，頁85。
〔註57〕　（宋）黎靖德編：《朱子語類》，卷第五，〈性理二〉，冊一，頁87。
〔註58〕　（宋）朱熹：《孟子集註》，卷六，〈告子上〉（《四書集注》），頁171。
〔註59〕　（宋）黎靖德編：《朱子語類》，卷第五，〈性理二〉，冊一，頁85。

導認知的作用。即「心須兼廣大流行底意看，又須兼生意看。」〔註60〕不過，此處尚要注意一點，朱子之心具主宰作用，主要是強調心在認識過程中的主導作用，即主觀的對現實世界發用認知的流行，而非以心為萬事萬物存在的本體或主宰。對此，蔡仁厚先生亦明確表示：

> 朱子就心字言「生」，是落在實然之氣上，就其陰陽動靜而言；這與本心仁體之為道德的創生實體之「創生義」不同。就實然的心氣之靈說廣大流行，亦與天命流行之體的「於穆不已」不同。〔註61〕

蔡仁厚先生認為朱子之心是氣之靈者，是對心作實然的解析，「這實然的解析即是宇宙論的解析。心之靈明知覺與發用流行，即是心氣之靈的氣化不息。」〔註62〕可見朱子之心不僅具有認知的靈明知覺之能力外，更是能發用流行於認知萬事萬物上，而為人身之主宰。

因此，總結來看，從孟子主張「心之官能思」與荀子「心有徵知」之論，以及朱子以「心則能思，以思為職」的立場，皆表現出以虛靈知覺為心之特殊功能，即心乃能思之官，為身之主宰。至於其與耳目感官之關係，在於心之特質為思，而心之所思則實類耳目感官為憑藉，故若無感官之感應，則心無所發用流行。「總之，心是能知能思之官，知覺是心之特殊功能，心實即認識作用，這是中國哲學家所大體一致承認的。這是中國哲學中關於心的學說之中心觀念。」〔註63〕

至此，筆者認為上述的結論，可與宗羲「心即氣之靈處」的觀念作一比較，以凸顯宗羲「心」之特色。故此處再由生成層面及作用層面作進一步分析討論。宗羲前述已表示「天地間只有一氣充周，生人生物。人稟是氣以生，心即氣之靈處。」〔註64〕明確以人物皆稟氣所生，但其中卻只有氣之靈明者才足以為「心」。換言之，心是受虛靈之氣以生，在生成的本源處其實是本於「氣」而來。因此，宗羲以「心」生於「氣」的結論，頗類似朱子「心者，氣之精爽。」之論。亦以「心」為氣之精爽者，由「氣」所組成。故朱子云：

〔註60〕（宋）黎靖德編：《朱子語類》，卷第五，〈性理二〉，冊一，頁85。
〔註61〕蔡仁厚：《宋明理學——南宋篇》，第五章，〈朱子學綱脈之疏導（下）〉，（臺北：臺灣學生書局，1993年9月增訂版3刷，頁195。）
〔註62〕蔡仁厚：《宋明理學——南宋篇》，第五章，〈朱子學綱脈之疏導（下）〉，頁195。
〔註63〕張岱年：《中國哲學大綱》，第二部分，〈人生論〉（臺北：藍燈文化事業股份有限公司，1992年4月出版），頁305。
〔註64〕（明）黃宗羲：《孟子師說》，卷二，〈浩然章〉（《黃宗羲全集》增訂版），冊一，頁60。

「人心但以形氣所感者而言爾。具形氣謂之人，合義理謂之道，有知覺謂之心。」〔註65〕以形氣之具而後心存焉，心之所以能覺，乃氣之靈。故在生成層面上分析，宗羲等同於朱子皆主張心根源於氣，由氣所構成。但此相似的結論並不代表兩人的基本立場相同，所以此處不得不涉及兩人本體論的部份。朱子認為「未有天地之先，畢竟也只是理。有此理，便有此天地；若無此理，便亦無天地，無人無物，都無該載了！有理，便有氣流行，發育萬物。」〔註66〕明確表示理在氣前，以理為本體之論；明顯與宗羲「盈天地間一氣而已」，以氣為本體的觀點相異。故宗羲與朱子在生成面上雖同時主張「心」由「氣」所構成，但朱子的理路為理→氣→心，而宗羲的理路則是直接由氣→心。因此，若單就生成面而言，其實宗羲與朱子皆同時認為心為氣所組成，故在此條件下，心是等同於氣的。對此，陳來先生則從理學意義的角度立論。其云：

> 朱熹曾說：「性猶太極也，心猶陰陽也」，論者常由此而認定朱熹哲學中性即理、心則氣，如黃宗羲之《明儒學案》，近人錢穆之《朱子新學案》皆如此。這是不能成立的。太極陰陽之譬在朱熹只是用以說明心與性（理）的不離關係，不是以心為氣，就人之心臟而論，或可言氣（構成），然無哲學意義。……氣之靈是說氣的虛靈特性，指意識是氣的一種功能，並不是說心就是氣。〔註67〕

陳來先生指出宗羲的錯誤在於誤認朱子「心猶陰陽」〔註68〕之主張，是將「心」與「氣」兩者列於等同之位階。故認為宗羲心則氣的觀點，只能「就人之心臟而論，或可言氣（構成），然無哲學意義。」不過，就在此基礎下，筆者認為正可以反顯出宗羲確實在生成意義上主張心由氣所組成，是心等同於氣的。而此反顯亦正好符合前述的推論，即以生成層面上的心即氣之說，是心與氣二者為同一本質（氣）概念的存在，具同等地位。但此處必須再次強調「心即氣」的概念，僅等同於生成層面上，其二者在作用上則是有所區別的。

再就作用層面上而言，宗羲主張「心即氣之靈處」，又「『知』者，氣之

〔註65〕（宋）黎靖德編：《朱子語類》，卷第一百四十，〈拾遺〉，冊八，頁3340。

〔註66〕（宋）黎靖德編：《朱子語類》，卷第一，〈理氣上〉，冊一，頁1。

〔註67〕陳來：《朱熹哲學研究》，第二部分，〈心性論〉（臺北：文津出版社，1990年12月初版），頁185。

〔註68〕（宋）黎靖德編：《朱子語類》，卷第五，〈性理二〉，冊一，頁87。

靈者也。」〔註69〕明確指出心之所以具「知」之能力，在於心乃「氣之靈者」，而非等同於一般的生成之氣。詳言之，「天以其氣之精者生人，麤者生物，雖一氣而有精麤之判。」〔註70〕即以人乃氣之精者所生，又宗羲直云：「心即氣之聚於人者。」〔註71〕以氣之精的人爲心之載體。故綜合來看，唯有氣之精者才足以凝聚爲心，而此心又具精明之氣的虛靈特性，故能發用爲認知作用，即宗羲所謂「心以思爲體，思以知爲體，知以虛靈爲體，不著於事，爲發於本體之自然。」〔註72〕明確以「心」乃氣之靈者而以虛靈爲體，其氣之靈的表現則爲能知能思之作用，故虛靈之心才得以發用爲「知」。簡言之，在作用層面上，宗羲之「心」是專指具「虛靈」特性之氣者凝於人身上，而非生成意義上的氣之流行者，其間有明顯的不同。

總而言之，宗羲「心即氣之靈處」的主張，可以得到兩點結論。第一，宗羲指出「人心爲氣所聚」，〔註73〕「心即氣之聚於人者」，明確以心爲氣所構成，心的本質就是氣，二者是同物而異名的存在，故在生成層面上「心」是等同於「氣」的，所以「心即氣之靈處」在生成意義上是專就「氣」上言心之構成。第二，宗羲之「心」具認知之能力，此能力可謂是承繼了傳統「心之官能思」的觀念，以心體虛靈故能知能思而具備認知作用，即宗羲所言：「先儒以靈明知覺爲心，蓋本之乾知，而有所謂南海北海千載上下無有不同者也。」〔註74〕是傳承先儒以靈明知覺爲心之說而來。所以此心擁有此能力者，完全在於「氣之靈處」，而非一般流行之氣。故在作用層面上「心」之作用是專指氣具有「虛靈」特性者才能發用本體之自然，即就氣之「靈」處言心之作用。因此，無論就生成上或作用上言「心即氣之靈處」，其實宗羲之心就是氣所組成，亦以其具氣之虛靈特性而能認知，所以此心不可單就「流行之氣」上論，

〔註69〕（明）黃宗羲：《孟子師說》，卷二，〈浩然章〉（《黃宗羲全集》增訂版），冊一，頁64。

〔註70〕（明）黃宗羲：《孟子師說》，卷六，〈食色性也章〉（《黃宗羲全集》增訂版），冊一，頁135。

〔註71〕（明）黃宗羲：《明儒學案》，〈師說〉，「羅整菴欽順」（《黃宗羲全集》增訂版），冊七，頁18。

〔註72〕（明）黃宗羲：《孟子師說》，卷六，〈鈞是人也章〉（《黃宗羲全集》增訂版），冊一，頁142。

〔註73〕（明）黃宗羲：《孟子師說》，卷七，〈盡其心者章〉（《黃宗羲全集》增訂版），冊一，頁153。

〔註74〕（明）黃宗羲：《南雷文案》，卷三，〈與友人論學書〉（《黃宗羲全集》增訂版），冊十，頁147。

亦不可專以「認知發用」上探討，此心是跨越兩個異質層的存在，本身並不矛盾，即宗羲所謂：

> 氣未有不靈者，氣之行處皆是心，不僅腔子內始是心也，即腔子內
> 亦未始不是氣耳。〔註75〕

此處氣未有不靈者即氣未有不行處，以氣之流行處當下便是心之本體，其本體又未有不虛靈故能知，明顯是生成與作用兩異質層的合一。可見宗羲的「心即氣之靈處」乃「心」本於「氣之靈」者虛靈明覺故能知，不過此心卻不完全等同於氣，但又由氣所構成。所以此心具雙重位階，而能與氣在兩異質層上緊密結合的存在，此正是宗羲心即氣之靈的特殊之處。

三、窮理者盡其心，心即理也

從前述可知，宗羲主張心即氣也，以心為氣所構成，故為氣的一部份；且此心又具氣之虛靈特性，所以自能發用為認知作用。然而心、氣在此異質層合一之下，其「心」之內涵雖以「氣」為本，但此氣之靈的心究竟如何透過氣以認知萬物世界呢？宗羲有云：

> 人與天雖有形色之隔，而氣未嘗不相通。知性知天，同一理也。《易》
> 言「窮理盡性以至於命」，窮理者盡其心也，心既理也，故知性知天
> 隨之矣，窮理則性與命隨之矣。孟子之言，即《易》之言也。……
> 天下之理，皆非心外之物，所謂存久自明而心盡矣。〔註76〕

> 又

> 孟子言萬物皆備於我，言我與天地萬物一氣流通，無有礙隔。故人
> 心之理，即天地萬物之理，非二也。若有我之私未去，墮落形骸，
> 則不能備萬物矣。不能備萬物，而徒向萬物求理，與我了無干涉，
> 故曰理在心，不在天地萬物，非謂天地萬物竟無理也。〔註77〕

此處從兩階段來分解：第一，宗羲主張我與天地萬物雖有形色之隔，但本質上皆本源於「氣」，以氣為本。所以在生成義上，我與萬物皆由氣所構成，故

〔註75〕（明）黃宗羲：《明儒學案》，卷七，〈河東學案上〉，「同知薛思菴先生敬之」（《黃宗羲全集》增訂版），冊七，頁145。

〔註76〕（明）黃宗羲：《孟子師說》，卷七，〈盡其心者章〉（《黃宗羲全集》增訂版），冊一，頁148。

〔註77〕（明）黃宗羲：《明儒學案》，卷二十二，〈江右王門學案七〉，「憲使胡廬山先生直」（《黃宗羲全集》增訂版），冊七，頁593。

無不相通，無有礙隔。因此，我與萬物則可透過「氣」而互通其內在之理，故吾心中有萬物之理，而萬物之中亦有吾心之理，此時「心理」與「物理」藉由「氣」而無先後次序的互通。第二，事實上宗羲認爲「天下之理，皆非心外之物」，所以天下萬物之理當然自爲本心所自存自明。因此宗羲提出窮理的方法並不是向外追逐理，而是只須向內「盡其心」即可達成。反言之，盡其心之所以能達到窮理的結果，在於宗羲主張「心即理」的觀念，其認爲「天地萬物之理，不外於腔子裏，故見心之廣大。」〔註78〕明確表示天地萬物之理只存於腔子內的心中，而不在心之外。因此，再根據宗羲自身的文字邏輯來推論，更能說明理在心中之義；宗羲認爲「人心之理即天地萬物之理，非二也。」這並不表示兩者爲等同概念的存在，因爲宗羲又直言「徒向萬物求理，與我了無干涉」，即明確指出向外所求之物理，絕非吾心之理，又是回歸到理在心中而不存於天地萬物之間的主張。故就邏輯上言，若向外求理，則表示理在外而不在心中，將造成外在萬物之理包含內在吾心之理的錯誤邏輯，或所得之物理並非吾心之理的結果，是不符合宗羲自身所主張「天下之理，皆非心外之物」，「理在心，不在天地萬物」之吾心包含外在物理的理在心中思路。

至此可以得知上述第一階段雖是「心理」與「物理」爲無先後的互通，但此僅是就「氣」立場表述，表明人、我皆一氣流通，由「氣」所組成，故「心理」與「物理」當然可透過「氣」而彼此通貫。但若就「心」立場言，則可發現宗羲一方面是主張理在心中的「心即理」之論，其藉由「窮理者盡其心，心既理也。」「窮天地萬物之理，即在吾心之中。」〔註79〕利用窮理其實就是盡吾心中之理的手段，凸顯萬物之理其實在吾心之中。二方面宗羲又透過自身明確表達理非心外之物的言論，確實說明理是存在於心中，離開了心之理則別無他理。簡言之，宗羲是經由「窮理手段」以及「立場表述」兩方面來說明「心即理」的主張。不過，宗羲的「心即理」並非單純僅含天地萬物之理而已，其亦包括了德道之理，其云：

> 孟子之言，明白顯易，因惻隱、羞惡、恭敬、是非之發，而名之爲

〔註78〕（明）黃宗羲：《明儒學案》，卷三十七，〈甘泉學案一〉，「文簡湛甘泉先生若水」（《黃宗羲全集》增訂版），冊八，頁 141。

〔註79〕（明）黃宗羲：《南雷文定》五集，卷一，〈明儒學案序〉改本（《黃宗羲全集》增訂版），冊十，頁 79。

仁義禮智，……仁義禮智是後起之名，故曰仁義禮智根於心。若惻
隱、羞惡、恭敬、是非之先，另有源頭爲仁義禮智，則當云心根於
仁義禮智矣。〔註80〕

又

仁無迹象可言。孟子於無迹象之中，指出迹象，人人可以認取，如
「仁義禮智根於心」，「惻隱之心仁之端也」云云，「仁，人心也」，
不一而足。蓋人之爲人，除惻隱、羞惡、辭讓、是非之外，更無別
心，其憧憧往來，起滅萬變者，皆因外物而有，於心無與也。故言
「求放心」，不必言「求理義之心」；言「失其本心」，不必言「失其
理義之心」，則以心即理也。〔註81〕

宗羲以道德之理具足於本心之論，可分兩點來討論。

第一，宗羲認爲人之所以爲人，除惻隱、羞惡、辭讓恭敬、〔註82〕是非
之外，更無別心。此即表明心爲道德本體，內含惻隱等四端成分，故能發爲
仁、義、禮、智四種道德行爲。換言之，仁義禮智根於心，以惻隱、羞惡、
辭讓恭敬、是非存於本心之中而成四端之心，使本心成爲一切道德的本根本
源。因此，表現於外的道德行爲與原則，其實皆爲後起之名，實際上仍是由
本心所發。故就次序上而言，心爲一切道德價值本體，然後發用爲外在的仁
義禮智等道德行爲，是將內在道德之理向外實踐的過程，而非由外在的道德
行爲向本心灌輸道德價值意識；此正是承孟子「仁、義、禮、智，非由外鑠
我也，我固有之也」〔註83〕的思路，以外在道德之理皆具足於人「心」之中，

〔註80〕　（明）黃宗羲：《孟子師説》，卷六，〈公都子問性章〉（《黃宗羲全集》增訂版），
　　　　　冊一，頁 136。
〔註81〕　（明）黃宗羲：《孟子師説》，卷六，〈仁人心也章〉（《黃宗羲全集》增訂版），
　　　　　冊一，頁 141。
〔註82〕　孟子對仁義禮智內涵之敘述，分別出現於〈公孫丑上〉與〈告子上〉兩處。
　　　　　其主張惻隱之心，仁之端也；羞惡之心，義之端也；是非之心，智之端也。
　　　　　但其對禮之端的解釋，則有「辭讓之心」與「恭敬之心」二者，朱子曾對此
　　　　　注之曰：「辭，解使去己也。讓，推以與人也。」（《孟子集註》，卷二，〈公孫
　　　　　丑上〉。《四書集注》，頁 46。）與「恭者，敬之發於外者也。敬者，恭之主於
　　　　　中者也。」（同上，卷六，〈告子上〉，頁 162。），以二者皆本於「禮」且能推
　　　　　而敬發於外，即蔡仁厚先生以「恭敬、辭讓之心（禮）：是價值意識之充內而
　　　　　形於外」之意（蔡仁厚：《中國哲學大綱》。臺北：臺灣學生書局，1992 年 9
　　　　　月初版 2 刷，頁 27。），故此處將「恭敬」與「辭讓」同時並舉爲禮之端也。
〔註83〕　（漢）趙岐注，（宋）孫奭疏：《孟子注疏》，卷第十一上，〈告子上〉（《十三

不須再由外在之理反來充實本心。據此，宗羲又直言：「仁義禮智之名，因四端而後有，非四端之前先有一仁義禮智之在中也。」〔註84〕明確主張仁義禮智根於心之論，以凸顯道德之理內存於本心之中而非外鑠而來的道德上「心即理」之立場。

第二，既然宗羲承孟子之意而認爲「仁義禮智根於心」，即表明心具有道德之理，是道德上「心即理」的主張。但除了從上述第一點由內在道德本體之心向外推論「心即理」外，亦可由宗羲對「理」的定義來論證。宗羲有云：

> 夫所謂理者，仁義禮智是也。〔註85〕

又

> 夫大化之流行，只有一氣充周無間。……循環無端，所謂生生之爲易也。聖人即從升降之不失其序者，名之爲理。其在人而爲惻隱、羞惡、恭敬、是非之心，同此一氣之流行也。〔註86〕

宗羲明確指出所謂「理」者，就是以「仁義禮智」爲其內涵，加上宗羲又認爲「仁義禮智根於心」；合言之，「理」即「仁義禮智」也，而「仁義禮智」，又根於「心」，故透過「仁義禮智」而產生「理」與「心」的聯結，即以仁義禮智的道德之理其實是根於本心而來，仍是屬於道德上心即理的推展。此論證的結果與第一點結論完全吻合，可見宗羲「心即理」的主張，仍是保有傳統心學道德價值賦予的基本思路。簡言之，此散殊者無非一本之「心」，不僅爲天地萬物之理之所本者，亦同時存有道德成分，依然是屬於儒家的範疇。

不過，此處卻另有個問題產生，就是往來升降不失其序的「理」，爲何可以存於人心而爲惻隱、羞惡、辭讓恭敬、與是非等道德之理，並發用爲仁義禮智等道德行爲。宗羲對此則直云：「同此一氣之流行」，明確指出本心與道德之理，甚至是天地萬物之理，之所以能夠彼此通貫，在於心與理之間是以「氣」爲溝通橋樑，即二者必須立足在「氣」上，才可言「心即理」。此不僅說明了宗羲「心即理」之論是具天地萬物之理與道德之理外，更凸顯出宗羲

經注疏》），頁7下。

〔註84〕（明）黃宗羲：《孟子師說》，卷二，〈人皆有不忍人之心章〉（《黃宗羲全集》增訂版），冊一，頁69。

〔註85〕（明）黃宗羲：《孟子師說》，卷六，〈食色性也章〉（《黃宗羲全集》增訂版），冊一，頁135。

〔註86〕（明）黃宗羲：《南雷文案》，卷三，〈與友人論學書〉（《黃宗羲全集》增訂版），冊十，頁152。

雖是承孟子心學思路而來，但其根本立論處，卻是以「氣」爲首出，是氣論下的「心即理」主張。據此，宗羲對薛瑄提出了批評，其云：

> 先生（薛瑄）謂：「水清則見毫毛，心清則見天理。喻理如物，心如鏡，鏡明則物無遁形，心明則理無蔽迹。」義竊謂，仁人心也，心之所以不得爲理者，由於昏也。若反其清明之體，即是理矣。心清而見，則猶二之也。此是先生所言本領，安得起而質之乎？〔註87〕

薛瑄認爲心與理的關係，有如鏡之照物，故「鏡明則物無遁形，心明則理無蔽跡。」〔註88〕即以心明則理亦明，心是反映理的關鍵。因此薛瑄主張「心清則見天理」，〔註89〕先就「心」體做修養工夫，然後才見「理」之存在，的確是心與理爲二的論點。宗羲則認爲心體本身即是理，故只需使本心回復清明之體即是天理，是心與理爲一的主張，是不能以心見理，使理於心之外。由此可見，薛瑄此處對「見」字的使用，明顯表達出心與理二者的關係是先修得此心之清明，然後才見得此理之存有，完全是有次序性的心理二分狀態。因此，透過宗羲對薛瑄的批評，不僅能反顯其「心即理」的主張，而且對此具次序性的心理二分之說，更明確提出直接的說法。其云：

> 夫天之生人，除虛靈知覺之外，更無別物。虛靈知覺之自然恰好處，便是天理。以其己所自有，無待假借，謂之獨得可也；以其人所同具，更無差別，謂之公共可也。乃一以爲公共，一以爲獨得，析之爲二，以待其粘合，恐終不能粘合也。〔註90〕

由於宗羲主張心即理也，明確以心本具「天理」成分，故當此虛靈之心發用爲知覺的同時，天理便隨之存在；心與理二者是「一貫性」的並存與發動，而非「次序性」的心清而後見理之步驟。故宗羲直截的表示「虛靈知覺之自然恰好處，便是天理。」正是心即理最直接的表現。不過，此處還必須對本段原文敘述做一討論，就是既然虛靈知覺的自然恰好處便是天理，相對而言，是否虛靈之心發動而不達自然恰好處時，天理便不隨之存在，而將造成心雖發用但卻無理的心與理二分情況呢？其實不然，宗羲曾直言：「蓋天地之氣，

〔註87〕（明）黃宗羲：《明儒學案》，卷七，〈河東學案上〉，「文清薛敬軒先生瑄」（《黃宗羲全集》增訂版），冊七，頁121。

〔註88〕（明）薛瑄：《讀書錄》，卷五（《薛瑄全集》），下冊，頁1145。

〔註89〕（明）薛瑄：《讀書錄》，卷一（《薛瑄全集》），下冊，頁1028。

〔註90〕（明）黃宗羲：《明儒學案》，卷四十二，〈甘泉學案六〉，「端潔楊止菴先生時喬」（《黃宗羲全集》增訂版），冊八，頁317。

有過有不及，而有愆陽伏陰，豈可遂疑天地之氣有不善乎？夫其一時雖有過不及，而萬古之中氣自如也，此即理之不易者。」〔註91〕此處雖是專就氣上言理，以爲一時雖有過與不及，但在萬古流行之中，此「理者，純粹至善者也，安得有偏全！」〔註92〕是不隨一時愆陽伏陰而有所改變。因此，回歸心與理的立場來看，心乃氣所構成，其氣既然有愆陽伏陰之時，則心之表現亦應有過與不及之處，但此並非表示天理未嘗不隨之具存。因爲就萬古流行而言，氣仍稟中道而行並不偏廢，即就整體而言，愆陽伏陰未嘗不是「理」的表現（參考本論文第三章第二節），所以氣中有理；相對地，心亦如此，其發用的同時便是天理，就算是過與不及的變化，其實依然是自然恰好處的表現，仍是在「理」的範圍內，故心與理未嘗分也。簡言之，既使是在愆陽伏陰的情之下，虛靈知覺之發用便是自然之恰好處，便是天理，是心與理一的主張。最後，透過此層的討論，才能了解宗羲的「心即理」爲何能以「公共」的相通性與「獨得」的特殊兩種形態並存，其因在於「心即理」的主張具永恆普遍性，並不受心之發用是否爲愆陽伏陰之理所影響，以「天下之理，皆非心外之物。」〔註93〕故宗羲對此又云：

> 盈天地皆心也。人與天地萬物爲一體，故窮天地萬物之理，即在吾心之中。後之學者錯會前賢之意，以爲此理懸空於天地萬物之間，吾從而窮之，不幾於義外乎？〔註94〕

在「心即氣之靈處」一節中，曾就生成面及作用面討論宗羲與朱子的心氣之關係。其兩人在生成面上皆主張心之本質爲氣，由氣所構成，心氣二者是同一「氣」概念的並存。而在作用面上亦同時認爲心之官則思，並以此能力源於氣之「靈」者，而非一般流行生化之氣，心氣二者又有明顯的不同。然而宗羲之「心」雖能通貫兩異質層面，但畢竟不同於朱子之心，其間的差異就在於對「理」的定位。朱子曾云：

〔註91〕（明）黃宗羲：《明儒學案》，卷五十，〈諸儒學案中四〉，「肅敏王浚川先生廷相」（《黃宗羲全集》增訂版），冊八，頁487。

〔註92〕（明）黃宗羲：《孟子師說》，卷六，〈食色性也章〉（《黃宗羲全集》增訂版），冊一，頁135。

〔註93〕（明）黃宗羲：《孟子師說》，卷七，〈盡其心者章〉（《黃宗羲全集》增訂版），冊一，頁149。

〔註94〕（明）黃宗羲：《南雷文定》五集，卷一，〈明儒學案序〉改本（《黃宗羲全集》增訂版），冊十，頁79。

有是理便有是氣，但理是本，而今且從理上說氣。〔註95〕

又

理未嘗離乎氣。然理形而上者，氣形而下者。自形而上下言，豈無先後。〔註96〕

朱子此處明顯不同於宗羲以「氣」爲首出，直言「理是本」，以「理」爲形而上者，是獨立於心之外的本體，〔註97〕所以朱子必須透過外在「格物致知」〔註98〕的手段窮究萬物之理，以達吾心全體大用而無不明。由此可以看出朱子先藉由格物窮理，以待豁然貫通之時，心體才能盡其知，明顯是「理」與「心」有次序的二分狀態。詳言之，宗羲主張「窮天地萬物之理，即在吾心之中」，與朱子格物窮理以達心體大用而無不明之步驟雖然相類似，但究其差異處，則可發現兩人的根本立場並不相同，宗羲主張「心理是一」，而朱子卻是「心理二分」之論。所以宗羲站在「心即理」的角度，必然認爲朱子是將此「理懸空於天地萬物之間」，是等同告子的「義外」之說。對此古清美先生亦有類似的推論。其云：

（宗羲）認爲天理、條理其實都在「靈明」、或「明覺自然」之中，朱子不以「理」歸於知覺而歸於萬物之中，故向外格物窮理，是爲戕賊；與告子「戕賊人以爲仁義」同。在此梨洲把「空談性體」和「向外求理」之過都推到了朱學身上，更進而一口咬定同於告子的，反是詆毀象山的朱子，……梨洲認爲「心中無理」、「求之於外」正是朱子同於告子處，也正是梨洲要自居於孟子以辨明朱學之處。〔註99〕

〔註95〕 （宋）黎靖德編：《朱子語類》，卷第一，〈理氣上〉，冊一，頁2。
〔註96〕 （宋）黎靖德編：《朱子語類》，卷第一，〈理氣上〉，冊一，頁3。
〔註97〕 牟宗三亦認爲「朱子之理雖只是靜態的本體論的存有之理，而喪失其心、神活動之義，然猶是超越的理，由靜態的超越的所以然而規定，尚不是氣之自然質性。」（《心體與性體》，冊二，頁132。）
〔註98〕 朱子：「所謂致知在格物者，言欲致吾之知，在即物而窮其理也。蓋人心之靈，莫不有知，而天下之物，莫不有理，惟於理有未窮，故其知有不盡也。是以《大學》始教，必使學者即凡天下之物，莫不因其已知之理而益窮之，以求至乎其極。至於用力之久，而一旦豁然貫通焉，則眾物之表裏精粗無不到，而吾心之全體大用無不明矣。此謂格物，此謂知之至也。」（《大學章句》，右傳之五章。《四書集注》，頁6。）
〔註99〕 古清美：〈黃宗羲的《孟子師說》試探〉，收入中央研究院中國文哲研究所中國文哲論集《明代經學國際研討會論文集》（臺北：中央研究院，2002年3月修定一版二刷，頁241～242。）

古清美先生亦認同宗羲以「心即理」的立場，言朱子因心中無理，故須向外求理的論點，是同於告子之學。告子曾云：「食色性也。仁，內也，非外也；義，外也，非內也。……彼長而我長之，非有長於我也；猶彼白而我白之，從其白於外也；故謂之外。」〔註100〕告子認爲各種義理皆存於外在，非從內心而發，其以尊敬長輩及白色物體爲例，指出必先事實存在年紀長於己者的長輩與表面確實爲白色物體之時，靈明知覺之心才會發爲認知而尊長與知白。即內心的發用是受外在客觀條件的啓發，是內外分言心、理。所以宗羲與朱子雖皆主張心即氣之靈者，但朱子之錯誤就在於心理二分，將「理」懸空於天地之間，故其向外窮理的過程，就如同告子義外之說的謬論，所以宗羲又云：

> 告子不識天理之眞，明覺自然，隨感而通，自有條理，即謂之天理也，先儒之不以理歸於知覺者，其實與告子之說一也。……仁義之性，與生俱來，率之即是。若必欲求之於天地萬物，以己之靈覺不足恃，是即所謂戕賊也。〔註101〕

又

> 「集義」者，應事接物，無非心體之流行。心不可見，見之於事，行所無事，則即事即義也。心之集於事者，是乃集於義矣。……「義襲」者，高下散殊，一物有一義，模倣迹象以求之，正朱子所謂「欲事事皆合於義」也。「襲裘」之「襲」，羊質虎皮，不相黏合。事事合義，一事不合，則伎倆全露，周章無措矣。〔註102〕

綜合而論，宗羲主張盈天地皆心，以心爲萬殊之本，其認爲「散殊者無非一本，吾心是也」，所以天地萬物之理即在吾心中。因此宗羲透過窮理就是窮此心之萬殊的手段，以及直言「天下之理，皆非心外之物」的立場表述兩方面，說明心理是一的「心即理」主張。據此而與朱子相接，雖兩人在生成面及作用面皆認同「心乃氣之靈」者，以心之官不僅能思，更是「氣」之「精靈」者所構成，而非一般流行生化之氣，但究其根本差異處，在於宗羲主張「心

〔註100〕（漢）趙岐注，（宋）孫奭疏：《孟子注疏》，卷第十一上，〈告子上〉（《十三經注疏》），頁 4 上。

〔註101〕（明）黃宗羲：《孟子師說》，卷六，〈性猶杞柳章〉（《黃宗羲全集》增訂版），冊一，頁 132。

〔註102〕（明）黃宗羲：《孟子師說》，卷二，〈浩然章〉（《黃宗羲全集》增訂版），冊一，頁 62。

即理」而朱子卻是心理二分之論。不過，此結論亦不表示宗羲等同傳統心學「心即理」的主張，因爲宗羲認爲「天地間衹有一氣，其升降往來即理也。人得之以爲心，亦氣也。」〔註 103〕明確是以「氣」爲首出，本於「氣」的本體論。由此可知，宗羲的「心即理」是氣論下的心理是一，而非傳統心學以心爲本體的「心即理」，亦非朱子理本論下的心與理之關係。

第二節　氣即性也

一、性者心之性

宗羲站在「通天地、亙古今，無非一氣而已，氣本一也」〔註 104〕的立場，認爲「天地之間，只有氣，更無理。所謂理者，以氣自有條理，故立此名耳。」〔註 105〕明確指出「氣」爲本體者，其「理」之名只是氣自有條理的表現，即「所謂理者，氣之流行而不失其則者也。」〔註 106〕簡言之，在氣本體之下，氣之流行而自有條理者，就是「理」之呈現。由此可知理在氣中而爲其條理，所以宗羲據此而有「理爲氣之理」〔註 107〕的結論，不過宗羲又云：

> 天地間只有一氣充周，生人生物。人稟是氣以生，心即氣之靈處，所謂知氣在上也。心體流行，其流行而有條理者，即性也。猶四時之氣，……萬古如是，若有界限於間，流行而不失其序，是即理也。〔註 108〕

又

> 無氣外之理，「生之謂性」，未嘗不是。然氣自流行變化，而變化之

〔註 103〕（明）黃宗羲：《明儒學案》，卷三，〈崇仁學案三〉，「恭簡魏莊渠先生校」（《黃宗羲全集》增訂版），冊七，頁 42。

〔註 104〕（明）黃宗羲：《宋元學案》，卷十二，〈濂溪學案下〉，附「梨洲太極圖講義」（《黃宗羲全集》增訂版），冊三，頁 609。

〔註 105〕（明）黃宗羲：《明儒學案》，卷五十，〈諸儒學案中四〉，「肅敏王浚川先生廷相」（《黃宗羲全集》增訂版），冊八，頁 487。

〔註 106〕（明）黃宗羲：《明儒學案》，卷二十二，〈江右王門學案七〉，「憲使胡廬山先生直」（《黃宗羲全集》增訂版），冊七，頁 593。

〔註 107〕（明）黃宗羲：《明儒學案》，卷七，〈河東學案上〉，「文清薛敬軒先生瑄」（《黃宗羲全集》增訂版），冊七，頁 121。

〔註 108〕（明）黃宗羲：《孟子師說》，卷二，〈浩然章〉（《黃宗羲全集》增訂版），冊一，頁 60。

中，有貞一而不變者，是則所謂理也性也。告子唯以陰陽五行化生
萬物者謂之性，是以入於儱侗，……蓋天之生物萬有不齊，其質既
異，則性亦異，牛犬之知覺，自異乎人之知覺；浸假而草木，則有
生意而無知覺矣；浸假而瓦石，則有形質而無生意矣。若一概以儱
侗之性言之，未有不同人道於牛犬者也。〔註109〕

宗羲既然認爲天地間只有一氣而已，以人與天地萬物莫不是稟氣之流行而
生，所以在此前提之下，此處必須分兩方面來討論宗羲「性」者之內涵。

第一，先就宗羲「性」與「理」的內容來分析。宗羲直言：「氣自流行變
化，而變化之中，有貞一而不變者，是則所謂理也性也。」已明確指出所謂
的「性」其實就是以「理」爲其內容，即皆以氣化之流行有條理且不失其序
者爲其內涵。此時「性」的價值義及其位階，實際上皆等同「理」的概念，
可謂之爲宗羲的「性即理」也。不過，此「性」等同「理」的結論，卻又馬
上產生一個新問題，就是既然性之作用與理相同，即同爲氣之流行有條理者，
又爲何須要以「性」與「理」兩者之名區別之說？對此，宗羲曾表示「心即
氣之聚於人者，而性即理之聚於人者。」〔註110〕明確指出性、理二者之差異，
其實在於性是專就人身上言，而理則是就萬物上言，即性、理二名僅是表明
兩者在不同發用處的相異名稱，但事實上其作用內容並無差異。所以在氣之
流行不失其序的條件下，「性」與「理」是可以並存對言的。因此，合言之，
性理二者爲氣在人與萬物上流行作用有條理的表現，是「理也性也」的思想；
分言之，「心體流行，其流行而有條理者，即性也。」而「所謂理者，以氣自
有條理，故立此名耳。」明顯以性、理二者雖因發用處的不同而有兩名，但
仍是以性即理的思路發展。簡單來說，宗羲「理也性也」的以性即理的主張，
是成立在以「氣」爲前提的條件下，使性理二者無論在內涵或意義甚至是本
質上，皆爲等同的概念存在，僅在發用處上有性、理名稱的區別，並非朱子
以「理」爲本體的「性即理」主張，即無其他更高價值層面的指涉。

第二，再由「性」與「氣」之關係來分析。從上述的結論中，可以得知
宗羲以性即理的主張是建立在「氣」之流行而有條理之下，是同一氣化流行

〔註109〕 （明）黃宗羲：《孟子師說》，卷六，〈生之謂性章〉（《黃宗羲全集》增訂版），
　　　　冊一，頁133。
〔註110〕 （明）黃宗羲：《明儒學案》，〈師說〉，「羅整菴欽順」（《黃宗羲全集》增訂版），
　　　　冊七，頁18。

於人與天地萬物的兩個不同名稱而已。所以宗羲順此氣在人而爲性的思路前進，自然會產生「生之謂性，未嘗不是」的說法，即如同告子以陰陽五行化生萬物者爲人與萬物之性的論點。然而此論點馬上產生一矛盾處，就是宗羲曾針對告子因主張「生之謂性」而造成「義外」之論提出修正，〔註111〕但此處卻又認爲此「生之謂性，未嘗不是」，似乎產生了理路上的錯誤。對此，筆者認爲此邏輯上的衝突，正是說明了宗羲性與氣之關係，其因有二：

一、從字義上來討論。宗羲以爲「告子以陰陽五行化生萬物者爲性，是以入於儱侗。」此處透過「儱侗」二字，可以反顯出宗羲對告子生之謂性的主張，在此並非全盤否定，而是採取部分認同的作法，即認同告子「以陰陽五行化生者爲性」〔註112〕之部份。反言之，宗羲若是完全反對告子生之謂性中有關性即氣化生者，其大可以明確直言告子之論的錯誤處，即如同其批評告子「義外」之說，而不須以「儱侗」二字表示告子的理論有「不明確」處。因此，此「儱侗」二字，正說明了宗羲其實是承認告子生之謂性中關於性由氣化流行而來的部份，是同意人與禽獸之性皆天之氣化以生，「如虎狼之殘忍，牛犬之頑鈍，皆不可不謂之性，具此知覺，即具此性。」〔註113〕即藉用告子之言來說明氣化流行而有條理者即性也的主張，是僅止於氣化生成層面言性。

二、從義理上來討論。宗羲認爲由於氣化流行的不同，人類與牛犬、草木、瓦石之間存在著各種差異性，其曾云：「天以氣化流行而生人物，純是一團和氣，人物稟之即爲知覺，知覺之精者靈明而爲人，知覺之麤者昏濁而爲物。人之靈明，惻隱羞惡辭讓是非，合下具足，不囿於形氣之內；禽獸之昏濁，所知所覺，不出於飲食牝牡之間，爲形氣所錮，原是截然分別。」〔註114〕

〔註111〕宗羲曾云：「『食色，性也』，即是以陰陽五行化生者爲性，其所謂仁者，亦不過煦煦之氣，不參善不善於其間；其所謂義，方是天地萬物之理。告子以心之所有不過知覺，而天高地下萬物散殊，不以吾之存亡爲有無，故必求之於外……告子『義外』，是求義於外而行之，……告子既已爲理不在內，勢不得不求之於外，不然，則內外兩無所主焉，能自立其說哉！」（《孟子師說》，卷六，〈食色性也章〉。《黃宗羲全集》增訂版，冊一，頁134。）

〔註112〕（明）黃宗羲：《孟子師說》，卷六，〈食色性也章〉（《黃宗羲全集》增訂版），冊一，頁134。

〔註113〕（明）黃宗羲：《孟子師說》，卷六，〈食色性也章〉（《黃宗羲全集》增訂版），冊一，頁135。

〔註114〕（明）黃宗羲：《孟子師說》，卷四，〈人之所以異章〉（《黃宗羲全集》增訂版），冊一，頁111。

即說明人與萬物雖皆由天地之氣化生，但所稟受之氣的不同，不僅人與萬物形質相異，彼此之間亦各具不同的本性，故不可「一概以儱侗之性言之」，否則便是否定了人與萬物現實上的差異性。所以宗羲對告子生之謂性的義理上解釋，認爲告子以氣化流行之性即人與萬物的共同本性是「儱侗」的言共同本性而忽略了彼此間的各自本性，是混「人道於牛犬也」。不過宗羲此言正可說明其對「生之謂性」的認定，是僅反對告子以氣化之共同本性混人與天地萬物之性爲一性，並非反對以氣化流行爲性一事。

因此，結合字義與義理的討論，可以發現宗羲對告子「生之謂性」的分析，其實已經分從兩層面來論性。一是宗羲認爲若專以生化層面言「生之謂性」，以陰陽五行氣化生萬物者爲性，是承認性乃氣化流行生成之模式，是一原則性的存在。二是宗羲就天生之共同性層面言之，其反對以天生的共同本性爲人與萬物之本性，此不僅抹滅了人與群體的各別差異性外，更是混人道於牛犬者也，將造成道德本體的價值賦予淪喪，而無人文化成義。〔註115〕所以再綜合前述兩點可以得到一個結論，就是宗羲認爲所謂「理」者，乃氣之流行於天地萬物而不失其則者，而當此氣之流行於人身而有條理者爲「性」，即明確表示在氣本體的立場下，宗羲不僅是主張「性」「理」皆以「氣」爲其

〔註115〕牟宗三先生對告子之「性」的推論，其實頗類似宗羲此處的論點。其云：「由孟子與告子之辯論，可知言性有兩層面：一是經驗描述之義理模式下之『生之謂性』所說之實然之性，類不同之性；一是自道德創造之真幾說人之性，此是作爲實現之理之性，而不是類不同之性，因爲此性是意許爲絕對普遍的，而可以直通天道仁體也。類不同之性（實然之性）是作爲形構之理之性，是橫列的作爲括弧之性，而道德創造之真幾之性則是作爲實現之理之性，是縱貫的創造之性。人有此雙重性，而犬牛等則只有括弧之性。」（《心體與性體》，冊二，頁 154。）此處透過牟先生的分析，可以回歸約四百年前宗羲對「生之謂性」的探討，其已經區分爲「氣化流行言性」（類似牟先生的類不同之性）與「人與萬物之差異性言性」（類似牟先生的道德創造之真幾之性）兩個層面，可見宗羲對「性」與「氣」之掌握已十分精確。因此無論是有意或無意藉用告子之言來論性，宗羲詞句上使用的矛盾處，不僅不影響自身的理論架構，反而更突顯了「性」與「氣」之關係，即性乃氣化生成者。假若宗羲真無意以告子之言說解本身之「性」論，則如同陳文章先生所言：「因黎洲學識廣博，經典史學文學涉獵博洽，所以語言界定上難以嚴密，尤其於評論他人見解時，都隨他人之用詞而評論之，所以用詞甚爲廣泛，不易捉摸。」（《黃宗羲內聖外王思想之研究》，第二章，〈內聖篇——心學的傳承與重建〉。屏東：睿煜出版社，1998 年 12 月初版，頁79。）相對而言，此不易捉摸處正明確說明宗羲對「生之謂性」的態度，是承認氣化流行於人者爲性的結論，即採取部分認同告子之說，故自不易捉摸。

內涵，更是以性即理的「理也性也」之論。故再依循宗羲「理爲氣之理」〔註
116〕與「心即氣之聚於人者，而性即理之聚於人者」的思路前進，是否會產生
相對於「理爲氣之理」而有「性爲心之性」的推論呢？其實答案是肯定的。
宗羲有云：

> 人受天之氣以生，祇有一心而已，而一動一靜，喜怒哀樂，循環無
> 已，當惻隱處自惻隱，當羞惡處自羞惡，當恭敬處自恭敬，當是非
> 處自是非，千頭萬緒，輵輵紛紜，歷然不能昧者，是即所謂性也。
> 初非別有一物立於心之先，附於心之中也。〔註117〕

宗羲認爲大化流行只有一氣而已，人乃受氣以生，其中「氣之靈處」則爲人
之「心」，因此人「心」既然以「氣」爲其本體內涵，自應當如同「氣」之流
行生化而作用變化，具有活動性。所以此心發用時，自然表現出喜怒哀樂各
種情態，並能夠使之當惻隱羞惡辭讓是非處，自能惻隱羞惡辭讓是非。不過，
若深究其中，則可發現心體流行爲何能夠有條理不紊亂的活動，其因在於當
中隱然含有一「歷然不能昧者」之理則，此理則即是「性」，以「性」即心體
流行所依循者，其作用如同「理」乃「氣之流行而不失其則也」，皆具有原則
性、規律性的能力。據此，宗羲又直云：

> 惻隱、羞惡、辭讓、是非，心也。仁義禮智，指此心之即性也。非
> 先有仁義禮智之性，而後發之爲惻隱、羞惡、辭讓、是非之心也。
> 觀此知李見羅《道性編》，亦一偏之論。凡人見孺子入井而怵惕，嘑蹴而不屑，
> 此性之見於動者也。即當其靜，而性之爲怵惕不屑者，未嘗不在也。
> 凡動靜者，皆心之所爲也，是故性者心之性，舍明覺自然、自有條
> 理之心，而別求所謂性，亦猶舍屈伸往來之氣，而別求所謂理矣。
> 〔註118〕

宗羲以爲「盈天地間皆氣也，其在人心，一氣之流行，誠通誠復，自然分爲
喜怒哀樂。」〔註119〕明確以此心乃一氣流行於人身而具活動性，故能發用認

〔註116〕　（明）黃宗羲：《明儒學案》，卷七，〈河東學案上〉，「文清薛敬軒先生瑄」（《黃
　　　　　宗羲全集》增訂版），冊七，頁121。

〔註117〕　（明）黃宗羲：《明儒學案》，卷四十七，〈諸儒學案中一〉，「文莊羅整菴先生
　　　　　欽順」（《黃宗羲全集》增訂版），冊八，頁408。

〔註118〕　（明）黃宗羲：《明儒學案》，卷四十七，〈諸儒學案中一〉，「文莊羅整菴先生
　　　　　欽順」（《黃宗羲全集》增訂版），冊八，頁409。

〔註119〕　（明）黃宗羲：《明儒學案》，卷六十二，〈蕺山學案〉，「忠端劉念臺先生宗周」
　　　　　（《黃宗羲全集》增訂版），冊八，頁890。

知及情感作用。不過此活活潑潑的心體作用，並非漫無目地的發用，而是依循其中莫知其所以然而然之「性」者。因此宗羲正式提出「性者心之性」的主張，以性爲心之流行的準則，可謂是相對於「理爲氣之理」的說法。所以再根據宗羲「性者心之性」之思路前進，又可分從兩點探討。

　　第一：宗羲除了認爲「惻隱、羞惡、辭讓、是非，心也。」即存有四端之心者外；更重要的是「仁義禮智，指此心之即性也」的觀點，以仁義禮智乃此心中所本具之性，即心中包含了性之成分（合乎「性者心之性」的邏輯），使心與性二者在時間次序上，並無性先心後的問題；所以仁義禮智之性絕非先於四端之心而存在，然後才發爲惻隱、羞惡、辭讓與是非心也。故宗羲直言：「仁義禮智之名，因四端而後有，非四端之前先有一仁義禮智之在中也。」〔註120〕至此，可以發現宗羲「性者心之性」的觀點，是以性爲心之活動有條理的表現，即表示此性並不先於心的存在，而是僅存於心之中爲「心之性」。所以宗羲指出「夫性果在外乎？心果在內乎？心性之名，其不可混者，猶之理與氣，而其終不可得而分者，亦猶之乎理與氣也。」〔註121〕明確以心性雖各有其作用而不可混，但此並不表示心性爲二分的狀態，因爲就「性者心之性」的立場而言，性只是「心之性」，其作用僅爲心之條理者，故此「心之性」的作用即說明了性包含於心之中，以心中具有性之成分（條理者），性存於心是「終不可得而分者」，如同「理爲氣之理」，理之作用乃氣之流行而不失其則者，是「離氣無所爲理」〔註122〕的理氣合一觀下之心性關係（容待本章第三節「氣理心性之合一觀」詳論）。

　　第二：根據上述的結論，馬上又產生一個新問題，就是心體流行依自身「心之性」而能歷然不昧，是否即表示此「心之性」爲獨立一物的存在，爲心所依循者，是心與性以兩物的形態並存。對此，除了上述以「性」乃心中本具之性而存於心中，爲「心之性」的解釋外。宗羲更直接表示「性」「初非別有一物立於心之先，附於心之中也。」明確反對性獨立於心之外而別爲一物的存在。然此性非爲一物的觀點，正可用以輔助說明「性者心之性」。因爲

〔註120〕（明）黃宗羲：《孟子師說》，卷二，〈人皆有不忍人之心章〉（《黃宗羲全集》增訂版），冊一，頁69。

〔註121〕（明）黃宗羲：《明儒學案》，〈師說〉，「羅整菴欽順」（《黃宗羲全集》增訂版），冊七，頁18。

〔註122〕（明）黃宗羲：《孟子師說》，卷七，〈口之於味章〉（《黃宗羲全集》增訂版），冊一，頁161。

在「性者心之性」的思路中，性乃心本具之性，是存於心之中而爲心的一部份；若以性別爲一物的存在，勢必產生心與物各自爲一物的觀點，使原本存於心中的「心之性」，不得不獨立於心之外而別爲一物，將造成性者本爲「心之性」，卻又獨立於心之外的矛盾。由此可知，在宗羲的思想中，性是以「心之性」的形態存於心中，絕非一心外之物。不過性既然非一實然之物的存在，其爲心之流行有條理的內涵，又將如何呈現呢？宗羲有云：

> 性是空虛無可想像，心之在人，惻隱、羞惡、辭讓、是非，可以認取。將此可以認取者推致其極，則空虛之中，脈絡分明，見性而不見心矣。如孺子入井而有惻隱之心，不盡則石火電光，盡之則滿腔惻隱，無非性體也。〔註123〕

此論說明了性體必須透過心體推致其極之後，才可見性之存在，即宗羲所曾言：「性不可見，見之於心。」〔註124〕以性須由心顯，離心將無以見性。不過此處卻有一點要特別注意，就是「見性而不見心矣」之意，並非表示性體呈現於人倫事物之後，心體則隱然不現；而是指心體發用惻隱、羞惡、辭讓、是非的同時，仁義禮智之性亦隨之脈絡分明的具體表現於人事上，是專就「心上見性」而言，並非指心體表現性之後，心就停止作用且消失，而是指心持續的發動表現「性體」的過程爲隱然不可見，必須由作用層面言「心」，才得以見性之活動。故於現實人倫上僅能見仁義禮智之性體呈現，當然不見心之作用；相對而言，若以心之活動面來看，無論心是否能推致其極，即討論重點在於心體是否能「盡之」與「不盡」的活動之中，性體事實上亦未嘗不在此心中。

因此，再回頭討論宗羲「性者心之性」中對李見羅的註語，其云：「李見羅《道性編》，亦一偏之論。」對此，宗羲曾表示：

> 李見羅著《道性善編》：「單言惻隱之心四者，不可竟謂之性，性是藏於中者」，先儒之舊說皆如此。故求性者，必求之人生以上，至於「心行路絕」而後已，不得不以悟爲極則，即朱子之「一旦豁然貫通」，亦未免墮此蹊徑。〔註125〕

〔註123〕（明）黃宗羲：《孟子師說》，卷七，〈盡其心者章〉（《黃宗羲全集》增訂版），冊一，頁148。

〔註124〕（明）黃宗羲：《孟子師說》，卷二，〈浩然章〉（《黃宗羲全集》增訂版），冊一，頁60。

〔註125〕（明）黃宗羲：《孟子師說》，卷二，〈人皆有不忍人之心章〉（《黃宗羲全集》

李見羅認爲「性」須就人生而靜以上求得，而後再發之爲四端之心。〔註126〕
對此，宗羲則提出了修正，認爲李見羅求性必於人生而靜以上，已是在「心」
之前求「性」的主張，即落入朱子格物致知之道，以爲「一旦豁然貫通焉，
則眾物之表裏精粗無不到，而吾心之全體大用無不明矣。」〔註127〕由窮理盡
性以達盡心，將分心性爲二。因此宗羲反對於四端之外，懸空求一性之物，
直謂「舍四端之外何從見性？」〔註128〕以性存於心中而爲「心之性」，故其又
云：「孟子言惻隱羞惡辭讓是非即是仁義禮智，非惻隱羞惡辭讓是非之上又有
一層仁義禮智也。」〔註129〕以心中具仁義禮智之性，否定於心之上再外求一
形而上之性者。所以宗羲才會有云：

> 惻隱羞惡辭讓是非之在人心，推原其上一層以爲性，性反覺於渺茫
> 矣。〔註130〕

綜合來看，宗羲之「性」具有三個特點。第一，宗羲透過告子「生之謂性」
說明「以陰陽五行化生者爲性」，明確以性乃氣化之生成者，是性即氣的主張，
並藉由宗羲對告子「生之謂性」的分析，可知宗羲贊同「從氣化生成面言性
即氣」，而反對「從氣化之性即人與萬物之共同本性」，其對告子之論的部份
認同，凸顯了宗羲能夠精確掌握「性」與「氣」之關係。第二，宗羲又認爲
「心體流行，其流行而有條理者，即性也。」其內涵完全等同「所謂理者，

增訂版），冊一，頁 69。
〔註126〕關於宗羲對李見羅心性關係之看法，從《明儒學案》，卷三十一，〈止修學案〉，
　　　　「中丞李見羅先生材」可略知其「拈『止修』兩字，以爲得孔、曾之眞傳。
　　　　止修者，謂『性自人而靜以上，此至善也，發之而爲惻隱四端，有善便有不
　　　　善。知便是流動之物，都向已發邊去，以此爲致，則日遠於人生而靜以上之
　　　　體。攝知歸止，止於人生而靜以上之體也。然天命之眞，即在人視聽言動之
　　　　間，即所謂身也。若刻刻能止，則視聽言動各當其則，不言修而修在其中矣。
　　　　使稍有出入，不過一點簡提撕修之工夫，使之常歸於止而已。』」（《黃宗羲全
　　　　集》增訂版，冊七，頁 778。）由此可知李見羅主張人生而靜上求一性爲根
　　　　據而後發之爲心，並主張「知止」與「修身」並重，故以「止修」名其學術
　　　　宗旨「以救良知之弊，則亦王門之孝子也。」（同上，頁 777。）
〔註127〕（宋）朱熹：《大學章句》，右傳之五章（《四書集注》），頁 6。
〔註128〕（明）黃宗羲：《孟子師說》，卷二，〈人皆有不忍人之心章〉（《黃宗羲全集》
　　　　增訂版），冊一，頁 69。
〔註129〕（明）黃宗羲：《明儒學案》，卷三十一，〈止修學案〉，「中丞李見羅先生材」
　　　　（《黃宗羲全集》增訂版），冊七，頁 780。
〔註130〕（明）黃宗羲：《孟子師說》，卷六，〈性猶杞柳章〉（《黃宗羲全集》增訂版），
　　　　冊一，頁 132。

氣之流行而不失其則者也。」以「性」與「理」同具條理性、原則性的能力，但是其又不得不區分為「性」「理」二名，其因在於「天地間祇有一氣，其升降往來即理也。」〔註131〕而「性即理之聚於人者」，即二者之差異性在於「性」乃就人而言，「理」則就氣上言；事實上二者為等同概念的存在，是「理也性也」的主張。第三，宗羲明確提出相對於「理為氣之理」的「性者心之性」論點，除了上述以「性」等同「理」之作用外，更以性為「心之性」而存於心中，為心之流行有條理者，非別為一物而立於心之外，附於心之中；不過此「性」因非一實然之物，故必須由「心」之作用以體顯，所以若捨明覺自有條理之心，則此「性」將無以現。簡言之，宗羲之「性」是以「氣」為其本體，具有「理」之條理性，而聚於人者為「心之性」，是不在人心之外，另有一「推原其上一層以為性」的形而上者。

二、氣之本然是性

由於宗羲主張「氣自流行變化，而變化之中，有貞一而不變者，是則所謂理也性也。」以及「心體流行，其流行而有條理者，即性也。」可以得到一個結論，就是「心即氣之聚於人者，而性即理之聚於人者。」〔註132〕因此，在宗羲「理為氣之理」的思路上，自然認為「性」者其實就是「氣之理」於人身上之呈現，即以「性」為心體流行的規律，在於心中為「心之性」。故轉由「氣」立場來討論，「氣」在自身流行變化中，表現出某種不失其則、不反其序的原則規律性，即是「理」；相對而言，當此「氣」於人身上呈現相同的原則規律性時，則稱之為「性」。由此可見，宗羲的性與氣之間，「性」其實不僅是「心之性」，更等同「氣之理」的概念，以「性」等同「理」之作用，皆為「氣」之流行而不失其序者，並以此為「氣」之內涵，是立論於「氣」上。所以宗羲再進一步討論：

> 竊以為氣即性也，偏於剛，偏於柔，則是氣之過不及也。其無過不及之處方是性，所謂中也。周子曰：「性者，剛柔善惡中而已矣。」氣之流行，不能無過不及，而往而必返，其中體未嘗不在。如天之

〔註131〕（明）黃宗羲：《明儒學案》，卷三，〈崇仁學案三〉，「恭簡魏莊渠先生校」（《黃宗羲全集》增訂版），冊七，頁42。

〔註132〕（明）黃宗羲：《明儒學案》，〈師說〉，「羅整菴欽順」（《黃宗羲全集》增訂版），冊七，頁18。

亢陽過矣，然而必返於陰；天之恆雨不及矣，然而必返於晴。向若
一往不返，成何造化乎？人性雖偏於剛柔，其偏剛之處未嘗忘柔，
其偏柔之處未嘗忘剛，即是中體。若以過不及之氣便謂之性，則聖
賢單言氣足矣，何必又添一「性」字，留之爲疑惑之府乎？古今言
性不明，總坐程子「惡亦不可不謂之性」一語，由是將孟子性善置
之在疑信之間，而荀、楊之說紛紛起廢矣。〔註133〕

宗羲認爲氣之流行變化，雖有過與不及，但在此變化之中隱然含有一原則規律
性，使氣之流行能往而必返回歸於恆常之道；簡言之，此氣之中未嘗不有「中
體」的存在，而此「中體」就是氣內在隱然之原則規律性，其作用表現即如同
前述之「理」，皆爲流行不失其序的理則。然而，人性亦是如此，當此氣流行於
人身而不偏於剛、柔、過、不及之處時，亦正是「中體」在人身上的呈現，而
爲人之「性」。換言之，在天爲理，在人爲性，「性」乃「理」於氣化之人身的
體顯，即此處所謂的「中體」，是一種放諸四海皆準的普遍原則性。據此，宗羲
當然反對「以過不及之氣便謂之性」，因爲以此言「性」，則「性」將不需以「中
體」形式存在，將造成人無論善、惡皆能爲其本性；不僅使「性」無有任何人
文價值意義，更使「性」喪失普通原則性作用。即氣化於人生有剛、柔、過、
不及偏於一方之處的表現皆算是「性」的話，那麼聖賢只需單就「氣」上討論
其流行變化方向即可，何需再言「性體」存在與否。對此，可以隱約看出宗羲
主張之「性」，應是合乎中道的善性，所以其提出了古今言性不明之因，在於學
者誤解明道「惡亦不可不謂之性」一語。明道曾云：

「生之謂性」，性即氣，氣即性，生之謂也。人生氣稟，理有善惡，
然不是性中元有此兩物相對而生也。有自幼而善，有自幼而惡，是
氣稟有然也。善固性也，然惡亦不可不謂之性也。蓋「生之謂性」、
「人生而靜」以上不容說，才說性時，便已不是性也。凡人說性，
只是說「繼之者善」也，孟子言人性善是也。〔註134〕

此處透過牟宗三先生的研究成果〔註135〕得知明道借用樂記「人生而靜，天之
性也」一語，認爲自有生以後，個體形成時才說「性」。至於「人生而靜」以

〔註133〕（明）黃宗羲：《明儒學案》，卷二十七，〈南中王門學案三〉，「中丞楊幼殷先
　　　　生豫孫」（《黃宗羲全集》增訂版），冊七，頁720。
〔註134〕（宋）程顥　程頤：《河南程氏遺書》，卷第一，〈二先生語一〉（《二程集》北
　　　　京：中華書局，2008年7月，第2版5刷），冊上，頁10。
〔註135〕參見牟宗三：《心體與性體》，冊二，〈生之謂性篇〉，頁160～169。

上，則「不容說」。其「不容說」之因在於「人生而靜」以上是無性之名與實可言，並非言語道斷，不可思議之意，故生以上不容說性。因此，一旦言性時，便是在有生以後，便與氣稟滾在一起，便有因氣稟之不齊與拘蔽而成之不同的表現，便已不是性體自己之本然而粹然者，所以「才說性時，便已不是性也。」換言之，「不是性」即表明生以後之「性」，已不是作為性體之實的那「於穆不已之真幾」之純粹而自然呈現者，亦非指此性轉成別的，如氣之類。故以此為基礎，再回頭討論明道「性即氣，氣即性，人之謂也。」可知此論非「體用圓融」義，而是性體與氣稟滾在一起而不雜。其中此處之「氣」並非宇宙本體論之氣，而是指「氣稟」而言。因為個體之完成本氣化而來，而其性體之實，即由於穆不已之真幾本性而立，因此一旦氣化而成的形體之物，雖有氣之清濁厚薄等凝結的「氣稟」之殊，但「於穆不已」的性體仍隨之並存，是性不離氣稟而獨立的「性即氣」矣。所以牟先生認為要了解明道「性即氣，氣即性」之意，是必須辨清兩點；一，「『性即氣，氣即性』不是概念斷定的陳述語（指謂語），乃是性體與氣稟滾在一起而不離之關聯語。」若以概念的斷定語說明，則性是氣，氣亦是性，性氣將不分，故須以關聯語表示性氣雖是混一卻不雜。二、「『性即氣，氣即性，生之謂也』，此不是說生化之生生不已中性與氣同流也，乃是說性體與氣稟滾在一起，即是『個體存在時說性』之謂。『生之謂也』是『生之謂性之謂也』之簡說。」〔註136〕換言之，「生之謂也」乃專指個體形成以後而言性，此性並非那形上於穆不已的真幾本性，但此於穆不已之真幾卻是隱含於個體之性中，並不與「氣稟」同流。

　　至此再進一步討論，宗羲認為古今言性之不明，在於對明道「惡不可不謂之性」一語的誤解。透過上段結論可知，明道此語是指個體形成之後所言之性，是與氣稟相滾者，故當此氣稟為善者，性體自然呈現其善性；反之亦然。所以明道此處言性有善惡之性者，並非那性之實的於穆不已之真幾本性，而是個體之性的表現。因此個體之性無論呈現其善或惡之一面，其實皆受氣稟所拘蔽而有萬殊；不過此個體之性雖表現殊異，但最終仍會回歸那隱含於其中的真幾本性，即「善固性也，然惡亦不可不謂之性也。」的主張。簡言之，明道以善之性與惡之性，其實皆本於穆不已之性矣。

　　由於宗羲能辨明明道言性乃「本體宇宙論的直貫順成」〔註137〕之模式，

〔註136〕牟宗三：《心體與性體》，冊二，〈生之謂性篇〉，頁164。
〔註137〕牟宗三：《心體與性體》，冊二，〈生之謂性篇〉，頁146。

即其於穆不已的天道之德乃確確實實的落於個體形氣之人上，是本體宇宙論
（於穆不已之眞幾本性）成其爲一個體存在的過程；然此個體形氣之人雖受
氣稟拘限而有善惡剛柔的表現，但其性體之實並不隨之改變，仍隱含於其中，
若能言此性體，則「便已不是性」。換句話說，明道此種以善惡之性中皆隱含
一於穆不已之性的主張，可謂是完全符合宗羲「氣之流行，不能無過不及，
而往而必返，其中體未嘗不在」的思路；即回應前述宗羲主張氣之流行中必
隱然內含一原則規律性的「中體」。故與明道相較，宗羲自然認爲兩人的思考
模式相當，無論就「於穆不已」處或原則規律性之「中體」言性，其實此性
皆是超然的存在，且爲「善」的。事實上宗羲不僅應是贊同明道之論性外，
更再次證明宗羲自身之性是氣化流行合乎理於人身上的呈現，仍是「理也性
也」的思路。故其在本體氣論之立場下又云：

> 蓋天地之氣，有過有不及，而有愆陽伏陰，豈可遂疑天地之氣有不
> 善乎？夫其一時雖有過不及，而萬古之中氣自如也，此即理之不易
> 者。人之氣稟，雖有清濁強弱之不齊，而滿腔惻隱之心，觸之發露
> 者，則人人所同也。此所謂性，即在清濁強弱之中，豈可謂不善乎？
> 若執清濁強弱遂謂性有善有不善，是但見一時之愆陽伏陰，不識萬
> 古常存之中氣也。……亦以人之氣本善，故加以性之名耳。如人有
> 惻隱之心，亦只是氣。因其善也，而謂之性。〔註138〕

宗羲曾主張「一陰一陽之流行往來，必有過有不及，寧有可齊之理？」〔註139〕
又此「氣之有過不及，亦是理之當然，無過不及，便不成氣矣。」〔註140〕即
明確指出氣之流行本就有各種不齊的愆陽伏陰之狀況。但是最終此氣仍「升
而必降，降而必升，雖有參差過不及之殊，而終必歸一，是即理也。」〔註141〕
換言之，愆陽伏陰之變化其實就是一定的氣化流行之理，完全是失理亦在理
中的思路，即宗羲此處「夫一時雖有過不及，而萬古之中氣自如也，此即理
之不易者。」然而此「中氣」亦如同上述之「中體」，以氣化流行之生物，雖

〔註138〕（明）黃宗羲：《明儒學案》，卷五十，〈諸儒學案中四〉，「肅敏王浚川先生廷
相」（《黃宗羲全集》增訂版），冊八，頁487。

〔註139〕（明）黃宗羲：《孟子師說》，卷三，〈道性善章〉（《黃宗羲全集》增訂版），
冊一，頁77。

〔註140〕（明）黃宗羲：《明儒學案》，卷三，〈崇仁學案三〉，「恭簡魏莊渠先生校」（《黃
宗羲全集》增訂版），冊七，頁42。

〔註141〕（明）黃宗羲：《明儒學案》，卷十三，〈浙中王門學案三〉，「知府季彭山先生
本」（《黃宗羲全集》增訂版），冊七，頁308。

偶有一時之愆陽伏陰，但其背後仍有一不變之常則，即此「中氣」、「中體」，也就是「理」。於是相對於人而言，人受氣稟而有清濁強弱之不齊的表現，然其內在卻有一不變之常則，此常則就是「理」。至於此「性」之內涵又爲何呢？宗羲以爲「滿腔惻隱之心，觸之發露者，則人人所同也。」即以人雖受氣稟影響而有善有不善的表現，但其內在道德本性卻不因此有所不同。這就說明了宗羲之性的作用，是等同氣化流行中「萬古常存之中氣」，並以孟子「人皆有不忍人之心」〔註142〕的普遍道德性（四端之心）爲其內涵；可謂是從氣化流行及道德賦予兩立場，來確立「性」具有超然原則性及道德價值性。

　　不過此處尚有一問題要解決，就是宗羲以爲天地之氣化雖有愆陽伏陰，「豈可遂疑天地之氣有不善乎？」相對於人之性亦「豈可謂之不善乎？」其中是否透露出某種關聯性？筆者以爲除了由上述氣化流行與道德賦予兩立場，來說明「性」等同「中氣」之概念而落實於人身上爲普遍的道德本性外；更重要的是在於此「豈可遂疑天地之氣有不善乎」一語，正是反顯出「氣」的本質應是「善」的。所以由本體之氣所化生的形氣之人，其本體的氣之理當然亦隨之下貫於形氣之人身上爲其人之性，故此氣之本質爲善，其所下貫而成的人之性亦必然爲善；此不僅證明了人性「豈可謂之不善乎」，更是提供人性爲善的理論基礎。而此結論又再次說明了宗羲的思想，是由氣本善而後下貫於性亦爲善的一種順向思路，是以「氣」爲立論基礎來支撐性爲善的。故宗羲才會自言：「人之氣本善，故加以性之名耳」，即符合上述氣善而人性亦必爲善的順向思路。不過此處還隱約藏有另一條思路，就是宗羲既主張氣本善的向下順說，又何須賦予「性」之名呢？除了凸顯「性」爲本體氣之理落實於人身上之外，更在於本體之氣論仍必須透過形體之人具體呈現於現實世界，此理論才不至於淪爲虛空架構，故「故加以性之名」以落實「氣」的實踐，然而此過程已約略凸顯出宗羲理氣心性是一的脈絡，至於其理論模型容待下節討論。

　　既然人之氣本善，則人之性亦必然爲善，但是在現實世界上卻仍有惡的產生，宗羲認爲這是受到「氣稟」的影響。然而此論馬上產生一個疑問，就是既然氣本善，爲何「氣稟」不能全善而有清濁剛柔之分？對此，宗羲提出了「氣之本然」與「氣之雜揉」的觀點。其云：

〔註142〕（漢）趙岐注，（宋）孫奭疏：《孟子注疏》，卷第三下，〈公孫丑上〉（《十三經注疏》），頁6上。

夫不皆善者，是氣之雜揉，而非氣之本然。其本然者，可指之爲性，其雜揉者，不可以言性也。天地之氣，寒往暑來，寒必於冬，暑必於夏，其本然也。有時冬而暑，夏而寒，是爲愆陽伏陰，失其本然之理矣。失其本然，便不可名之爲理也。然天地不能無愆陽伏陰之寒暑，而萬古此冬寒夏暑之常道，則一定之理也。人生之雜揉偏勝，即愆陽伏陰也。而人皆有不忍人之心，所謂厥有恆性，豈可以雜揉偏勝者當之？雜揉偏勝，不恆者也。是故氣質之外無性，氣質即性也。第氣質之本然是性，失其本然者非性，此毫釐之辨，而孟子之言性善，即不可易也。〔註143〕

宗羲於本節開頭處曾云：「竊以爲氣即性也，偏於剛，偏於柔，則是氣之過不及也，其無過不及之處方是性，所謂中也。」此論除了說明氣之流行合乎「中」者則爲「性」外，重點在於「氣即性」之言，是以「籠侗」言性。前已有說明宗羲承認告子「『生之謂性』，未嘗不是。」〔註144〕，其認爲人與萬物皆以「陰陽五行化生萬物者」爲性，即皆以「氣」爲人與萬物之「共同本性」，此即「籠侗」言「氣即性」；但事實上又由於人與萬物之間，因氣化不同而形質互異，造成萬物各自有其本性而存在著各種差異性，故又不能完全以「氣即性」籠侗言之。可見藉由宗羲對告子的分析，在性與氣的關係上，是贊同從氣化流行的立場言「生之謂性」，即「氣即性」在此立場下時可成立的；但其反對以天生的共同本性混人與萬物爲一性，則又是對「氣即性」的內容作了一嚴格區分。

因此，在「氣即性」的大前提下，氣順向的透過性以呈現其條理之過程，是否能完全不受干擾而表現出本體之氣的本然之理呢？其實答案是否定的，因爲現實世界究竟還是有失其本然之理的愆陽伏陰之狀況。對此，宗羲就不得不區分「氣之本然」與「氣之雜揉」二部分來討論。

對此兩部分，宗羲依舊是先從理氣關係著手來言性與氣，其以「理」乃「氣」之流行變化中的一種不失其序的普遍原則性，所以氣之流行雖有失其則的反常現象，但就天地運行的常道而言，仍爲一定的本然之理。故相對於

〔註143〕（明）黃宗羲：《明儒學案》，卷二十九，〈北方王門學案〉，「侍郎楊晉菴先生東明」（《黃宗羲全集》增訂版），冊七，頁756。

〔註144〕（明）黃宗羲：《孟子師說》，卷六，〈生之謂性章〉（《黃宗羲全集》增訂版），冊一，頁133。

「性」亦是如此，「性」是氣透過人心之活動所表現者，也是氣化流行中的普遍原則性；因此，就人而言，人不失其則的表現即爲善性，而不善者「是氣之雜揉，而非氣之本然。」明確提出「其（氣）本然者，可指爲性，其雜揉者，不可以言性」的氣之本然爲性，氣之雜揉非性的觀點。於是綜合而言，在「氣即性」的立場下，人是否能完全呈現其形上本體氣下貫的本然之善性，其關鍵就在於人能否以此「氣之本然」爲其人之性，使氣之本然的表現就是人性善的呈現，使上下氣性縱貫合一。但是宗羲卻也沒有忘了在客觀現實上，畢竟天地有愆陽伏陰與人有雜揉偏勝的情形，不過宗羲並不以此爲性，反而明確指出就「恆」「常」的立場來看，「氣之雜揉」只是一時的現象，終必回歸一定的本然之理，而此本然之理即爲「氣之本然」者，具永恆普遍性。此觀點不僅客觀的指出「惡」的產生即失其本然的狀態，更給予了人向善的原動力，因爲就理論上而言，人本「氣之本然」而爲善性，人若一旦行惡，亦將只是一時短暫現象，「豈可以雜揉偏勝者當之」，其最終仍將回歸人皆有不忍人之心的恆常本性，所以善性本就是人的本性，人自然就本具向善的能力。因此宗羲更進一步表示：

> 蓋一陰一陽之流行往來，必有過有不及，寧有可齊之理？然全是一團生氣，其生氣所聚，自然福善禍淫，一息如是，終古如是，不然，則生滅息矣。……及到成之而爲性，則萬有不齊，人有人之性，物有物之性，草木有草木之性，金石有金石之性，一本而萬殊，如野葛鴆鳥之毒惡，亦不可不謂之性。孟子「性善」，單就人分上說。生而稟於清，生而稟於濁，不可言清者是性，濁者非性。然雖至濁之中，一點眞心埋沒不得，故人爲萬物之靈也。〔註145〕

宗羲此論綜合了上述三個觀點。第一，就生化立場而言，人與萬物之性，皆由氣所生而成其性。故萬物的草木金石之性與野葛鴆鳥之毒惡，皆不可不謂之性；而「人物同出一原，天之生物有參差，則惡亦不可不謂之性。」〔註146〕即人之性善或性惡，亦皆稟氣以成性。簡言之，人與萬物無論其個別本性爲何，在生成上確皆以「氣」爲其共性，是類似告子「生之謂性」的思路。

〔註145〕（明）黃宗羲：《孟子師說》，卷三，〈道性善章〉（《黃宗羲全集》增訂版），冊一，頁 77。

〔註146〕（明）黃宗羲：《南雷文定》四集，卷一，〈馬雪航詩序〉（《黃宗羲全集》增訂版），冊十，頁 96。

　　第二，再由個別差異性立場來看，人與萬物確實具個別本性的存在而不能混一，即宗羲所直言：「夫人與萬物並立於天地，亦與萬物各受一性，如薑桂之性辛，稼穡之性甘，鳥之性飛，獸之性走。或寒或熱，或有毒無毒。古今之言性者，未有及於《本草》者也。故萬物有萬性，類同則性同。人之性則爲不忍，亦猶萬物所賦之專一也。物尚不與物同，而況同人於物乎？」〔註147〕指出了萬物各具其本性而互不同，更何況是人與萬物之間；所以宗羲此處明確點出人與萬物的差異性，就在於人有不忍人之性；此論是將告子「生之謂性」再更進一層次的分析，即宗羲所言：「孟子破口道出善字，告子只知性原於天，合人物而言之，所以更推不去。」〔註148〕的思路。

　　第三，再回復人性立場來看，因「人之氣本善，故加以性之名耳。如人有惻隱之心，亦只是氣。因其善也，而謂之性。」〔註149〕所以人稟氣而成之性應亦爲善；但事實上惡卻是現實存在，且在「性即氣」的前提下，善與惡皆不可不謂之性，似乎與人性本善之論產生了思路上的矛盾。對此，宗羲的解決之道則是從理氣上的愆陽伏陰來說明。前已提及「天地不能無愆陽伏陰之寒暑，而萬古此多寒夏暑之常道，則一定之理也。人生之雜揉偏勝，即愆陽伏陰也。」明確表示人性雜揉偏勝之惡，即如同愆陽伏陰一般，是稟本體之氣而必然存在，但卻不具永恆性；故「氣之流行，不能無過不及，故人之所稟，不能無偏。氣質雖偏，而中正者未嘗不在也。猶天之寒暑，雖過不及，而盈虛消息，卒歸於太和。以此證氣質之善，無待於變化。」〔註150〕以性之善惡雖皆由氣化流行而來，同爲人之性，但其中愆陽伏陰之惡終究爲一時之偏，人之性仍是以善爲終，善才是人唯一不變的本性。可見宗羲的思路並不矛盾。

　　此外，宗羲又更進一步將「氣」區分爲「氣之本然」與「氣之雜揉」兩者，其指出「夫不皆善者，是氣之雜揉，而非氣之本然。其本然者，可指之爲性，其雜揉者，不可以言性也。」以人性之善乃氣之本然，而不善者是氣

〔註147〕　（明）黃宗羲：《南雷文定》四集，卷一，〈馬雪航詩序〉（《黃宗羲全集》增訂版），冊十，頁96。
〔註148〕　（明）黃宗羲：《孟子師說》，卷三，〈道性善章〉（《黃宗羲全集》增訂版），冊一，頁77。
〔註149〕　（明）黃宗羲：《明儒學案》，卷五十，〈諸儒學案中四〉，「肅敏王浚川先生廷相」（《黃宗羲全集》增訂版），冊八，頁487。
〔註150〕　（明）黃宗羲：《明儒學案》，卷三十八，〈甘泉學案二〉，「太僕呂巾石先生懷」（《黃宗羲全集》增訂版），冊八，頁182。

之雜揉。因此，再藉由此「性之善惡」來關聯「氣之本然、雜揉」與「氣化流行之愆陽伏陰」兩部份可知宗羲是將氣化流行之過不及的愆陽伏陰，或氣稟的清濁強弱等失其本然之理的現象，皆歸屬「氣之雜揉」，而流行不失其序者則屬之「氣之本然」；所以宗羲以爲人性之所以爲善，在於人以「氣之本然」者爲其性而具本然之理。不過此處尚有兩個觀點要注意。首先，宗羲由「氣之本然」言性，人之性當然自能爲善性，但若是改由「氣之雜揉」來言性，則人之性不皆全爲之惡了嗎？對此宗羲則明確表示「其雜揉者，不可以言性也。」反對由「氣之雜揉」處言性，即反對以「氣之雜揉」爲人之本性。再者，既然宗羲不以「氣之雜揉」爲人之本性，是否意指宗羲否定了雜揉之性的存在；事實上，在「氣即性」的架構下，「氣之雜揉」當然如同「氣之本然」，二者是同時並存而不偏廢，此觀點應是「天地不能無愆陽伏陰之理」及「惡亦不可不謂之性」的思路發展，只是由「恆、常」的角度論之，「氣之雜揉」只是一時之偏，不可以此爲人之本性。而陶清先生對此宗羲之「性」亦有相同的評述，其云：

> （宗羲）所謂「性」，乃是關於氣之本然、恆常之道的理論抽象和概括；因此，「性」本來而且只能是「善」的。如有不善即惡，那也只能是失其本然的暫時的、偶然的現象而已。〔註151〕

最後，必須做個總結，宗羲主張「氣即性也」，故人之性無論善惡，其實皆稟氣而來；但就本體氣立場言，氣應是順其本然之理下貫於人身而爲善性，然而又爲何有惡的產生。宗羲於是提出本體之氣中有「氣之本然」與「氣之雜揉」二者，用以分論人性之善惡外，亦用以完整僅由氣化之愆陽伏陰論性之架構。然此正凸顯了在形上本體立場的「氣即性」思路中，性是本體氣順其內在本然之理以落實於形下者，不過此氣的內在本然之理其實包含了「氣之本然」與「氣之雜揉」，其中「氣之雜揉」亦只是氣本體中本然之理的一部份，是「失理亦在理中」的思路，即只有「氣之本然」者才是永恆不變之性。所以宗羲才會直言「其本然者，可指之爲性，其雜揉者，不可以言性也。」

不過就在同段引文的最後，宗羲卻又提出「氣質之外無性，氣質即性也。第氣質之本然是性，失其本然者非性，此毫釐之辨，而孟子之言性善，即不

〔註151〕陶清：《明遺民九大家哲學》，第七章，〈黃宗羲哲學思想研究〉（臺北：洪葉文化事業有限公司，1997 年 6 月初版 1 刷），頁 407。

可易也。」〔註152〕此論馬上產生一個新問題，就是前述的推論，是在「氣即性」的基礎下立論；但宗羲此處卻另提出「氣質即性」的說法，主張「氣質之本然是性，失其本然者非性」，即以爲在「氣質即性」之中，亦存有氣質之本然與失其本然者，並以此作爲區分人性之依據。其概念明顯等同於「氣即性」的主張。所以宗羲才會以「氣之本然」與「氣質之本然」同時出現並具等同的作用，是「氣即性」與「氣質即性」的混同。但此「氣質即性」的論點，是否眞得完全等同「氣即性」之論呢？對此不得不轉由下節討論宗羲的「氣質之性」。

三、止有氣質之性，更無義理之性

宗羲主張「氣質之外無性，氣質即性也」，若就語義上分析，可以有兩種意思。第一，氣質之外無性的存在，氣質本身就是性。第二，氣質是性之載體，故氣質具有可能成爲性的機會。然而筆者以爲宗羲的「氣質即性」，應是指氣質極有可能成爲性者；因爲宗羲曾云：「夫耳目口體，質也；視聽言動，氣也；視聽言動流行而不失其則者，性也。」〔註153〕明確以氣質之流行不失其則者爲性的表現，而且宗羲又主張「性即理之聚於人者」〔註154〕，以性不可見，是須藉由形下之氣質以彰顯其性體。所以宗羲才會直言：「離氣以求心性，吾不知所明者何心，所見者何性也。」〔註155〕以「氣質」爲「性」之載體，即須在氣質上見性之呈現。換言之，「氣質即性」並非泛指所有氣質之流行必有性的存在，而是專指氣質之流行不失其序者，才是性體的呈現。

於是再進一步分析，「氣質即性」是指氣質可能具有成爲性體的機會，條件就在於氣質流行不失其則之時，性體旋即透過氣質這個載體以體顯，即「離氣質又不可覓性」〔註156〕，此時氣質的表現就是性體的呈現，皆具流行不失

〔註152〕（明）黃宗羲：《明儒學案》，卷二十九，〈北方王門學案〉，「侍郎楊晉菴先生東明」（《黃宗羲全集》增訂版），冊七，頁756。

〔註153〕（明）黃宗羲：《明儒學案》，卷四十一，〈甘泉學案五〉，「恭定馮少墟先生從吾」（《黃宗羲全集》增訂版），冊八，頁266。

〔註154〕（明）黃宗羲：《明儒學案》，〈師說〉，「羅整菴欽順」（《黃宗羲全集》增訂版），冊七，頁18。

〔註155〕（明）黃宗羲：《孟子師說》，卷二，〈浩然章〉（《黃宗羲全集》增訂版），冊一，頁61。

〔註156〕（明）黃宗羲：《明儒學案》，卷二十四，〈江右王門學案九〉，「徵君章本清先生潢」（《黃宗羲全集》增訂版），冊七，頁663。

其則之義，是氣質之作用等同於性之概念；相對而言，當此氣質流行不合其則之時，性體自然無法由此不合其則的氣質體顯，故此時二者當然無法等同視之，即此氣質不能成爲性者。

透過此處的分析，明顯可以建構出宗羲「氣質即性」的架構，即宗羲認爲「氣質即性」成立的先決條件，是指氣質在流行不失其則之時，可以成爲性體體顯的載體，而等同於性之概念；然其具體的條件內容，就是「氣質之本然是性，失其本然者非性」，明顯以氣質流行不失其則者爲氣質之本然，故爲性；反之，失其則者即失其本然者（同前述「氣之雜揉」者），當然無法成爲性。至此可以得到一個結論，就是宗羲所主張的「氣質即性」，是包含了「氣質之本然與失其本然」兩種因素於其中，以氣質本然的表現即性體的體顯，而性體亦須藉由氣質之本然者爲其載體，兩者是合一而論。因此，順著宗羲內在思路推論可知，一旦氣質等同性的概念時，必然的條件是此氣質者一定爲「氣質之本然」，故「氣質即性」雖含有兩種因素，卻只有「氣質之本然」才足以爲性，其間的「毫釐之辨」就不得不注意了。

然而，就在此「氣質即性」，以「氣質之本然」者爲性的結論下。宗羲卻又有云：

> 夫盈天地間，止有氣質之性，更無義理之性，謂有義理之性不落於氣質者，臧三耳之說也。師於千古不決之疑，一旦拈出，使人冰融霧釋，而彌近理而大亂眞者，亦既如粉墨之不可掩矣。〔註157〕

宗羲在「盈天地皆氣」的立場下，以爲「天地間只有一氣充周，生人生物，人稟是氣以生。」〔註158〕明確以本體之氣化生人與萬物，而本體氣中的氣之理亦隨之下貫於形氣之中；故就人之性而言，其實亦由本體之氣而來，所以人只有一性，即「氣質之性」，根本不存在離氣而生之性者。然而宗羲此「止有氣質之性，更無義理之性」的主張，馬上產生了兩個疑問，第一、就是宗羲既然提出「止有氣質之性」的論點，其內涵是否與上述「氣質即性」的內容相同。第二、宗羲繼承其師劉師宗周的思想，認爲人只有一「氣質之性」若「離氣質又不可覓性」，所以宗羲自然反對張載的人性二元論；對此，又不

〔註157〕　（明）黃宗羲：《南雷文定》後集，卷一，〈先師蕺山先生文集序〉（《黃宗羲全集》增訂版），冊七，頁54。

〔註158〕　（明）黃宗羲：《孟子師說》，卷二，〈浩然章〉（《黃宗羲全集》增訂版），冊一，頁60。

得不討論宗羲對「義理之性」的定位為何？故此處分從兩方探討。

　　第一：先討論宗羲的「氣質之性」與「氣質即性」二者之內涵。宗羲曾云：「無氣外之理，『生之謂性』，未嘗不是。然氣自流行變化，而變化之中，有貞一而不變者，是則所謂理也性也。告子唯以陰陽五行化生萬物者謂之性，是以入於儱侗，……若一概以儱侗之性言之，未有不同人道於牛犬者也。」〔註159〕此處明顯可以看出宗羲之「性」有兩層意思，先就第一層而言，宗羲在「大化之流行，只有一氣充周無間。」〔註160〕即在本體氣的生化立場，是承認告子「生之謂性」的主張，認為人與萬物之性皆由陰陽五行氣化而生成，是以儱侗言氣化流行以成性。換言之，從本體生化立場言性，是指「性」乃稟「氣」而成的「氣質之性」，是不須分別人之性與犬牛之性間的區別；其所論之重點，在於泛指人性與萬物之性的「共通性」即「氣質之性」，就是「以陰陽五行化生者為性」之義。接著再進一步由第二層面來看，宗羲以為人與萬物同氣化流行而有「氣質之性」，然此性中卻另「有貞一而不變者，是則所謂理也性也。」明顯可以看出在「氣質之性」中，尚有一屬然不能昧者之「性」的存在，而此「性即理之聚於人者」，然「所謂理者，仁義禮智是也。禽獸何嘗有是？如虎狼之殘忍，牛犬之頑鈍，皆不可不謂之性，具此知覺，即具此性。」〔註161〕由此可知，人與萬物雖皆以「氣質之性」為其共通性，但「氣質之性」中其實又具備仁義禮智的道德本性與虎狼牛犬的生物之性兩種成分。因此，「氣質之性」在第一層的生化立場，雖可泛指人與萬物之共通性，即廣義角度的氣質之性；但就第二層面來看，「氣質之性」中確實同時含有道德本性與生物之性兩種相對的成份，故僅能就狹義角度言性，不可蓋論人與萬物之性，即宗羲所言：

　　氣質之性，但可言物不可言人，在人雖有昏明厚薄之異，總之是有理之氣，禽獸之所稟者，是無理之氣，非無理也，其不得與人同者，正是天之理也。〔註162〕

〔註159〕　（明）黃宗羲：《孟子師說》，卷六，〈生之謂性章〉（《黃宗羲全集》增訂版），冊一，頁133。

〔註160〕　（明）黃宗羲：《南雷文案》，卷三，〈與友人論學書〉（《黃宗羲全集》增訂版），冊十，頁152。

〔註161〕　（明）黃宗羲：《孟子師說》，卷六，〈食色性也章〉（《黃宗羲全集》增訂版），冊一，頁135。

〔註162〕　（明）黃宗羲：《孟子師說》，卷六，〈食色性也章〉（《黃宗羲全集》增訂版），冊一，頁135。

宗羲此言除了直言氣質之性可以言物不可言人（因氣質之性中含有生物之性）外；亦明確以「氣質之性」具有理之氣與無理之氣兩者，其中有理之氣以成人即具道德本性者，無理之氣則爲禽獸而具生物之性。不過，宗羲此處爲了避免誤認無理之氣不在氣質之性中，又表示「無理之氣，非無理也。」確實指出無理之氣是相對於有理之氣的道德本性之「生物之性」而言，並非「無」的存在，是直言說明「無理之氣」（生物之性）仍在「氣質之性」中。

　　推論至此，可以發現宗羲在「氣本一也」的基礎下，人與萬物絕對只有一「氣質之性」，此氣質之性的內涵之中，必然含有道德本性與生物之性兩種成分的存在。因此，再與「氣質即性」的內容作一比較，可知「氣質即性」中含有「氣質之本然與失其本然」兩種因素，故性體之呈現即氣質之本然的表現，此時可謂「氣質」即「性」也；相對而言，當氣質失其本然之時，性體將無氣質之本然者可爲之承載，則「氣質即性」將無法成立。所以就「氣質即性」的立場來看，「氣質」只是「性體」的載體，其間之關係，完全由氣質是否符合其本然者來決定性體之存在，二者的關係並不是必然的相等，而是有條件的對等，即只有「氣質之本然」者才足以爲「性」。至於「氣質之性」的內容形式雖與「氣質即性」相類似，即皆含有兩種相對的成分，但「氣質之性」中所含「道德本性」與「生物之性」這兩種成分，卻是必然存在氣質之性中；而「氣質即性」中雖亦有兩種因素同時存在，卻只有「氣質之本然」者可爲之「性」，又有了明顯的不同。

　　第二：接著討論宗羲既然主張天地間只有氣質之性，則其對義理之性的看法又爲何呢？其云：

> 耳目口鼻，是氣之流行者。離氣無所爲理，故曰性也。然即謂是性，則理氣渾矣，乃就氣中指出其主宰之命，這方是性。故於耳目口鼻之流行者，不竟謂之爲性也。綱常倫物之則，世人以此爲天地萬物公共之理，用之範圍世教，故曰命也。所以後之儒者窮理之學，必從公共處窮之。而吾之所有者唯知覺耳，孟子言此理是人所固有，指出性眞，不向天地萬物上求，故不謂之命也。顧以上段是氣質之性，下段是義理之性，性有二乎？〔註163〕

〔註163〕（明）黃宗羲：《孟子師說》，卷七，〈口之於味章〉（《黃宗羲全集》增訂版），冊一，頁161。

宗羲此處明顯順著孟子的思路前進。孟子承認耳目口鼻之性的存在，〔註164〕此乃是由自然生命即氣化流行角度言性（亦即告子「生之謂性」），而此性非人之意志所能自由決定者，故為「有命焉」，所以君子不以此限定之命為人之正性。反之，仁義禮智之實踐，雖然於經驗界上無法保證其圓融而有限制之命，但此性確實存於人之性中，反求即得而「有性焉」。因此，孟子之說，是藉由「性」與「命」之對揚，以透顯道德之性本我先天所固有。〔註165〕即唐君毅先生所謂：

> 孟子所謂命，不只為外在之品節限制之意，而兼涵此品節限制之所在，即吾人當然之義之所在，而義之所在即心性之所在，耳目口鼻之欲，受限於外在之命，即受限於義，故非吾人真性之所在。然人之行天所命之仁義禮智，即所以自盡其心性，故雖為命，又即為吾人內在之真性之所在云云。〔註166〕

由此可知孟子「性」與「命」之關係，是「命」雖為外在客觀之限制，但道德之「性」卻不受此「命」之限制而是真實存於人性之中，故人不可委之於「命」而不以此為正性、真性，應是盡心知性知天以求道德之實現。所以，宗羲是繼承了孟子此種性命對揚的思路，明確不以耳目口鼻之流行者為正性，並藉孟子之言指出性本為人所固有，不受命限，不須外求，只須反求諸己，故「不謂之命也」；相對而言，仁義禮智等綱常倫物之則，世人以為是天所命定而遵行不悖，但事實上亦本是人性中所固有。因此，無論從耳目口鼻或綱常倫物之則言性，性確實只有一「道德本性」。所以宗羲藉由孟子性命合一而論的思路，亦將「氣質之性」與「義理之性」合而為一。不過此結論馬上產生一個疑問，就是人只有一性即「道德本性」，明顯是以「義理之性」為第一義之性，彷彿與前敘只有一「氣質之性」的主張發生了矛盾。即究竟是只有「義理之性」或是只有「氣質之性」呢？

〔註164〕孟子曰：「口之於味也，目之於色也，耳之於聲也，鼻之於臭也，四肢之於安佚也，性也，有命焉；君子不謂性也。仁之於父子也，義之於君臣也，禮之於賓主也，智之於賢者也，聖人之於天道也，命也，有性焉；君不子謂命也。」（（漢）趙岐注，（宋）孫奭疏：《孟子注疏》，卷第十四上，〈盡心下〉，《十三經注疏》，頁12上。）

〔註165〕參考蔡仁厚：《中國哲學大史大綱》，第一卷，第四章，〈孟子的心性之學〉（臺北：臺灣學生書局，1992年9月初版2刷），頁29～30。

〔註166〕唐君毅：《中國哲學原論·原性篇》（香港：新亞書院研究所，1968年2月出版），頁23。

　　筆者以爲透過前述第一點的結論可知，若從生化立場來看，人與萬物皆只有一性，即「氣質之性」，是可以成立的。但若專以人而言，則無法成立，因爲氣質之性中含有非「道德本性」的「生物之性」成分存在，此生物之性並非僅止於饑欲食、渴欲飲的生物本能，而是尙包含了虎狼殘忍之性，所以「氣質之性，但可言物，不可言人。」故若專就人性上而言，人應只具道德本性即「義理之性」，但此論就違反了在「氣本一」立場下，只有「氣質之性」的主張。不過事實上並非如此，宗羲曾云：

　　　人生墮地，分父母以爲氣質，從氣質而有義理，則義理之發源，在
　　　於父母。〔註167〕

宗羲明確表示人所具的義理之性本在氣質中，即人稟本體之氣以生而有氣質，而氣質中即存有義理。明顯是以人只有「氣質之性」，但此時「氣質之性」已非生化立場所言者，而是以「義理之性」爲第一義之性的「氣質之性」。簡單來說，若以「氣質之性」言人，則此「氣質之性」必須以「義理之性」爲其主體，可見氣質與義理二性雖各有其作用，但卻又不相分離。

　　至此，可以得到一個結論，就是宗羲對「氣質之性」的定義，表面上確實是有所矛盾的，即「盈天地間，此有氣質之性，更無義理之性」，卻又有「氣質之性，但可言物，不可言人」的說法，將造成存在於天地之間的人，雖具氣質之性卻又不可以氣質之性言之的矛盾。但事實上宗羲「氣質之性」是有兩層意義。第一層是從氣化立場而言，所以人與萬物皆稟氣以生，以氣質爲性，離氣質無所謂性之存在。第二層是專就人性立場而言，所以氣質之性必須以義理之性爲其主體，不過此時的義理之性雖爲第一義之性，但其仍在氣質之性中，而非取代氣質之性。由此可知，宗羲的「氣質之性」確實是涵蓋了兩個層面，並非存在著內在矛盾，然而此正凸顯出宗羲「氣質之性」的特色，是須分從不同層面立論，其間的毫釐之差就不得不區別了。據此，宗羲自然對張載的人性二元論提出了批評，其云：

　　　理不能離氣以爲理，心不能離身以爲心。若氣質必待變化，是心亦
　　　須變化也。今日心之本來無病，由身之氣質而病，則身與心判然爲
　　　二物矣。孟子言陷溺其心者爲歲，未聞氣質之陷其心也。蓋橫渠之

〔註167〕　（明）黃宗羲：《南雷文定》五集，卷三，〈萬公擇墓誌銘〉（《黃宗羲全集》增訂版），冊十，頁503。

失，渾氣質於性。〔註168〕

宗羲在理氣合一的基礎下，主張「心即氣之聚於人者，性即理之聚於人者」，以人之性即理在氣質之人心上自然合節的表現，是透過氣質將心性通貫，以人心之善是本體氣下貫於氣質之人而表現爲性善，故此時氣質之表現即心體呈現性體之表現，二者是一。據此，宗羲當然認爲氣質之變化必定與心體變化同時，不可能存在著氣質變化而心體不變的情況，更尤其是氣質變化爲惡，而心體卻仍爲善的矛盾情形。

不過，張載以「人之剛柔、緩急、有才與不才，氣之偏也。」〔註169〕的「氣之偏」者爲「氣質之性」，而誤將氣質之性認壞，以爲本性有善有惡，是因爲此性不純而雜有氣質，即「渾氣質於性」中，故不得不分出一「義理之性」（天地之性）爲人之正性。所以宗羲指出張載此論不僅造成「氣質之性」與「義理之性」的二分之外，更是違背了孟子主張人性本善的思路。孟子曾言：「富歲子弟多賴，凶歲子弟多暴。非天之降才爾殊也，其所以陷溺其心者然也。」〔註170〕明確指出人性之所不同，並非上天賦予人不同之本性，而是外在環境使然，「所以陷溺其心」，而非「氣質之陷其心也」。由此可知，透過宗羲對張載的批評，明顯可以看出宗羲的「氣質之性」中含有「義理之性」，與張載以「氣之偏者」爲「氣質之性」而獨立「義理之性」爲一物之論，在內涵上是有所不同的。故宗羲對此又提出了修正，其云：

> 張子曰：「形而後有氣質之性，善反之，則天地之性存焉。故氣質之性，君子有弗性者焉。」愚謂氣質之性，既是天賦，如何可反？若反之，反似爲僞。蓋天命至精，些少著不得人爲，故人在陷溺之中，憑他搏噬紛奪，此一點良心，畢竟自要出頭。……故天命之性，豈特如金剛？一切清濁偏正剛柔緩急，皆拘他不得。如謂水本清也，以淨器盛之則清，不淨器盛之則臭，以汙泥之器盛之則濁，本然之

〔註168〕（明）黃宗羲：《明儒學案》，卷三十八，〈甘泉學案二〉，「太僕呂巾石先生懷」（《黃宗羲全集》增訂版），冊八，頁182。

〔註169〕張載：「形而後有氣質之性，善反之則天地之性存焉。故氣質之性，君子有弗性者焉。人之剛柔、緩急、有才與不才，氣之偏也。天本參和不偏，養其氣，反之本而不偏，則盡性而天矣。性未成則善惡混，故亹亹而繼善者斯爲善矣。」（《張子全書》，卷二，〈正蒙·誠明〉，頁18下。）

〔註170〕（漢）趙岐注（宋）孫奭疏：《孟子注疏》，卷第十一上，〈告子上〉（《十三經注疏》），頁9上。

清，未嘗不在。〔註171〕

宗羲此處透過邏輯上的推理，反對張載氣質與義理二分之論。首先，宗羲認爲
氣質之性既然是上天所賦予，則氣質之性本身必然具有天賦之義理而表現爲善
性，即氣質之性本是先天之善性者，將如何在氣質之性中多此一舉的反求恢復
先天之善性。再者，若眞能「善反之則天地之性存焉」，將表示人爲的修養已
超越了「天命至精，些少著不得人爲」的「氣質之性」，使氣質之性中本具的
「義理之性」無法自顯，反而要藉由外在人爲修養才可以顯現義理之性；此不
僅消除了氣質之性的本體道德義而使之淪爲第二性外，更是降低了人本具之善
性及其實踐道德之能力（即指人須憑藉外在道德修養以實踐道德，而非人本具
義理之性故能自我發動道德之實踐）。因此宗羲主張「止有氣質之性，更無義
理之性」，雖是反對性二元之論，但並非主張無義理之性的存在，而是以「氣
質之性」包含「義理之性」，「義理之性」即在「氣質之性」中。

　　根據此處的結論，筆者以爲宗羲主張只有氣質之性的說法，是較張載性
二元之論更接近恢復先秦孟子之本意。因爲「氣質之性」以「義理之性」爲
其內涵，即表示氣質本身之作用就是義理之呈現，因此人之所以能行善，並
非透過外在修養以求得義理，而是義理本在氣質之中，故人之性本善且具有
行善之能力，是性體與道德實踐合一的觀點，即孟子「由仁義行，非行仁義
也」〔註172〕的道德須自我實踐之義。簡言之，宗羲的氣質與義理的合一，不
僅說明了人性本善的理論基礎，亦提供了道德實踐的本源處，使人成爲世上
唯一能自動自發的道德實踐者。所以，筆者還認爲宗羲此種以氣質之性包含
義理之性，以義理之性爲氣質之性主體的觀點，其實是內外兼論的主張。因
爲就內在思路而言，氣質之性其實是以義理之性爲第一義之性，即如同劉述
先先生所謂「內在一元」的思路，既一方面不將「理」與「氣」、「氣質之性」
與「義理之性」分歧爲二，另一方面又在「氣」之流行中建立主宰。〔註173〕
再就外在實踐而言，「義理之性」確實需要藉由「氣質之性」的具體行動之實
踐義，來落實形上道德義理的體顯，即古清美先生表示「梨洲要論述宇宙論

〔註171〕（明）黃宗羲：《孟子師說》，卷六，〈富歲子弟多賴章〉（《黃宗羲全集》增訂
　　　　版），冊一，頁138。
〔註172〕（漢）趙岐注，（宋）孫奭疏：《孟子注疏》，卷第八上，〈離婁下〉（《十三經
　　　　注疏》），頁10上。
〔註173〕劉述先：《黃宗羲心學的定位》，頁103。

和修養論的一體性時，借用『氣』又比『心』更具落實存在的意義。」〔註174〕

　　最後，再結合前述「氣質之性」的觀點來作一整理，將可以發現到宗羲之「氣質」其實是分從兩方面共四層意義的討論。第一，宗羲主張「氣質即性」，其間又區分「氣質之本然是性，失其本然者非性」兩層意思；第二，宗羲又提出「氣質之性」並從本體生化及人之本性兩立場分論。於是筆者認爲宗羲「氣質」的多重意義，造成了宗羲在探討各家學術思想上，雖能辨明各家思想脈絡上的差異，但其廣泛使用「氣質」一辭論證，反而造成了後人對其學說分解上的困難。因此，宗羲此種以「氣質」一辭具多重意義的特點，雖然凸顯了宗羲個人思想特色，但卻也容易產生思路上的差謬而造成誤解。故又不得不謂宗羲在用辭上確實有不妥之處。所以在討論宗羲的「氣質」之性時，首先必須要了解其「氣質」的措辭之義爲何，接著才能作進一步的探究。例如宗羲曾云：

> 夫耳目口體，質也；視聽言動，氣也；視聽言動流行而不失其則者，性也。流行而不能無過不及，則氣質之偏也，非但不可言性，并不可言氣質也。蓋氣質之偏，大略從習來，非氣質之本然矣。〔註175〕

宗羲以耳目口體所發的視聽言動之氣質流行不失其則者爲性，並指出流行有過與不及乃氣質之偏者，故不可言性，至此宗羲的推論是可以成立的。不過，宗羲卻接著又有此氣質之偏也，非但不可言性，「並不可言氣質也」一語，此「氣質」彷彿與本段文義不合。事實上宗羲此處的「氣質」是由「氣質即性」角度言「氣質之本然」者，即「氣質即性也，第氣質之本然是性，失其本然者非性。」所以宗羲開頭指出氣質之流行不失其則者爲性，其實是合乎「氣質之本然」；而氣質之偏者及「失其本然者」，當然不僅不可以此言性，更不可從「氣質之本然」處立論。又如宗羲有云：

> 先生（黃道周）深辨宋儒氣質之性之非，氣有清濁，質有敏鈍，自是氣質，何關性上事？性則通天徹地，只此一物，於動極處見不動，於不睹不聞處見睹聞，著不得纖毫氣質。宋儒雖言氣質之性，君子有弗性焉，畢竟從夾雜中辨別精微，早已拖泥帶水去也，故知先生

〔註174〕古清美：〈黃宗羲的《孟子師說》試探〉，收入中央研究院中國文哲研究所中國文哲論集《明代經學國際研討會論文集》（臺北：中央研究院，2002 年 3 月修定一版二刷，頁 248。）

〔註175〕（明）黃宗羲：《明儒學案》，卷四十一，〈甘泉學案五〉，「恭定馮少墟先生從吾」《黃宗羲全集》增訂版），冊八，頁 266。

之説爲長。〔註176〕

宗義此處贊同黃道周〔註177〕以氣質確實存有清濁敏鈍的情形，而「性」則爲具形上本體義者，是超越氣質之限制「於動極處見不動，於不睹不聞處見睹聞」，即性由「天命」而來故爲善，其概念與「義理之性」相同，故僅就生化而言「自是氣質，何關性上事？」此處「氣質」之義等同張載「形而後有氣質之性」者，亦等同宗義由本體生化立場言「氣質之性」，即「儱侗」言性而不以「義理之性」爲其主體。不過，此處要特別注意的是宗義雖言黃道周能深辨宋儒氣質之性之非，但並非表示宗義反對氣質之性；而宗義所偏重的是要從清濁敏鈍的「氣質之性」中辨明「義理之性」，認爲「從夾雜中辨別精微」，是拖泥帶水的做法。所以宗義藉由「自是氣質，何關性上事？」其實一則是爲反顯自身「氣質之性」中有「義理之性」並爲其主體的主張，即須由人性立場來立論此「氣質之性」外；二則說明從夾雜中辨明義理之精微，還不如直接用「氣質之性」（因「義理之性」爲其主體）來廓清人之性者，此不僅彰顯了義理之性，亦肯定了人存在之價值意義。

　　總而言之，宗義主張「盈天地間，止有氣質之性，更無義理之性，謂有義理之性不落於氣質者，臧三耳之說也。」即明確以「義理之性」落於「氣質之性」中，離氣質將無義理之性的存在。不過宗義並不因此偏重「氣質之性」而忽略「義理之性」，因爲就宗義的思路而言，其將「氣質」與「義理」二性合一，其實是「理氣合一」觀的發展，宗義曾云：「離氣無所爲理，故曰性也。然即謂是性，則理氣渾矣，乃就氣中指出其主宰之命，這方是性。」〔註

〔註176〕（明）黃宗義：《明儒學案》，卷五十六，〈諸儒學案下四〉，「忠烈黃石齋先生道周」（《黃宗義全集》增訂版），冊八，頁678。

〔註177〕黃道周，字幼玄，號石齋，福建鎮海衛人。其論人性乃繼承孟子性善之說，認爲「古今唯有周、孔、思、孟識性字，楊、荀、周、程只識得質字，告子亦錯認質字耳。《易》云：『繼之者善，成之者性。』善繼天地，性成萬物，繼天立極，是性根上事，範圍曲成，是性量上事。善是萬物所得以生，性是萬物所得以成。」（《明儒學案》，卷五十六，〈諸儒學案下四〉，「忠烈黃石齋先生道周」：〈榕壇問業〉。《黃宗義全集》增訂版，冊八，頁694。）即明確以人性源自天命故爲善，並進一步反對性與氣質合一而有氣質之性的說法，因此黃宗周指出二者的區別在於「氣有清濁，質有敏鈍，自是氣質，何關性上事？如火以炎上爲性，光者是氣，其麗於木而有明暗，有青赤，有燥濕，是質，豈是性？水以潤下爲性，流者是氣，其麗於土而有輕重，有晶淖，有甘苦，是質，豈是性？」（同上，頁699。）

〔註178〕（明）黃宗義：《孟子師說》，卷七，〈口之於味章〉（《黃宗義全集》增訂版），

178）明確在理氣合一的條件下，「氣」與「性」亦是合一，並以「性」乃「氣」中之主宰而存於「氣」之中。據此，宗羲自然在「氣」上主張只有一「性」，即所謂的「氣質之性」；再者，宗羲以「氣質」與「義理」二性的合一，是賦予了人在本性上具道德義的根據，亦同時提供了人具有道德實踐的能力，而提高了人的地位。不過，由於宗羲廣泛使用「氣質」一辭，使「氣質」具有多重意義，此雖是其個人特色，但卻也容易造成推論上的誤解。最後，可以得到一個結論，就是宗羲的「氣質之性」包含了「義理之性」，「義理之性」藉「氣質之性」以體顯，二者是合一而論卻又各有其作用。因此回到理氣合一的基礎，「理是有形之性，性是無形之理」，故理不外於氣，則性即在氣質之中，故天地間只有一「氣質之性」。簡而言之，即宗羲所謂：

> 其在人而爲惻隱、羞惡、恭敬、是非之心，同此一氣之流行也。聖人亦即從此秩然而不變者，名之爲性。故理是有形之性，性是無形之理。先儒「性即理也」之言，真千聖之血脈也。而要皆一氣爲之。
> 〔註179〕

四、無欲而後純乎天理

孟子以四端之心言性，主張人性本善，其曾云：

> 人皆有不忍人之心者；今人乍見孺子將入於井，皆有怵惕惻隱之心。非所以內交於孺子之父母也，非所以要譽於鄉黨朋友也，非惡其聲而然也。由是觀之，無惻隱之心，非人也；無羞惡之心，非人也；無辭讓之心，非人也；無是非之心，非人也。惻隱之心，仁之端也；羞惡之心，義之端也；辭讓之心，禮之端也；是非之心，智之端也。人之有是四端也。猶其有四體也；有是四端而自謂不能者，自賊者也。〔註180〕

孟子認爲惻隱、羞惡、辭讓、是非之心乃是所有人天生所共同具有之心，而仁義禮智又爲此心之四端，故仁義禮智亦自然成爲所有人天生所共同具有的

冊一，頁 161。

〔註179〕 （明）黃宗羲：《南雷文案》，卷三，〈與友人論學書〉（《黃宗羲全集》增訂版），冊十，頁 152。

〔註180〕 （漢）趙岐注（宋）孫奭疏：《孟子注疏》，卷第三下，〈公孫丑上〉（《十三經注疏》），頁 6 下。

道德本性，所以「君子所性，仁義禮智根於心。」〔註181〕以仁義禮智等道德之性，均由此四端道德之心發展而爲人之本性。因此，孟子主張人之本性是根於心的，所以道德屬性之「心」自然發展爲道德屬性之「性」，而表現爲「善」性。但此仁義禮智之善性，「非由外鑠我也，我固有之也。」〔註182〕可見此善性由上天所賦予而內存於吾身之中，猶人之手足四肢皆與生俱來，無待習而能隨時發用體顯。由此可知，孟子是由心善而論定性善，所以透過今人乍見孺子將入於井中，當下皆有怵惕惻隱之心，以證明人性本善的原來面貌，即以人具有惻隱、羞惡、辭讓、是非之善心，因而具有仁義禮智之善性。不過，人性既然本善，則人人應皆可以表現爲善行，但現實生活中卻仍有惡的存在與發生。對此，孟子則提出了「陷溺」的論點，以爲世上一切的惡皆人性陷溺於環境，受外物影響。其云：

> 富歲子弟多賴，凶歲子弟多暴。非天之降才爾殊也，其所以陷溺其心者然也。今夫麰麥，播種而耰之，其地同，樹之時又同，浡然而生，至於日至之時，皆熟矣；雖有不同，則地有肥磽，雨露之養，人事之不齊也。〔註183〕

孟子指出由於豐年或荒年之因，造成子弟或多賴、或多暴，此並非子弟天生之本性有所殊異，而是外在環境使然；猶麰麥收成之不齊，乃是受地之肥磽、雨露之養及人事等外在因素所影響。所以孟子對此則又言：「人性之善也，猶水之就下也；人無有不善，水無有不下。今夫水，搏而躍之，可使過顙；激而行之，可使在山；是豈水之性哉？其勢則然也。」〔註184〕明確指出人性本善就如同水性就下，皆出於天性之自然。故孟子此處藉由「搏而躍之」、「激而行之」以爲天賦的人性本應爲善，但卻受外在力量而使之「陷溺其心者」成爲惡。因此，孟子必須澄清本心，使本心的四端道德屬性能忠實呈現而爲「善性」；所以孟子主張人性既然本善，故要維持本性之善，首要必須先涵養其本心，才能盡心知性知天，以證明天賦予之本性爲絕對善者。不過，人又

〔註181〕（漢）趙岐注（宋）孫奭疏：《孟子注疏》，卷第十三上，〈盡心上〉（《十三經注疏》），頁12上。

〔註182〕（漢）趙岐注（宋）孫奭疏：《孟子注疏》，卷第十一上，〈告子上〉（《十三經注疏》），頁7下。

〔註183〕（漢）趙岐注，（宋）孫奭疏：《孟子注疏》，卷第十一上，〈告子上〉。（《十三經注疏》），頁9上。

〔註184〕（漢）趙岐注，（宋）孫奭疏：《孟子注疏》，卷第十一上，〈告子上〉。（《十三經注疏》），頁2下。

要如何涵養其心呢？孟子有云：

> 養心莫善於寡欲。其爲人也寡欲，雖有不存焉者，寡矣；其爲人也
> 多欲，雖有存焉，寡矣。〔註185〕

孟子認爲涵養本心的路徑有二。就積極而言，存心養性，以平旦清明之氣引發良心，進而養其大體，並擴充四端之心，若決江河，沛然莫之能禦。就消極而言，即此處所言「養心莫善於寡欲」，以爲只有寡欲才能保存其原來善性，多欲則必然影響善性的發展，故寡欲是可以消除利欲之害，以涵養心性擴充仁義禮智之四端。因此，孟子用道德理性來節制感性利欲，以仁義禮智道德規範爲欲望之標準。但這並不表示孟子主張完全禁欲，孟子曾云：

> 欲貴者，人之同心也；人人有貴於己者，弗思耳矣。〔註186〕

又

> 飢者甘食，渴者甘飲；是未得飲食之正也，飢渴害之也。豈惟口腹
> 有飢渴之害，人心亦皆有害。人能無以飢渴之害爲心害，則不及人
> 不爲憂矣。〔註187〕

希望富貴，是人心所同也；口腹之欲，亦是人之本性。對此欲望，孟子並不反對。孟子認爲在正常飲食之中，若受飢渴之害，將不擇飲食，使口腹之欲不得其正而傷害本性，所以孟子進一步主張飲食要得其正，並不是反對口腹之欲；相對於人心所欲之富貴亦是如此，即在所欲富貴的人心中，其實尚有天賦的善性存在，思則得之，不思則失之，亦不是反對人心欲富貴之心，而是要避免本心「不得其正」來傷害天賦的善性。由此可知，孟子主張的「寡欲」並不是「禁欲」，是承認合理的生理欲望，並透過存心養性以擴充本心之善性，以減少不得其正的欲望。以上說明了孟子主張人性本善的觀點，亦解釋了孟子其實承認「欲」存在的合理性，即其「寡欲」的論點是針對會誘發放失本心的欲望而言，絕不是完全的「禁欲」思想。

孟子此種將「欲」區分爲「合理的生理欲望」與「不得其正之欲」的思路，其實是本身「寡欲」主張的進一步發展。而此論點亦爲後來宋明儒者所

〔註185〕（漢）趙岐注，（宋）孫奭疏：《孟子注疏》，卷第十四下，〈盡心下〉（《十三經注疏》），頁6下。

〔註186〕（漢）趙岐注，（宋）孫奭疏：《孟子注疏》，卷第十一下，〈告子上〉（《十三經注疏》），頁10下。

〔註187〕（漢）趙岐注，（宋）孫奭疏：《孟子注疏》，卷第十三下，〈盡心上〉（《十三經注疏》），頁4上。

繼承發揮。例如朱子曾云：

> 問：「飲食之間，孰爲天理，孰爲人欲？」曰：「飲食者，天理也；
> 要求美味，人欲也。」〔註188〕

又

> 人之一心，天理存，則人欲亡；人欲勝，則天理滅，未有天理人欲
> 夾雜者。〔註189〕

朱子明確從「欲」中細分出「天理」與「人欲」的區別，認爲人天生正常的
生理需求，是合理的本性之欲乃「天理也」；但若對此天生之欲望過度的奢求，
而超越了生理需要的必然性，則將淪爲追求外物之欲的「人欲也」。因此，朱
子除了繼承孟子的思路，將「欲」區分爲「天理」與「人欲」之外，更認爲
天理與人欲是對立的存在，絕無二者夾雜存在的可能性，即有天理則無人欲，
有人欲則無天理；其間的差異，僅在於欲望是否合乎天生本性之自然需求，
即「不爲物欲所昏，則渾然天理矣。」〔註190〕所以朱子主張若要回復孟子的
性善之論，「學者須是革盡人欲，復盡天理，方始是學。」〔註191〕即具體提出
革盡人欲以復盡天理的論點。對此，朱子又明確表示云：

> 孔子所謂：「克己復禮」，《中庸》所謂：「致中和」，「尊德性」，「道
> 問學」，《大學》所謂：「明明德」，《書》曰：「人心惟危，道心惟微，
> 惟精惟一，允執厥中」；聖賢千言萬言，只是教人明天理，滅人欲。
> 天理明，自不消講學。人性本明，如寶珠沉溷水中，明不可見；去
> 了溷水，則寶珠依舊自明。〔註192〕

「天理」貫穿人性而自明，但若是放縱「人欲」將對本性之自然造成傷害，
所以朱子藉由聖賢之言，認爲「人心者，氣質之心也，可爲善，可爲不善。
道心者，兼得理在裏面。『惟精』是無雜，『惟一』是終始不變，乃能『允執
厥中』。」〔註193〕即以「道心爲主，則人心聽命於道心矣。」〔註194〕明確以
道心指導人心之變化。換言之，「天理便是道心，人欲便是人心」〔註195〕故當

〔註188〕（宋）黎靖德編：《朱子語類》，卷第十三，〈學七〉，冊一，頁224。

〔註189〕（宋）黎靖德編：《朱子語類》，卷第十三，〈學七〉，冊一，頁224。

〔註190〕（宋）黎靖德編：《朱子語類》，卷第十三，〈學七〉，冊一，頁224。

〔註191〕（宋）黎靖德編：《朱子語類》，卷第十三，〈學七〉，冊一，頁225。

〔註192〕（宋）黎靖德編：《朱子語類》，卷第十二，〈學六〉，冊一，頁207。

〔註193〕（宋）黎靖德編：《朱子語類》，卷第七十八，〈尚書一〉，冊五，頁2013。

〔註194〕（宋）黎靖德編：《朱子語類》，卷第七十八，〈尚書一〉，冊五，頁2012。

〔註195〕（宋）黎靖德編：《朱子語類》，卷第七十八，〈尚書一〉，冊五，頁2012。

道心主宰人心之時，則天理自然流行，善性必然呈現；因此，朱子爲了保證道心能長久發見於人心之上，遂主張「明天理、滅人欲」即前述「革盡人欲，復盡天理」之義，用以保存天賦的善良本性。

　　除此之外，王陽明在人性論層面上，不僅贊同孟子與朱子的性善之論，以人性於純善無惡的「天命之性」外；〔註196〕其實亦不反對朱子「明天理、滅人欲」的論點。其曾云：

> 聖人之所以爲聖人，惟以其心之純乎天理，而無人欲；則我之欲爲
> 聖人，亦惟在於此心之純乎天理，而無人欲耳。欲此心之純乎天理，
> 而無人欲，則必去人欲而存天理；務去人欲而存天理，則必求所以
> 去人欲而存天理之方；求所以去人欲而存天理之方，則必正諸先覺，
> 考諸古訓。……夫所謂考諸古訓者，聖賢垂訓，莫非教人去人欲而
> 存天理之方，若《五經》、《四書》是已。吾惟欲去吾之人欲，存吾
> 之天理，而不得其方，是以求之於此。〔註197〕

就王陽明看來，聖人之所以成爲聖人，在於聖人之心是「純乎天理，而無人欲」之染；然而「何者爲天理？曰去得人欲，便識天理。」〔註198〕因此，王陽明認爲人若要恢復心性之善以入聖，就必須盡去人欲而存乎天理。至此可明顯看出其復善的路徑，可謂與朱子「明天理、滅人欲」的論點相同，皆主張人欲盡淨則天理盡存，最後以回復本體之清明。不僅如此，王陽明還認爲去人欲存天理之方，在於求諸古代先覺聖賢者及其所述之經籍，用以去本心之人欲而存本心之天理；然此藉由聖賢之言以復善的作法，其實亦是如同朱子透過聖賢千言萬語，只教人明天理去人欲的主張。由此可見，無論是就程朱理學或陽明心學來分析，其恢復心性本體之善的方法，皆是主張「存天理滅人欲」以達復性。然此處由理欲之辨以證性善的思路，亦自然爲宗羲所繼承。宗羲是主張性善之論者，其所論證之性善可以分從兩方面來討論。

　　第一，即前述所論「盈天地間，止有氣質之性，更無義理之性」，以「義理之性」落於「氣質之性」中。故就人而言，人稟本體之氣以生而有形質，

〔註196〕王陽明曰：「至善也者，明德親民之極則也。天命之性，粹然至善，其靈昭不
　　　　昧者，此其至善之發見，是皆明德之本體，而所謂良知者也。」(《王陽明全
　　　　集》，卷一，〈親民堂記〉乙酉。《王陽明全集》，頁21。)
〔註197〕（明）王陽明：《王陽明文集》，卷一，〈示弟立志說〉乙亥（《王陽明全集》），
　　　　頁27。
〔註198〕（明）王陽明：《傳習錄》，上（《王陽明全集》），頁18。

其形上氣之理亦同時下貫於形質之人身上而爲其氣質之性，此時的氣質之性中必含有本體之氣所賦予的道德本性，即所謂的「義理之性」。因此，氣質之性中有義理之性，義理之性須靠氣質之性以體顯；所以在氣質與義理二性合一之下，不僅提供了形質之人本性爲善的道德根據外，亦賦予了人具有道德實踐的能力。換言之，宗羲透過此二性的合一，證明了人性本有天賦之義理故爲「善」，且明確指出人乃具道德本性與實踐能力者。

第二，再由理欲之辨來討論宗羲之性善。宗羲曾言：「世人多以一節概人生平，人亦多以一節自恃。夫仁義豈有常所！蹈之則爲君子，背之則爲小人，故爲善者不可自恃，爲惡者不可自棄，所爭在一念之間耳。纔提起便是天理，纔放下便是人欲。」〔註199〕即以「仁義」實踐與否作爲天理與人欲區分的標準，可見宗羲是視天理與人欲爲相互對立不可調和的二者。不過此處馬上產生一個疑問，就是宗羲以「仁義」實踐與否來區分理與欲，似乎是表示人之本性爲無善無惡者，以能行仁義者爲君子故性善，反之則爲小人故性惡，彷彿與其自身的性善之論產生了矛盾。其實不然，宗羲以爲「仁無迹象可言。孟子於無迹象之中，指出迹象，人人可以認取，如『仁義禮智根於心』，『惻隱之心仁之端也』云云，『仁，人心也』，不一而足。蓋人之爲人，除惻隱、羞惡、辭讓、是非之外，更無別心，其憧憧往來，起滅萬變者，皆因外物而有，於心無與也。」〔註200〕即明確表示人本具足仁義禮智道德本性，故能由內在本性自然呈現仁義之善性於外在，絕非由外在行爲決定內在本性。所以此處由仁義實踐與否來作爲理與欲區分之根據，僅只是從形下具體實踐義言天理與人欲之不同，而非由形上本體論其內在理路之發展。對此內在理路的推論，可透過宗羲曾見其同學陳確〔註201〕《性解》諸篇及《與劉伯繩書》後，〔註202〕明確反對陳確理欲合一的觀點來分析。陳確有云：

〔註199〕（明）黃宗羲：《孟子師說》，卷四，〈西子章〉（《黃宗羲全集》增訂版），冊一，頁116。

〔註200〕（明）黃宗羲：《孟子師說》，卷六，〈仁人心也章〉（《黃宗羲全集》增訂版），冊一，頁141。

〔註201〕陳確，字乾初，浙江海寧人。其人性論認爲人只有一善性，「蓋人性無不善，于擴充盡才後見之也。如五穀之性，不藝植，不耘耔，何以知其種之美耶？」（（清）陳確：《陳確集》，別集卷四，〈性解上〉。北京：中華書局，2009年3月第1版2刷，冊下，頁447。）即明確主張性善之論，但亦強調後天「擴充盡才」的作用，以爲只有加強後天教育，培養善性，才能保存本來之善性。

〔註202〕（明）黃宗羲：「自丙午（1666）奉教函丈以來，不相聞問，蓋十有一年矣。……

周子无欲之教，不禪而禪，吾儒只言寡欲耳。聖人之心无異常人之心，常人之所欲亦即聖人之所欲也，聖人能不縱耳。飲食男女皆義理所從出，功名富貴即道德之攸歸，而佛氏一切空之，故可曰无，奈何儒者而亦云耳哉！確（陳確）嘗謂人心本无天理，天理正從人欲中見，人欲恰好處，即天理也。向无人欲，則亦並无天理之可言矣。〔註203〕

陳確反對周敦頤的無欲之教，〔註204〕以為無欲之教雖可消除不善的念頭而養其心，以誠立、明通，從而成賢入聖；但其除盡一切生理、心理之欲望的「無欲」，將使人落於佛老空無之境，而違背了孟子「寡欲」之說，故陳確對此直言「真無欲者，除是死人。」〔註205〕於是陳確由「聖人之心無異常人之心，常人之所欲亦即聖人之所欲也，聖人能不縱耳」的思路出發，以聖人之欲即合乎天理者，並轉化為常人之欲，使常人之欲亦能合乎天理；不過此形上天理乃為永恆普遍性之理，其轉化下貫為常人之理時，並不可轉化為現成僵化的禮秩準則而限制其本心的活潑生意。故陳確的「人心本無天理」，即表示人心本身不受固定僵化之禮所節制，而是人心所發之人欲即如同聖人之欲一般，皆能符合形上普遍之天理，使人欲即為天理的呈現。所以陳確才會有「天理正從人欲中見，人欲恰好處，即天理也。」的結論。由此可見，陳確其實

幸從令子敬之得見《性解》諸篇，皆發其自得之言，絕無倚傍，絕無瞻顧，可謂理學中之別傳矣。……老兄（陳確）與伯繩書，引朱子『初由察識端倪入，久之無所得，終歸涵養一路』，以證察識端倪之非。弟細觀之，老兄之居敬存養，正朱子之察識端倪也。無乃自相矛盾乎？」（《南雷文案》，卷三，〈與陳乾初論學書〉。《黃宗羲全集》增訂版，冊十，頁158。）

〔註203〕（清）陳確：《陳確集》，別集卷五，〈無欲作聖辨〉，冊下，頁461。

〔註204〕周敦頤的「無欲」應是指無私欲之義。對此，杜保瑞先生亦有類似主張，其云：「（周敦頤）聖學功夫自然是以誠立心，以誠即是以仁義禮知，但是周濂溪又說『無欲』，且以『無欲』為聖學之要，『無欲』即無偏邪之心，則心智清明，……就濂溪學而言，論於價值目標則以誠以仁義禮知說之，論於實踐價值目標的修心要點，則以『無欲』說之，實則『無欲』是形式語，論於行動的目的是有目的的，這個目的即是以誠道與仁義禮知而追求天下人的生活福祉，實踐之方向定在此處，不能在別處，別處即偏邪，偏邪即有私欲，故應無私欲，無私欲即返回正道，正道即追求天下人生活福祉的誠道與仁義禮知，故而『無欲』與『正道』乃一以操作形式說、一以操作目標說。」（杜保瑞：〈周濂溪境界哲學進路的儒學體系建構〉，《揭諦學刊》，第伍期，2003年6月，頁69。）

〔註205〕（清）陳確：《陳確集》，別集卷五，〈與劉伯繩書〉，冊下，頁469。

是強調天理是須藉由人欲來體顯，而人欲亦須以天理爲其依據的「理欲合一」觀，且頗有體用相即不離不雜之意。不過要特別注意的是，陳確絕非縱欲者，其明確以人欲之「恰好處」才是「天理」之呈現，並不是一味地將天理與人欲視爲等同之概念，此仍是在傳統儒學底下，以理與道德心爲首出，非以欲爲首出者。〔註206〕然而，宗羲卻對陳確「理欲合一」觀有不同的看法，其云：

> 老兄（陳確）云：「周子無欲之教，不禪而禪，吾儒只言寡欲耳。人
> 心本無所謂天理，天理正從人欲中見。人欲恰好處，即天理也。向
> 無人欲，則亦無天理之可言矣。」老兄此言，從先師「道心即人心
> 之本心，義理之性即氣質之本性，離氣質無所謂性」而來。然以之
> 言氣質言人心則可，以之言人欲則不可。氣質人心，是渾然流行之
> 體，公共之物也。人欲是落在方所，一人之私也。天理、人欲，正
> 是相反，此盈則彼絀，彼盈則此絀。故寡之又寡，至于無欲，而後
> 純乎天理。若人心氣質，惡可言寡耶？「棖也慾，焉得剛。」子言
> 之謂何？「無欲故靜。」孔安國註《論語》「仁者靜」句，不自濂溪
> 始也，以此而禪濂溪，濂溪不受也。必從人欲恰好處求天理，則終
> 身擾擾，不出世情，所見爲天理者，恐是人欲之改頭換面耳。〔註207〕

此處宗羲對陳確的批評，可分從三部份來討論以反顯宗羲之思想。第一，宗羲認爲天理與人欲爲相互對立者，明確反對陳確理欲合一的主張。就內在理路發展而言，宗羲認爲陳確的理欲合一觀雖本劉宗周而來，卻導出錯誤的結論。因爲若依劉宗周的思路前進，「道心即人心之本心」，即說明了人只有一人心，而道心雖爲其內在本體卻仍在人心之中；相對地「義理之性即氣質之本性」，亦指人只有一氣質之性，而義理之性雖爲其內在本體卻仍是在氣質之性中。因此無論是就人心與道心或氣質之性與義理之性來看，皆不可分析，是同質同層的合一。所以宗羲認爲就氣質言，人只有一氣質之性；就人心言，人只有一人心。即人心與道心合一，氣質之性與義理之性合一，當然是可以成立的。

然而陳確在劉宗周的基礎上，加入自身「欲即是人心之生意，百善皆從

〔註206〕 參見王瑞昌：《陳確評傳》（南京：南京大學出版社，2002 年 5 月），頁 415
～416。

〔註207〕 （明）黃宗羲：《南雷文案》，卷三，〈與陳乾初論學書〉（《黃宗羲全集》增訂
版），冊十，頁 159。

此生。」〔註208〕的觀點，以人欲爲人心所發故爲善，而此人心所發之欲能爲善之因，在於從劉宗周人心與道心合一的思路，而將其轉換成人欲爲道心之所發者，於是得到人欲等同道心的結論。此是混淆了天理與人欲的界限，自然產生異質異層的天理與人欲合一的錯誤推論。至此，再換個角度推論，亦可證明陳確的失誤。宗羲曾云：

> 蓋人之爲人，除惻隱、羞惡、辭讓、是非之外，更無別心，其憧憧
> 往來，起滅萬變者，皆因外物而有，於心無與也。故言「求救心」，
> 不必言「求理義之心」；言「失其本心」，不必言「失其理義之心」，
> 則以心即理也。孟子之言明白如此，奈何後之儒者，誤解人心道心，
> 歧而二之？以心之所有，止此虛靈知覺，而理則歸之天地萬物，必
> 窮理而纔爲道心，否則虛靈知覺，終爲人心而已！殊不知降衷而爲
> 虛靈知覺，只此道心，道心即人心之本心，唯其微也故危。〔註209〕

宗羲同劉宗周以「道心即人心之本心」，所以道心即理義之心本爲善，而以道心爲本的人心當然亦爲善；因此，道心即人心之本心，自然就是天理在人心之中。故不僅不可能有陳確「人心本無所謂天理」之論的成立，亦不可能有人心發爲「憧憧往來，起滅萬變者，皆因外物而有」的「人欲」。由此可知，無論是由異質異層的理欲合一，而得到人欲等同道心之錯誤結論；或直接推論道心即人心之本心，故無有另一不受道心限制而爲人心所發的「人欲」，從這兩個角度來分析，宗羲皆指出了陳確之失，在於混天理與人欲合一，誤解「道心即人心之本心」之意，是不知「天理、人欲，正是相反，此盈則彼絀，彼盈則此絀。」

　　第二，宗羲既然認爲天理與人欲相對立，故要回復天理善性，就必須「寡之又寡，至於無欲」。宗羲對「欲」的觀點，其實可細分爲「公共之物」與「一人之私」兩個立場；透過第一點可知，氣質之性以義理之性爲其本性，人心亦以道心爲其本心，故當此渾然流行之體的氣質人心作用時，也就等於是義理之性與道心對外的發用，自能表現出合乎天理善性之行爲，即宗羲所謂的「公共之物」，因此人天生本性的生理欲望，是合於天理善性的，故此生理欲望當然爲公共之物。至於人欲則是由外物所誘發過度奢求之欲望，是不具天

〔註208〕（清）陳確：《陳確集》，別集卷五，〈無欲作聖辨〉，冊下，頁461。
〔註209〕（明）黃宗羲：《孟子師説》，卷六，〈仁人心也章〉（《黃宗羲全集》增訂版），
　　　　冊一，頁141。

理善性的「一人之私」，即非人心（即道心）所發的欲望，故「剛柔皆善，有過不及，則流而爲惡，是則人心無所謂惡，止有過不及而已。」〔註210〕以「人心無所謂惡」再次明確表明人欲絕非人心所發，而是獨立於人心之外，不受道心的約束，所以一旦受到外物誘發自然會有過與不及的情形，即將落在方所而淪爲惡。因此，可以得知宗羲之「欲」是有其「公共之物」與「一人之私」兩種立場，以公共之物即天理之呈現，一人之私則非本於天理之私欲；然此觀點亦類似前述朱子由「欲」中區分「天理」與「人欲」的論點，以合理的生理本性之欲爲「天理」，以過度奢求的欲望爲「人欲」。據此，宗羲自然產生如同朱子「革盡人欲，復盡天理」的思路，於是正式提出「寡之又寡，至於無欲，而後純乎天理」的存天理、滅人欲之主張。

　　不過，此處要特別說明一點，就是宗羲雖與朱子皆認爲天理與人欲相對而主張存天理滅人欲，但兩人的內在基本思路卻不相同。宗羲認爲「孟子言萬物皆備於我，言我與天地萬物一氣流通，無有礙隔。故人心之理，即天地萬物之理，非二也。」〔註211〕明確以人心之理即天地萬物之理，故此人心不僅具超越義，亦符合「道心即人心之本心」的思路，即以人心具道德本性而爲道心。因此，宗羲在「人心即道心，氣質之性即義理之性」的前提下，自然主張「人心」爲絕對善者，決無「人欲」雜染，是將「人欲」排除在人心（即道心）之外，另受外在誘發的獨立一物。至於朱子則是贊同張載「天地之性」與「氣質之性」的人性二元論，在此人性二元論的基礎上，朱子以「心之虛靈知覺，一而已矣，而以爲有人心，道心之異者，則以其或生於形氣之私，或原於性命之正。……二者雜於方寸之間，而不知所以治之，則危者愈危，微者愈微，而天理之公，卒無以勝夫人欲之私矣。……必使道心常爲一身之主而人心每聽命焉，則危者安，微者著。」〔註212〕即主張「人心」乃「形氣之私」，而「道心」爲「性命之正」，於是人心與道心相對立，加上人「只是這一箇心，知覺從耳目之欲上去，便是人心；知覺從義理上去，便是道心。」〔註213〕因此，「人欲」乃形氣之私的人心所發，而天理即性命之正的道心，故

〔註210〕　（明）黃宗羲：《孟子師說》，卷二，〈人皆有不忍人之心章〉（《黃宗羲全集》增訂版），冊一，頁68。

〔註211〕　（明）黃宗羲：《明儒學案》，卷二十二，〈江右王門學案七〉，「憲使胡廬山先生直」（《黃宗羲全集》增訂版），冊七，頁593。

〔註212〕　（宋）朱熹：《中庸章句》，序（《四書集注》），頁1。

〔註213〕　（宋）黎靖德編《朱子語類》，卷第七十八，〈尚書一〉，冊五，頁2009。

得到人欲與天理亦相對立的結論。但是朱子天理人欲對立之論，是建構在道心與人心對立、氣質之性與義理之性對立之上，明顯不同於宗羲天理人欲的對立，是建立在人心即道心，氣質之性即義理之性的基礎。

第三，就考據立場而言，宗羲認爲孔子及孔安國皆主張「無欲」之說，然而未有人視之爲禪，故反對陳確視周敦頤「無欲之教」爲禪說，並進一步認爲陳確從人欲之恰好處求天理，恐是假借「天理」之名而行「人欲」之實的說法。宗羲認爲孔子曾言：「棖也慾，焉得剛。」〔註214〕即主張「無欲則剛」，其又言「知者動，仁者靜」，〔註215〕孔安國以「無欲故靜」註之，皆證明無欲之說本儒家所言，即無私欲之貪求而後能體認天理之意，非爲周敦頤所始創；故何以孔子、孔安國可以言此無欲之論，而周敦頤言之則淪爲禪學，明確指出陳確理論上的矛盾處。因此，宗羲進一步批評陳確因爲誤認「無欲」爲禪學，轉而由「人欲」著手，自然產生「從人欲恰好處求天理」的理路。不過宗羲在天理與人欲對立的角度來看，認爲天理人欲乃彼此消長之對立關係，決無理欲合一情形，所以陳確的問題在於理欲合一後，「人欲恰好處求天理」之「恰好處」的標準究竟爲何？即人欲發展到何種程度才算天理之體現，其間的界線劃分不僅模糊不清，而且極易造成理欲混淆的情況，甚而導致爲逞一己之私欲而假借天理之名，使天理豈不爲「人欲之改頭換面耳」，反而成了爲惡的理論根據。

綜合上述三點，可以知道宗羲主張「寡之又寡，至於無欲，而後純乎天理」的論點，是繼承了傳統理學家「寡欲」的思想，以天理與人欲彼此相互對立且互爲消長，故必須藉由「革盡人欲，復盡天理」或「存天理，滅人欲」的手段，來消除一己之私欲，以回復先天善良本性。不過，宗羲天理與人欲的對立，卻是建立在人心即道心，氣質之性即義理之性的條件下，以人欲爲人心之外的獨立一物，非人心（道心）所發者；此思路明顯不同於傳統理學是在道心與人心二元對立下，所導出天理與人欲對立的結論。由此可見宗羲對於傳統的理欲之辨是有所繼承亦有所發明。

此外，還須特別說明一點，就是宗羲雖主張「無欲而後純乎天理」，但並

〔註214〕（魏）何晏注，（宋）邢昺疏：《論語注疏》，卷第五，〈公冶長第五〉（《十三經注疏》），頁5下。
〔註215〕（魏）何晏注，（宋）邢昺疏：《論語注疏》，卷第六，〈雍也第六〉（《十三經注疏》），頁8上。

不表示宗羲即爲絕對禁欲主義者。因爲宗羲其實並不籠統地反對欲望，其將欲區分成天賦本性之欲的「公共之物」，以及過度奢求之欲的「一人之私」，然其所反對的只有「一人之私」的「人欲」，並不含括「公共之物」的生理欲望，即如同孟子承認合理的生理欲望，反對會傷害本性的「未得其正」之欲一樣。可見宗羲對儒學理欲之辨是十分明瞭其精微處，認爲「寡欲」、「無欲」其實是寡「人欲」、無「人欲」之意；絕非徒坐寡欲形式，而不知所寡之欲爲何，於是盡除一切之欲以爲「寡欲」，反落入僵化的「禁欲」禮教。對此，宗羲具體提出寡欲之內容，即「心之所向謂之欲，如欲正欲忘欲助長，皆是多欲，但以誠敬存之，便是寡欲。」〔註216〕明確以「誠敬」之存來寡「人欲」，即以誠敬取代人欲之地位，並使之寡之又寡，以致全爲「誠敬」充之時，自然無「人欲」而後乎「天理」。

然而就在宗羲主張人性本善，並以「無欲而後純乎天理」爲復性之論時，宗羲卻又云：

> 有生之初，人各自私也，人各自利也，天下有公利而莫或興之，有公害而莫或除之。有人者出，不以一己之利爲利，而使天下受其利；不以一己之害爲害，而使天下釋其害。此其人之勤勞必千萬於天下之人。夫以千萬倍之勤勞而己又不享其利，必非天下之人情所欲居也。故古之人君，量而不欲入者，許由、務光是也；入而又去之者，堯、舜是也；初不欲入而不得去者，禹是也。豈古之人有所異哉？好逸惡勞，亦猶夫人之情也。〔註217〕

又

> 天下雖大，萬民雖眾，只有「欲」「惡」而已。故爲君者，所操甚約，所謂「易簡而天下之理得矣」。此「欲」「惡」即從吾「如好好色，如惡惡臭」來，以我之好惡，絜而爲天下之好惡，恕也，仁也。「聚之」、「勿施」，以不忍人之心，行不忍人之政也。〔註218〕

此處直接指出人性只有「欲」與「惡」而已，故自然表現出自私自利與好逸惡勞的本性，所以當天下有公利或公害之時，萬民稟其自私自利、好逸惡勞

〔註216〕（明）黃宗羲：《孟子師說》，卷七，〈養心莫善於寡欲章〉（《黃宗羲全集》增訂版），冊一，頁164。
〔註217〕（明）黃宗羲：《明夷待訪錄·原君》（《黃宗羲全集》增訂版），冊一，頁2。
〔註218〕（明）黃宗羲：《孟子師說》，卷四，〈桀紂之失天下章〉（《黃宗羲全集》增訂版），冊一，頁92。

的本性，自不會參與興之或除之。特別的是宗羲此論點完全一反自身的性本善之論，彷彿產生了思想上的矛盾。對此，或言宗羲是真實反映明清之際在江浙一代的工商業者，其經濟高度發達穩定之後，對私有財產及個人利息的重視，已超越了傳統社會的價值標準，使自私自利成了唯一的人性。〔註219〕或言宗羲是在明亡之後，針對其歷史進行全盤的反省時，得出一切天下之大害，其實皆由於後世人君以天下為己之產業，將天下之利盡歸於己，而天下之害盡歸於人，造成黎民百姓無窮之苦，於是將一切原罪由「人欲」轉向「人君」，而推得出與傳統儒家相反的看法。〔註220〕即認為人性雖本自私自利、好逸惡勞，但人君之害更甚人欲，反而間接將批評重心轉由「人君」而非「人欲」了。

對此，筆者則認為宗羲無論就經濟上或政治上言人性本自私自利、好逸惡勞，其實皆是從現實層面言人性，其結論並不違反宗羲本身所主張的性善之論。因為前已提及宗羲之欲可區分為「公共之物」與「一人之私」，其「公共之物」於現實面的表現即為天理，而「一人之私」在現實世界則呈現「人欲」與「惡」，因此不可以現實的「人欲」與「惡」來反推人之本性皆為不善，此乃以偏概全之論，在邏輯上是有問題的。故回到宗羲的內在理路來分析，人有生理本能的「公共之物」，亦有過度奢求的「一人之私」，因此只有回復本性的「公共之物」而消除「一人之私」，才是宗羲性本善之思路。所以宗羲此處言人有自私自利之性，證明了宗羲並非只談理論而不重實際，因為人若是皆能革盡人欲、後盡天理，則天下之「惡」從何而來？宗羲發現到現實世界確實有惡的存在，故其直接指出人性之惡，應是想藉由現實人性之自私自利以凸顯人還是有進步為善的空間。因此，筆者以為宗羲此處由現實的「人欲」與「惡」言人之性，僅能就現實層面言之，是不可反推人之本性的；否則，將與宗羲性善之論產生矛盾，成為性惡之主張。

不僅如此，筆者還認為此處之論，其實乃隱含了性善之說。因為宗羲認為「後之為人君者」將天下視為自己的產業，「是以其未得之也，屠毒天下之肝腦，離散天下之子女，以博我一人之產業。……其既得之也，敲剝天下之

〔註219〕參見任繼愈主編《中國哲學史》，第七篇，第二章，〈黃宗羲的唯心主義哲學思想和民主性的政治思想〉（北京：人民出版社，1990年3月第1版第7次印刷），冊四，頁19~20。

〔註220〕參見陳鼓應，辛冠潔，葛榮晉主編，《明清實學思潮史》，中卷，第三十二章，〈黃宗羲的經世實學〉（濟南：齊魯書社，1989年7月第1版），頁946~947。

骨髓，離散天下之子女，以奉我一人之淫樂。」〔註221〕此雖是指人君爲萬惡之源，但宗羲卻明確表示最初爲人君者，如堯、舜、禹等，並非以一己之私爲天下之公。因此宗羲所反對的是後世人君自私自利之行爲，其目的仍是要回歸天賦之善良本性，並以先賢聖人之個人好惡，絜而爲天下之好惡。可見宗羲對人君的立場，還是主張要回復到最初爲人君者之善良本性，其仍是隱含了性善論的發展。

　　最後總結來看，宗羲主張人性本善，其言人自私自利之本性乃是就現實層面而言，並不可以此推論人之本性爲惡。不過宗羲欲從現實面論人性時，點出了一重點，即其指出爲人君者要「以我之好惡，絜而爲天下之好惡。」〔註222〕此思路完全與陳確「聖人之心无異常人之心，常人之所欲亦即聖人之所欲也。」〔註223〕之概念相等，皆主張聖人賢君要以一己之「公」轉化爲人民百姓之「私」，使人民之私欲合乎天理而呈現其善性。然而宗羲與陳確雖同時主張以情絜的性善之論，但此僅就現實面上立論，並不表示兩人的基本立場相同。因爲宗羲主張「無欲而後純乎天理」，而陳確認爲「天理正從人欲中見，人欲恰好處，即天理也。」即宗羲以欲區分爲「公共之物」與「一人之私」，其中「人欲」乃「一人之私」具偏私義，而陳確則以中性義定義「人欲」，使人欲之恰好處能成爲天理，可見兩人對「人欲」的定義是有其差異性。因此，筆者認爲宗羲對陳確其實是有所了解的，其承認陳確在現實面上爲善去惡的目標，但反對陳確理欲合一之論。故宗羲在陳確的墓誌銘（四稿）〔註224〕即直云：

　　（陳確）又云：「人心本無天理，人欲恰好處即天理。」其主于無欲
　　者，非也。乾初論學，雖不合於諸儒，顧未嘗背師門之旨。〔註225〕

〔註221〕（明）黃宗羲：《明夷待訪錄・原君》（《黃宗羲全集》增訂版），冊一，頁2。
〔註222〕（明）黃宗羲：《孟子師說》，卷四，〈桀紂之失天下章〉（《黃宗羲全集》增訂版），冊一，頁92。
〔註223〕（清）陳確：《陳確集》，別集卷五，〈無欲作聖辨〉，冊下，頁461。
〔註224〕蔡家和先生對於宗羲所寫〈陳乾初先生墓誌銘〉的四次改稿，已作了詳細的先後比對分析，故此處借用其研究成果，並以宗羲最後所寫的墓誌銘四稿爲其思想定論。（參見蔡家和：〈黃宗羲與陳確的論辯之研究〉，《國立臺灣大學哲學論評》第三十五期，2008年3月，頁1～36。）
〔註225〕（明）黃宗羲：《南雷文定》五集，卷三，〈陳乾初先生墓誌銘（四稿）〉（《黃宗羲全集》增訂版），冊十，頁374。

宗羲曾言：「陳確，……於先師門下，頗能有所發明。」〔註226〕認為陳確之學，乃自身真實的體證之學，雖有獨到之見解，然而並未背離師門，亦較勦襲成說者更為真切。不過宗羲雖與陳確為善去惡的目標一致，但其明確反對陳確以「人欲恰好處即天理」之論，其實是質疑「恰好處」之標準為何，將「恐是人欲之改頭換面耳」。可見宗羲在天理、人欲相互對立且互為消長的立場下，以天理取代人欲，不僅較陳確理欲合一說更為容易掌握之外，更凸顯了宗羲思想基礎仍是繼承了傳統儒家存天理去人欲的思路，而主張「無欲而後純乎天理」的性本善之論。

第三節　氣理心性之合一觀

一、離情無以見性

　　宋明理學家對於性與情之關係，多是從《中庸》未發與已發的立場來討論。《中庸》：「喜怒哀樂之未發，謂之中；發而皆中節，謂之和。中也者，天下之大本也；和也者，天下之達道也。致中和，天地位焉，萬物育焉。」〔註227〕其所謂未發、已發雖是指人的喜怒哀樂而言，但若進一步探討，可以發現喜怒哀樂的未發之「中」，其實是就性體立場來看，發而皆中節之「和」，則是就作用立場來說，於是合此性體與作用二者，即謂之「致中和」。〔註228〕故朱子對此有云：

> 喜怒哀樂，情也。其未發，則性也，無所偏倚，故謂之中，發皆中節，情之正也，無所乖戾，故謂之和。大本者，天命之性，天下之理皆由此出，道之體也，達道者，循性之謂，天下古今之所共由，道之用也。……是其一體一用，雖有動靜之殊，然必其體立而後用

〔註226〕（明）黃宗羲：《思舊錄·陳確》（《黃宗羲全集》增訂版），冊一，頁394。
〔註227〕（宋）朱熹：《中庸章句》，第一章（《四書集注》），頁2。
〔註228〕孔子主張君子中庸，然此處卻言中和，其因大致有兩點。一，孔子言中庸乃是就日常生活處立論，而中和則是就心性工夫上立說。二，中和之說提供了中庸能推到性體，並開出一段心性上之工夫的理論根據。合言之，即朱子所謂：「中庸該得中和之義。庸是見於事，和是發於心，庸該得和。」（《朱子語類》，卷六十二，〈中庸一〉，冊四，頁1484。）（參見吳怡：《中庸誠的哲學》，第三章，〈誠字在中庸裡的地位〉。臺北：東大圖書股份有限公司，1993年10月第5版，頁37～38。）

有以行，則其實亦非有兩事也，故於此合而言之。〔註229〕
朱子此處明確以未發是性，是無所偏倚之「中」，是道之體，是靜；而已發是
情，其發皆中節是無所乖戾之「和」，是道之用，是動。可見朱子是以未發已
發，體用，靜動來區別性情之間的差異。不過朱子的性與情雖各有其特性，
但二者又非絕對的相對立存在。朱子曾言：「惻隱、羞惡、是非、辭遜是情之
發，仁義禮智是性之體。性中只有仁義禮智，發之爲惻隱、辭遜、是非，乃
性之情也。」〔註230〕又「惻隱、羞惡、辭遜、是非是情之所發之名，此情之
出於性而善者也。」〔註231〕明確以四端之情爲仁義禮智的外在表現，而仁義
禮智之性體則又同時寓於其中，即以情乃性之所發，性乃情之本性，二者是
「體立而後用以行」的依存關係。簡言之，朱子的性與情是相對立卻又相依
存的二者。不僅如此，朱子更進一步加入了「心」者，其云：

> 孟子言：「惻隱之心，仁之端也。」仁，性也；惻隱，情也，此是情
> 上見得心。又曰：「仁義禮智根於心」，此是性上見得心。蓋心便是
> 包得那性情，性是體，情是用。「心」字只是一箇字母，故「性」、「情」
> 字皆從「心」。〔註232〕

又

> 性是未動，情是已動，心包得已動未動。蓋心之未動則爲性，已動
> 則爲情，所謂「心統性情」也。〔註233〕

此處明顯可看出朱子在性、情之外，又加入了心的要素，共組成「心統性情」
的架構。朱子主張以心包性情，而此「心有體用。未發之前是心之體，已發
之際乃心之用。」〔註234〕明確以心兼體用、未發已發，來說明心統性情之內
涵其實就是心兼性情。換言之，「『心統性情』，故言心之體用，嘗跨過兩頭未
發、已發處說。」〔註235〕因此綜合來看，除了前述朱子直接以未發已發、體
用、動靜等方式來區別性情之外；此處再透過其「心統性情」之論，用以說
明心兼性情其實就是心兼體用、心兼未發已發，其實仍是將性情區分爲二的

〔註229〕（宋）朱熹：《中庸章句》，第一章（《四書集注》），頁2。
〔註230〕（宋）黎靖德編：《朱子語類》，卷第五，〈性理二〉，冊一，頁92。
〔註231〕（宋）黎靖德編：《朱子語類》，卷第五，〈性理二〉，冊一，頁92。
〔註232〕（宋）黎靖德編：《朱子語類》，卷第五，〈性理二〉，冊一，頁91。
〔註233〕（宋）黎靖德編：《朱子語類》，卷第五，〈性理二〉，冊一，頁93。
〔註234〕（宋）黎靖德編：《朱子語類》，卷第五，〈性理二〉，冊一，頁90。
〔註235〕（宋）黎靖德編：《朱子語類》，卷第五，〈性理二〉，冊一，頁94。

思路。換言之，「心，主宰之謂。……心統攝性情，非儱侗與性情爲一物而不
分別也。」〔註236〕所以，朱子雖主張以心統性與情二者，但性與情本身確確
實實是二分的狀態，各有其特性而互異。對此，宗羲明確提出反對的意見，
其云：

> 朱子雖言心統性情，畢竟以未發屬之性，已發屬之心，即以言心性
> 者言理氣，故理氣不能合一。〔註237〕

宗羲此處明確反對以未發爲性，已發爲心的主張；認爲心性二分之說將造成
理氣分離的錯誤結論。不過，宗羲此言卻有一點要特別注意，就是宗羲此處
不言「已發屬之情」，卻表示「已發屬之心」，即說明了宗羲的心與情之間是
有著密切的關係。對此，筆者以爲在宗羲的思路中，其實應是如同朱子將惻
隱、羞惡、辭讓、是非之心視爲「情」，而將仁、義、禮、智視作「性」（參
見註 232 引文）的主張。對此，牟宗三先生曾進一步討論朱子心與性情之關
係。其云：

> （朱子）心之實然呈現發動（無論動靜語默）是情，其所以如此呈
> 現發動之理是性，此性情對言是縱說，即存有論地說。〈中和新說〉
> 中由靜時見「一性渾然，道義全具」，由動時見「七情迭用，各有攸
> 主」，此種性情對言是橫說，即工夫地說，……橫說的「心統性情」
> 是：心認知地統攝性，性在心之靜時見，而行動地統攝情，情即是
> 心自身之發動。縱說的「心統性情」，朱子是就孟子說，即惻隱是情，
> 仁是性。在此，心與情爲一邊，性爲一邊，實只是性情對言，「心統
> 性情」並無實義，只是就心之發動爲情須關聯著性以說明此情之所
> 以然之理，其實義是在橫說處。〔註238〕

在牟先生的研究基礎上，可知朱子的「心統性情」之說，無論就縱說，即心
之實然發動爲情，而其所以如此發動之理是性；或就橫說，以心統性即心認
知地統攝性而彰顯之，以及心統情即心行動地統攝情而敷施發用；朱子皆立
足於性情對言，而心主宰之的立場上。然而宗羲對此論則表示「畢竟以未發
屬之性，已發屬之心，……故理氣不能合一。」而反對朱子的主張。此言雖

〔註236〕（宋）黎靖德編：《朱子語類》，卷第五，〈性理二〉，冊一，頁 94。
〔註237〕（明）黃宗羲：《明儒學案》，卷四十七，〈諸儒學案中一〉，「文莊羅整菴先生
　　　　欽順」（《黃宗羲全集》增訂版），冊八，頁 409。
〔註238〕牟宗三：《心體與性體》，冊三，第七章，〈心性情之形上學的（宇宙論的）解
　　　　析〉，頁 475。

尚未涉及理論的部分，但其中宗羲直言「已發屬之心」，明顯是對朱子心與情之關係在縱說上的認識。故宗羲雖沒有直接討論心與情兩者的關聯，但依其理路可知，宗羲以應然之「情」與本然之「心」之間，其實是有某種程度的一貫性。所以宗羲自然會有混同「已發屬之心」與「已發屬之情」的說法。因此，處理完了宗羲心與情之關係，得知兩者有其一貫性的結論後；接著討論宗羲主張性情合一的觀點。其云：

> 先儒之言性情者，大略性是體，情是用；性是靜，情是動；性是未發，情是已發。程子曰：「人生而靜以上，不容說。纔說性時，他已不是性也。」則性是一件懸空之物。其實孟子之言，明白顯易，因惻隱、羞惡、恭敬、是非之發，而名之爲仁義禮智，離情無以見性，仁、義、禮、智是後起之名，故曰「仁義禮智根於心」。若惻隱、羞惡、恭敬、是非之先，另有源頭爲仁義禮智，則當云心根於仁義禮智矣。是故「性情」二字，分析不得，此理氣合一之說也。體則情性皆體，用則情性皆用，以至動靜已未發皆然。〔註239〕

宗羲此言必須分從兩部分來討論。第一，就心與情的關係而言。宗羲認爲四端之心發而呈現仁義禮智之性，是「仁義禮智根於心」的思路，即心中有仁義禮智之性的成分；又此「性者心之性（參見本章第二節），舍明覺自然、自有條理之心，而別求所謂性，亦猶舍屈伸往來之氣，而別求所謂理矣。」〔註240〕明確以性之呈現須由心來體顯，即「理不可見，見之於氣；性不可見，見之於心」〔註241〕的主張。因此，按理來看宗羲後面應接「離心無以見性」，但事實上宗羲卻表示「離情無以見性」，然此正說明了在宗羲的內在理路中，心與情是緊密的相關聯，特別是在討論性情的關係之時，其心與情可謂是等同概念的存在，如此亦印證了上述所言，其心與情之間是有某種程度的一貫性。

第二，就心、情與性的關係而言。此處又可分從兩個角度分析。

（一）從心性合一的角度來討論。宗羲認爲「人受天之氣以生，祇有一心而已，而一動一靜，喜怒哀樂，循環無已，……千頭萬緒，轇轕紛紜，歷

〔註239〕（明）黃宗羲：《孟子師說》，卷六，〈公都子問性章〉（《黃宗羲全集》增訂版），冊一，頁136。

〔註240〕（明）黃宗羲：《明儒學案》，卷四十七，〈諸儒學案中一〉，「文莊羅整菴先生欽順」（《黃宗羲全集》增訂版），冊八，頁409。

〔註241〕（明）黃宗羲：《孟子師說》，卷二，〈浩然章〉（《黃宗羲全集》增訂版），冊一，頁60。

然不能昧者，是即所謂性也。初非別有一物立於心之先，附於心之中也。」〔註242〕明確以心之流行而不失其則者爲性，又此性非獨立於心外之一物，是「立於心之先，附於心之中」，所以此心當惻隱羞惡辭讓是非之時，自能惻隱羞惡辭讓是非，其因在於心之活動雖變化無窮，但其流行變化卻能依內在心之性以行，而自然呈現其合理之性，即所謂「心情合一」。故當此心表現出動靜、喜怒哀樂之情時，此情必然亦是性之體現而能歷然不昧；然此情能有條理的呈現性，在於此時性情之關係已由心情合一轉化成性情合一，使情中有性，性由情顯。此不僅說明了性情合一是根據心情合一而來，亦符合上述心與情爲等同概念存在之下，性情之關係即心情之關係的結論。

（二）從體用、動靜、已未發的角度來討論。宗羲反對傳統以性爲體、爲靜、爲未發，以情爲用、爲動、爲已發的說法，而主張「體則情性皆體，用則情性皆用，以至動靜已未發皆然。」因爲宗羲認爲若單方面承認以未發、體或靜的立場言性，則是在已發、用或動之情上將性分離出來，使性情一分爲二，此不僅違反了上述性情合一的結論，而造成「性是一件懸空之物」之外，其更違背了「離情無以見性」的主張，使性將無載體得以體顯；故「性是空虛無可想像，心之在人，惻隱、羞惡、辭讓、是非，可以認取。」〔註243〕以性確實存於人心之中而發爲四端之情，即從流行之情中見性。因此，宗羲此性情貫通體用、動靜、已未發之論，雖然混淆了體用界限，但其目的應是爲了強調性情合一而言。因爲筆者以爲只有性情合一之下，心實然發動之情本身即是性之體現，將可使現實之人毫無逃避道德實踐的理由，進而達到人倫日用即仁義禮智之性的展現；故「性情合一」，可謂是將形上道德本體具體落實於形下現實世界的橋樑之一；因此，宗羲才直言「性情二字分析不得，此理氣合一之說也。」即性情合一不只是理論上單純的對比理氣合一而已；更是從理氣合一重實踐的立場上言性情合一，使心發動爲具體之情的同時，亦就是性之作用落實的同時。因此，綜合上述兩點可以得知，宗羲以心之實然發動爲情，其所以如此發動之理爲性，其實已說明了心、性、情三者是有其內在一貫性的；加上此性又非一獨立虛空之物，是須透過情以體顯，即「離

〔註242〕（明）黃宗羲：《明儒學案》，卷四十七，〈諸儒學案中一〉，「文莊羅整菴先生欽順」（《黃宗羲全集》增訂版），冊八，頁408。
〔註243〕（明）黃宗羲：《孟子師說》，卷七，〈盡其心者章〉（《黃宗羲全集》增訂版），冊一，頁148。

情無以見性」，性與情又是合一。所以宗羲進一步主張性情是同時貫穿體用、動靜、已未發，而且心與情在體用的立場上，又是等同的概念。故在此多重意義下，已可得出「心性情合一」的思路；對此，蒙培元先生亦有類似的結論。其云：

> 他（宗羲）否定有「人生而靜以上」的「懸空」的性本體，也就是否定在人心之外，有「推原其上一層以爲之性」的形而上者。他把性說成是人的內在的心理情感，性就是情，情就是心，心性情是完全合一的，這就從新確立了道德主體論的思想。但這並不改變他仍然是道德先驗論者。惻隱等等「四端」之情，雖不是「懸空」之物，不是「未生前本來面目」，但卻是生而具有的，本來存在的，仁義禮智之性雖是後起之名，卻「根於人心」即四端之情，四端之情不是別的，就是先驗道德人性。〔註244〕

蒙先生此處雖不同於筆者由「心與情爲等同概念」與「性情合一」的角度推論，但其從「仁義禮智根於心」的立場切入，亦推得完全相同的「心性情合一」結論；此正說明宗羲的心性情三者之關係，無論從那個角度去探討，其實皆可以得到相同的結果，證明了宗羲「心性情合一」的思路。此外，在推論的過程中，因分析角度的不同而各有其偏重，即筆者以爲在宗羲性情合一下，是可將形上道德本體具體落實的關鍵之一，使形質之人不僅具有道德本性，亦具備道德實踐能力；而蒙先生則在仁義禮智之性根於人心之下，得出人心之外絕無其他形上道德本體，道德本體即在人心之中而爲其道德人性。因此，綜合而言，宗羲「心性情合一」之論是現實面的實踐與超越面的本體皆同時具足的，是一完整的思想結構。不過，此處又馬上產生一個新問題，就是宗羲既然主張「性情二字分析不得」的性情合一說，是否即表示性與情是同一性質的存在呢？其實答案是否定的。宗羲有云：

> 夫心祇有動靜而已，寂然不動，感而遂通，動靜之謂也。情貫於動靜，性亦貫於動靜，故喜怒哀樂，不論已發未發，皆情也，其中和則性也。今以喜怒哀樂未發之中爲性，已發之和爲情，勢不得不先性而後心矣。性先心後，不得不有蹊隙可尋矣。惻隱、羞惡、辭讓、是非，心也。仁義禮智，指此心之即性也。非先有仁義禮智之性，

〔註244〕蒙培元：《中國心性論》，第二十章，〈劉宗周、陳確、黃宗羲的「心性情合一說」〉（臺北：臺灣學生書局，1996年3月2刷），頁454。

　　而後發之爲惻隱、羞惡、辭讓、是非之心也。〔註245〕

宗羲此處的回答不只說明了性與情其實各有不同的屬性外，亦同時解釋了上述筆者以爲宗羲「體則情性皆體，用則情性皆用，以至動靜已未發皆然。」是專就「性情合一」而立說的。因爲宗羲指出「喜怒哀樂，不論已發未發，皆情也，其中和則性也。」的主張。第一，此就明確說明了「情」是專指喜怒哀樂等外在道德情感，而「性」則是這些外在道德情感呈現中和的狀態，明顯是兩個不同作用、定義的二者，即性與情各有其屬性的存在，絕非同一性質的存有。第二，再就宗羲的內在理路來探討，宗羲在《中庸》：「喜怒哀樂之未發，謂之中；發而皆中節，謂之和。」的前提下，認爲不論已發或未發的喜怒哀樂皆情也，所以既然已未發皆情也，則「未發」之「中」與「已發」之「和」的「中和」亦必然皆「情」也，因此加上宗羲又表示「中和則性也」，於是透過「中和」的關聯性，自然可以得到性與情彼此相通貫而合一；此時的性與情當然可以同時貫穿體用、動靜、已未發之間，但此論絕非是爲了要混淆體用的界限，而是其內在理路自然發展的結果。簡言之，性其實能貫穿已未發的中和之情中，體顯於已未發的喜怒哀樂之情上，是「離情無以見性」的「性情合一」思路。因此，可以得到一個結論，就是在宗羲「性情合一」的觀點中，性與情各有其屬性而不同，但卻又彼此相通貫而合一，其間之關係猶如理氣之不離不雜，所以從形式上的相近而言，宗羲自然主張「性情二字分析不得，此理氣合一之說也。」此外，宗羲又更進一步說明。

　　孟子指出惻隱、羞惡、辭讓、是非，是即性也。舍情何從見性，情
　　與性不可離，猶理氣之合一也。情者，一氣之流行也。流行而必惻
　　隱、羞惡、辭讓、是非之善，無殘忍刻薄之夾帶，是性也。故《易》
　　曰利貞者，性情也。〔註246〕

由此可見，宗羲並非單純直接用理氣合一來類比性情合一。因爲宗羲除了上述指出性與情各有其性質與作用，但卻又彼此相通貫；即以二者是對立又相依的存在，頗類似理氣不離不雜的關係之外。宗羲又明確以四端之情即性的表現，再加上此「情」其實乃是「一氣之流行」者，所以當其四端之心流行

〔註245〕（明）黃宗羲：《明儒學案》，卷四十七，〈諸儒學案中一〉，「文莊羅整菴先生欽順」（《黃宗羲全集》增訂版），冊八，頁 409。
〔註246〕（明）黃宗羲：《明儒學案》，卷四十二，〈甘泉學案六〉，「文定王順渠先生道」（臺北：世界書局，1992 年 5 月 5 版），頁 452。

而呈現其「善之情」即爲「性」之體顯時，其實同時亦就是一氣之流行而不失其理則的表現；完全是站在「心即氣之聚於人者，而性即理之聚於人者」[註247] 的立場，將「氣自流行變化，而變化之中，有貞一而不變者，是則所謂理也性也。」[註248] 的思路，進一步轉化成「知覺猶喜怒哀樂也，人心可指，只是喜怒哀樂。喜怒哀樂之不隨物而遷者，便是仁體。」[註249] 即此處「流行而必惻隱、羞惡、辭讓、是非之善，無殘忍刻薄之夾帶，是性也」的主張。是由理氣合一發展到性情合一，使心性情三者的表現，爲理氣觀在人身上的體顯，並賦予其道德價值意識，此明顯是將「心性情合一」的架構，建立在「理氣合一」之模型上。因此，宗羲此處又再次重申了「離情無以見性」的觀點，以爲「舍情何從見性」；故其又云：

> 性情二字，原是分析不開，故《易》言利貞者，性情也。無情何以覓性？孟子言惻隱羞惡辭讓是非即是仁義禮智，非惻隱羞惡辭讓是非之上又有一層仁義禮智也。[註250]

此處必須分爲兩部分來討論。第一，有關宗羲「離情無以見性」之主張。此處先從宗羲性與情之間的關係來推論，由於宗羲始終認爲仁義禮智之性即存在惻隱、羞惡、辭讓、是非之情中，所以就其內在理路來看，性是喜怒哀樂之情中和表現的依據；再就其形上實有來看，性又非一懸空之物，而是以超越性的實有型態存於情之中；因此，宗羲自然產生形上之性之呈現必須藉由現實之情來體顯的論點。故無論就內在理路或形上實有而言，宗羲完全是繼承孟子：「乃若其情，則可以爲善矣。」[註251] 的觀點，以爲順本性所發之情便爲善，即四端之情所表現之善是本內在之性所發者。所以宗羲才會多次表示「無情何以覓性？孟子言惻隱羞惡辭讓是非即是仁義禮智。」、「孟子指出惻隱、羞惡、辭讓、是非，是即性也。舍情何從見性。」、「孟子之言，明白

〔註247〕（明）黃宗羲：《明儒學案》，〈師說〉，「羅整菴欽順」（《黃宗羲全集》增訂版），冊七，頁 18。

〔註248〕（明）黃宗羲：《孟子師說》，卷六，〈生之謂性章〉（《黃宗羲全集》增訂版），冊一，頁 133。

〔註249〕（明）黃宗羲：《明儒學案》，卷五十四，〈諸儒學案下二〉，「總憲曹貞予先生于汴」（《黃宗羲全集》增訂版），冊八，頁 645。

〔註250〕（明）黃宗羲：《明儒學案》，卷三十一，〈止修學案〉，「中丞李見羅先生材」（《黃宗羲全集》增訂版），冊七，頁 780。

〔註251〕（漢）趙岐注，（宋）孫奭疏：《孟子注疏》，卷第十一上，〈告子上〉（《十三經注疏》），頁 7 上。

顯易，因惻隱、羞惡、恭敬、是非之發，而名之爲仁義禮智，離性無以見性。」
皆明確表示四端之情即性也，而性又必須在情上現；故宗羲認爲孟子言性其
實就是透過情來說明，即「孟子言性，多以情言，蓋舍情無以見性，與諸子
專向人生而靜以上說性者不同。」〔註252〕所以，性情二者是性在情中，「離情
無以見性」的。除此之外，再由性情與理氣的關係來推論，由前述可知，宗
羲主張性情合一是建立在理氣合一的基礎上，所以宗羲表示「理不可見，見
之於氣；性不可見，見之於心。」〔註253〕即是在理氣關係上，指出性不可見，
見之於心的思路，其實就是性見之於情上的思路，此仍是性由情顯的脈絡。
而且加上宗羲又表示「道、理皆從形、氣而立，離形無所謂道，離氣無所謂
理。」〔註254〕所以相對於理氣的「離氣無所謂理」而言，性情亦是「離情無
以見性」，此還是完全符合其性由情顯的脈絡。因此，綜合而言，無論從性與
情的關係上推論，或從性情與理氣的對比關係上探討，其實不只可以再次印
證其性情觀即理氣觀的延伸外，更可以推得「離情無以見性」的結論。

　　第二，再討論宗羲對《易經》「利貞者，性情也」之觀點。宗羲認爲「情
者，一氣之流行也。流行而必惻隱、羞惡、辭讓、是非之善，無殘忍刻薄之
夾帶，是性也。」其實就是氣化流行不失其則於人身上的表現。因此，相對
於理氣的關係來看，四端之心之所以呈現其「善之情」，其因在於「性」存於
「情」中而爲其「情之性」，使情能依此內在的情之性而表現出中和的狀態，
即以性爲情合理呈現流行變化之根據。所以宗羲自然將《易經》：「利貞者，
性情也」的說法，作爲性乃情合理呈現之根據的本源處。《易經》曰：「乾元
者，始而亨者也。利貞者，性情也。」〔註255〕王弼注曰：「不爲乾元，何能通
物之始無不性其性，何能久行其正？是故始而亨者，必乾元也。利而正者，
必性情也。」〔註256〕孔穎達則進一步說明「性者天生之質，正而不邪；情者

〔註252〕（明）黃宗羲：《明儒學案》，卷五十三，〈諸儒學案下一〉，「考功薛西原先生
　　　　蕙」（《黃宗羲全集》增訂版），冊八，頁610。
〔註253〕（明）黃宗羲：《孟子師說》，卷二，〈浩然章〉（《黃宗羲全集》增訂版），冊
　　　　一，頁60。
〔註254〕（明）黃宗羲：〈子劉子行狀〉，卷下（《黃宗羲全集》增訂版），冊一，頁252。
〔註255〕（魏）王弼、韓康伯注，（唐）孔穎達正義：《周易正義》，上經乾傳第一（《十
　　　　三經注疏》），頁17下。
〔註256〕（魏）王弼、韓康伯注，（唐）孔穎達正義：《周易正義》，上經乾傳第一（《十
　　　　三經注疏》），頁17下。

性之欲也。言若不能以性制情，使其情如性，則不能久行其正。」〔註257〕由此可知，無論王弼或孔穎達皆認爲萬物因乾之元德以生，故能爲物之始而亨通，並以性制情，使其能利益於物而得其正。故此「性其情」的觀點，即以性制情的主張，確實爲宗羲所接受並引用以作爲性情不可分別的依據之一。不過，筆者認爲此處尙必須特別說明一點，就是宗羲雖承認「以性制情」的觀點，但這並不表示宗羲贊同王弼或孔穎達將性情區分爲異質的二物存在，即以性爲體而情爲用的論調。因爲宗羲除了明言「性情二字，原是分析不開」，即反對性體情用而主張性情通貫動靜、體用、已未發之外；從前述的內在理路推論，亦皆可推得「性情合一」的結論。所以宗羲此處引用「利貞者，性情也」的論點，筆者以爲僅只是藉由「利貞者，性情也」的「以性制情」之「作用」部分，來解釋內在之性其實爲喜怒哀樂之情中和表現的依據而已；是僅接受「以性制情」的「作用」部分，並不包含性情爲二的觀點。換個角度來看，宗羲曾言：「耳目口鼻，是氣之流行者。離氣無所爲理，故曰性也。然即謂是性，則理氣渾矣，乃就氣中指出其主宰之命，這方是性。」〔註258〕即確實以「性」之作用爲氣中之主宰者，但此性卻是存於氣之流行中，而須透過人的耳目口鼻表現以呈現其性體；所以，性就是喜怒哀樂之情中和表現之根據，同時也就是「貞利者，性情也」的作用表現。總而言之，宗羲主張心性情合一，性在情中，並爲情中和表現之依據，若離情將無以見性。故宗羲又云：

> 自來儒者以未發爲性，已發未情，其實性情二字，無處可容分析。性之於情，猶理之於氣，非情亦何從見性，故喜怒哀樂，情也；中和，性也。於未發言喜怒哀樂，是明明言未發有情矣，奈何分析性情？則求性者必求之未發，此歸寂之宗所由立也。〔註259〕

宗羲此言，可謂是對上述「離情無以見性」的主張做出了兩點結論。第一，從性與情的關係而言。宗羲一反《中庸》以喜怒哀樂之未發謂之中，發而皆中節謂之和的主張，而提出「喜怒哀樂，不論已發未發，皆情也，其中和則

〔註257〕　（魏）王弼、韓康伯注，（唐）孔穎達正義：《周易正義》，上經乾傳第一（《十三經注疏》），頁18上。

〔註258〕　（明）黃宗羲：《孟子師說》，卷七，〈口之於味章〉，（《黃宗羲全集》增訂版），冊一，頁161。

〔註259〕　（明）黃宗羲：《明儒學案》，卷十九，〈江右王門學案四〉，「主事黃洛村先生弘綱」（《黃宗羲全集》增訂版），冊七，頁518。

性也。」﹝註260﹞的論點，明確賦予中和新的定義，以為未發之中與已發之和皆情也，即中和皆喜怒哀樂之情；又加上「其中和則性也」，所以此性自然能貫穿已未發的中和之情中，於是性情合而言之，可以得到「情貫於動靜，性亦貫於動靜」﹝註261﹞的結論。故就宗羲的內在理路來看，性情是通貫動靜、體用、已未發之間，因此宗羲當然反對以未發為性，已發為情的說法，而明確主張「喜怒哀樂，情也；中和，性也」之論。不過，此絕非單純混淆體用等界限，而是其理路自然發展的結果。

　　第二，從性情與理氣關係而言。宗羲以為「性之於情，猶理之於氣，非情亦何從見性。」等於是又再次表明其性情合一之論，是建構在理氣合一的基礎上。因為在「流行而不失其序，是即理也」﹝註262﹞及「理不能離氣以為理」﹝註263﹞的理氣觀下，透過「心即氣之聚於人者，而性即理之聚於人者」﹝註264﹞的轉化過程，使性成為喜怒哀樂之情中和表現的依據，即理乃氣化流行不失其則者於人身上的體顯；加上此性存於情之中，是「離情無以見性」，亦即是理不能離氣以為理的思路。所以，此又印證了宗羲的性情合一論是其理氣合一觀的延伸，絕非單純的比對而已。

　　最後，再藉由對「歸寂」之說的批評，以反顯宗羲性情合一的主張。宗羲認為「求性者必求之未發」，此乃「歸寂」之旨，是將分析性情為二的。筆者以為此應是針對聶豹﹝註265﹞的理論而發。聶豹有云：

﹝註260﹞（明）黃宗羲：《明儒學案》，卷四十七，〈諸儒學案中一〉，「文莊羅整菴先生欽順」（《黃宗羲全集》增訂版），冊八，頁409。

﹝註261﹞（明）黃宗羲：《明儒學案》，卷四十七，〈諸儒學案中一〉，「文莊羅整菴先生欽順」（《黃宗羲全集》增訂版），冊八，頁409。

﹝註262﹞（明）黃宗羲：《孟子師說》，卷二，〈浩然章〉（《黃宗羲全集》增訂版），冊一，頁60。

﹝註263﹞（明）黃宗羲：《明儒學案》，卷三十八，〈甘泉學案二〉，「太僕呂巾石先生懷」（《黃宗羲全集》增訂版），冊八，頁182。

﹝註264﹞（明）黃宗羲：《明儒學案》，〈師說〉，「羅整菴欽順」（《黃宗羲全集》增訂版），冊七，頁18。

﹝註265﹞聶豹，字文蔚，號雙江，明江西永豐縣人。宗羲評其：「先生（聶豹）之學，獄中閑久靜極，忽見此心真體，光明瑩徹，萬物皆備。乃喜曰：『此未發之中也，守是不失，天下之理皆從此出矣。』及出，與來學立靜坐法，使之歸寂以通感，執體以應用。」《明儒學案》，卷十七，〈江右王門學案二〉，「貞襄聶雙江先生豹」（《黃宗羲全集》增訂版，冊七，頁427。）聶豹之學主張「良知本寂」為為發之中，並以「歸寂」為宗旨。其曾云：「竊謂良知本寂，感於物而後有知，知其發也，不可遂以知發為良知，而忘其發之所自也。心主乎

程子曰：「心一也，有指體而言者，寂然不動是也。有指用而言者，感而遂通是也。」用生於體，故必立體以達用，歸寂以通感，可也。夫神與易言乎心之用也。自心之變化而言謂之易，自變化之不可測而言謂之神。故曰：「易有太極，是生兩儀」而八卦吉凶生生而不已。聖人洗心退藏於密，而神知之用隨感而應。〔註266〕

聶豹援引程子之言，以「寂然不動」為心之體，「感而遂通」為心體之用，二者之關係是「用生於體」，明顯是「立體以達用」的架構，即以「體」是一種歸復本然狀態之本體，而「用」則是隨此「體」而發生之效驗，是體用異質異層二分的思路。因此，聶豹主張「學問之道，自其主乎內之寂然者求之，使之寂而常定也，則感無不通，外無不該，動無不制，而天下之能事畢矣。」〔註267〕明確表示主乎內在寂然不動之本體後，則發為外在感而遂通之作用，將無不合乎其內在之本體者，並呈現循此本體而發之效驗。所以順此思路前進，聶豹必然強調內在本體之重要性，以為「體得未發氣象，便是識取本來面目。」〔註268〕即表示喜怒哀樂未發之中，是有一虛明本體的存在，故必須涵養此未發之本性，才能使之全然朗現；即宗羲所謂「求性者必求之未發」之論。因此，聶豹主張「歸寂以通感」之說，雖是先復歸本體於未發之中的本然之狀態，其後遂有發而皆中節之和，〔註269〕但其主內而用外、立體以達用的思路，明顯已是區分體用、內外為二之說。對此，林月惠先生亦有表示：

值得注意的，是雙江所謂的本末並不是一物，先後也不是一事，而

內，應於外而後有外，外其影也，不可以其外應者為心，而遂求心於外也。故學問之道，自其主乎內之寂然者求之，使之寂而常定也，則感無不通，外無不該，動無不制，而天下之能事畢矣。」（《雙江聶先生文集》，卷八，〈答歐陽南野〉第三書，據北京大學圖書館藏明嘉靖四十三年吳鳳瑞刻隆慶六年印本，收錄於《四庫全書存目叢書》、集部、別集類、第72冊。臺南：莊嚴文化事業有限公司，1997年，頁11下。）明確從「寂靜」、「未發」之中，透過「歸寂以通天下之感，致虛以立天下之有，主靜以該天下之動」（同上，卷八，〈答東廓司成四首〉，頁40上。）的工夫歷程，體認良知本體。簡言之，聶豹歸寂之學，即主張復歸未發之良知本體的立本工夫。

〔註266〕　（明）聶豹：〈答歐陽南野〉第三書，（《雙江聶先生文集》），卷八，頁20上。
〔註267〕　（明）聶豹：〈答歐陽南野〉第三書，（《雙江聶先生文集》），卷八，頁11下。
〔註268〕　（明）聶豹：〈答歐陽南野〉第三書。（《雙江聶先生文集》），卷八，頁21下。
〔註269〕　聶豹：「《中庸》之意，似以未發之中為本體。未發之中，即不睹不聞之獨，天下之大本也。戒慎恐懼，其功也。中節而和生焉，天地位，萬物育，其效驗也。」（同註266，頁12下。）

體用似乎是異質異層的區分。換言之，雙江認爲：「未發之中」、「寂然不動之體」、「良知」爲本、爲先、爲體，是天地之根，是天命之性，是屬不睹不聞的形而上之理。相對的，「發而中節之和」、「感而遂通天下之故」、「格物」爲末、爲後、爲用，是形器之跡、情之用，是屬睹聞的形而下之氣。而從雙江屢次引用朱子中和舊說誤以心爲已發之悔悟語推測，雙江體用異質異層的區分，或受朱子理氣二分的影響。〔註270〕

林月惠先生亦認爲聶豹歸寂之說的體用關係，是異質異層的存在。故在其研究基礎上，可以進一步得知聶豹在自身「立體以達用」的前提下，必然會區分形上下兩層的寂感之別，明確以體爲本、用爲末；而此思路即「伊川與朱子上述對未發、已發的思路，幾乎可以說是雙江的思路。因爲，雙江對伊川心分體用之語，屢屢引用，而朱子引橫渠『心統性情』的義理架構，也爲雙江所採納。」〔註271〕所以聶豹的體用之分，如同程朱「理氣二分」、「心統性情」之架構，是明顯二元論的體用關係。因此聶豹在「立體以達用」的思路，自然重本體之涵養，然後才能發爲天地位萬物育之效驗；故其提出「歸寂」之說，即主張歸復內在本體的修養工夫。對此，宗羲當然反對此體用二分之論。其云：

> 夫心體流行不息，靜而動，動而靜。未發，靜也，已發，動也。發
> 上用功，固爲徇動；未發用功，亦爲徇靜，皆陷於一偏。〔註272〕

宗羲以爲「喜怒哀樂，情也；中和，性也。」即以中和之性貫穿已未發之情中，是性情合一的主張，故其進一步主張「體則情性皆體，用則情性皆用，以至動靜已未發皆然」、「情貫於動靜，性亦貫於動靜」的性情通貫體用、動靜、已未發之間。因此，宗羲當然反對於「發上用功」或「未發用功」，以爲用功於此二處，皆是「陷於一偏」。此論雖是就工夫層面而言，不過其背後實則隱含了對體用二元論的批評；因此，宗羲認爲聶豹以「未發之中」爲體、爲靜，「已發之和」爲用、爲動，就是以靜爲性，以動爲情，明顯是分性情爲二。所以宗羲在「性情合一」的立場上，反對先儒及聶豹總藉體用、動靜、

〔註270〕林月惠：《良知學的轉折：聶雙江與羅念菴思想之研究》（臺北：國立臺灣大學出版中心，2005年9月初版），頁233。

〔註271〕林月惠：《良知學的轉折：聶雙江與羅念菴思想之研究》，頁409。

〔註272〕（明）黃宗羲：《明儒學案》，卷十七，〈江右王門學案二〉，「貞襄聶雙江先生豹」（《黃宗羲全集》增訂版），冊七，頁427。

已未發，而將性情截作異層的存在。故宗羲由已未發處討論性與情之關係時，主張以情未發之時，其間未嘗無性之存在，即「於未發言喜怒哀樂，是明明言未發有情矣，奈何分析性情」及其性已發之時，性又是此情所以然之體顯，即「流行而必惻隱、羞惡、辭讓、是非之善，無殘忍刻薄之夾帶，是性也。」合而觀之，就是「喜怒哀樂，不論已發未發，皆情也，其中和則性也。」即性存於情中，並藉由情以體現，二者是「離情無以見性」。最後，簡而言之，宗羲的心性情合一，是自身理氣合一觀的延伸，而非單純型式上的比對，所以其「離情無以見性」的主張，可謂是「理不可見，見之於氣」的「離氣無所謂理」之思路，此正是將道德心性之論具體落實於形質之人身上，完成道德實踐的理論基礎。此外，宗羲最後再透過對「歸寂」之說的批評，除了反顯其性情是貫穿體用、動靜、已未發的合一之論，更是再次證明其性情合一說，無論從何種角度立論，皆是一完整的架構。

二、氣理與心性之合一

根據本章第二節中的討論可知，宗羲認為「性者心之性」，以性體的作用雖是為心體流行不失其則之作用，即「心體流行，其流行而有條理者，即性也。」〔註273〕但是，此「性不可見，見之於心」，即性體之呈現又必須藉由心體流行以體顯；加上本章第一節亦說明了在「心即氣」的立場下，「心即氣之靈處」，以心乃氣之虛靈明覺，為能思之官。因此，整合而言，宗羲的心與性雖各有其作用屬性而互異，卻又彼此相互依存；其關係如同宗羲自身理氣不離不雜的合一之論一樣，亦應是「心性合一」的主張。據此，宗羲對於羅欽順提出理氣合一而心性卻二分的觀點，提出了批評。其云：

第先生（羅欽順）之論心性，頗與其論理氣自相矛盾。夫在天為氣者，在人為心，在天為理者，在人為性。理氣如是，則心性亦如是，決無異也。人受天之氣以生，祇有一心而已，而一動一靜，喜怒哀樂，循環無已，當惻隱處自惻隱，當羞惡處自羞惡，當恭敬處自恭敬，當是非處自是非，千頭萬緒，輵輷紛紜，歷然不能昧者，是即所謂性也。初非別有一物立於心之先，附於心之中也。先生以為天性正於受生之初，明覺發於既生之後，明覺是心而非性。信如斯言，

〔註273〕（明）黃宗羲：《孟子師說》，卷二，〈浩然章〉（《黃宗羲全集》增訂版），冊一，頁60。

則性體也，心用也：性是人生以上，靜也，心是感物而動，動也；
性是天地萬物之理，公也，心是一己所有，私也。明明先立一性以
為此心之主，與理能生氣之說無異，於先生理氣之論，無乃大悖乎？
豈理氣是理氣，心性是心性，二者分，天人遂不可相通乎？雖然，
心性之難明，不自先生始也。夫心祇有動靜而已，寂然不動，感而
遂通，動靜之謂也。情貫於動靜，性亦貫於動靜，故喜怒哀樂，不
論已發未發，皆情也，其中和則性也。今以喜怒哀樂未發之中為性，
已發之和為情，勢不得不先性而後心矣。性先心後，不得不有罅隙
可尋矣。惻隱、羞惡、辭讓、是非，心也。仁義禮智，指此心之即
性也。非先有仁義禮智之性，而後發之為惻隱、羞惡、辭讓、是非
之心也。……凡人見孺子入井而怵惕，嘑蹴而不屑，此性之見於動
者也。即當其靜，而性之為怵惕不屑者，未嘗不在也。凡動靜者，
皆心之所為也，是故性者心之性，舍明覺自然、自有條理之心，而
別求所謂性，亦猶舍屈伸往來之氣，而別求所謂理矣。朱子雖言心
統性情，畢竟以未發屬之性，已發屬之心，即以言心性者言理氣，
故理氣不能合一。先生之言理氣不同於朱子，而言心性則於朱子同，
故不能自一其說耳。〔註274〕

宗羲此處至少三次言及羅欽順的理氣觀與其心性論，自相矛盾互悖而無法自
一其說。其因在於宗羲始終認為心性之關係，應建立在理氣合一的思想基礎
上，所以宗羲如此批評羅欽順正凸顯了宗羲對心性的認知並不同於羅欽順。
因為宗羲就「人」的立場而言，認為人受氣以生，只有一心，此心之流行變
化歷然不昧者即所謂性，又此性初非別有一物的立於心先、附於心中；因此，
心與性是有其內在一貫性的存在關係，即人的四端之心中本有仁義禮智之性
的存在，而自能發為惻隱羞惡辭讓是非之情；故從「人」的立場來看，「心性」
或「心性情」本應是合一的狀態。此外，再就人受「氣」以生的角度切入，
人之形質本由形上本體之氣所生，而其作用能力亦由形上本體之氣的氣之理
所下貫，即「在天為氣者，在人為心，在天為理者，在人為性」，完全是理氣
觀在人身上表現為心性觀，使理氣與心性成為一致性的系統架構。因此在這

〔註274〕（明）黃宗羲：《明儒學案》，卷四十七，〈諸儒學案中一〉，「文莊羅整菴先生
　　　　欽順」（《黃宗羲全集》增訂版），冊八，頁408。

一致性的架構下，「理爲氣之理」﹝註275﹞與「離氣無所謂理」﹝註276﹞的思路，相對轉化成「性者心之性」，若離心亦無所謂性的存在，即「舍明覺自然、自有條理之心，而別求所謂性，亦猶舍屈伸往來之氣，而別求所謂理矣。」簡言之，宗羲理氣關係在人身上呈現其心與性時，無論心之動靜與否，性未嘗不以「心之性」的形態存於其中，仍是心性合一的表現。所以宗羲當然反對羅欽順理氣是理氣、心性是心性的二分之論。然而，筆者卻認爲羅欽順的理氣觀與心性觀，其實二者之間是有一貫性的相通。故此處不得不討論羅欽順理氣與心性之學，以凸顯宗羲理氣心性合一觀。羅欽順有云：

> 理果何物也哉？蓋通天地，亙古今，無非一氣而已。氣本一也，而一動一靜，一往一來，一闔一闢，一升一降，循環無已，積微而著，由著復微，爲四時之溫涼寒暑，爲萬物之生長收藏，爲斯民之日用彝倫，爲人事之成敗得失，千條萬緒，紛紛膠轕，而卒不可亂，有莫知其所以然而然，是即所謂理也。初非別有一物，依於氣而立，附於氣以行也。或者因「易有太極」一言，乃疑陰陽之變易，類有一物主宰乎其間者，是不然。夫易乃兩儀四象八卦之總名，太極則眾理之總名也。云易有太極，明萬殊之原於一本也。因而推其生生之序，明一本之散爲萬殊也。斯固自然之機，不宰之宰，夫豈可以形跡求哉！﹝註277﹞

此處羅欽順明確以「氣」爲萬物生生之本體，而此本體之氣的動靜往來升降等循環作用，皆能運行不悖且有條理，其因在於氣化流行之中，有一「莫知其所以然而然」之「理」的存在，並以「氣之理」﹝註278﹞的形式存於「氣」

﹝註275﹞（明）黃宗羲：《明儒學案》，卷七，〈河東學案上〉，「文清薛敬軒先生瑄」(《黃宗羲全集》增訂版)，冊七，頁121。

﹝註276﹞（明）黃宗羲：《子劉子行狀》，卷下（《黃宗羲全集》增訂版)，冊一，頁252。

﹝註277﹞（明）羅欽順：《困知記》，卷上，頁6上。

﹝註278﹞羅欽順：「理只是氣之理，當於氣之轉折處觀之。往而來，來而往，便是轉折處也。夫往而不能不來，來而不能不往，有莫知其所以然而然，若有一物主宰乎其間而使之然者，此理之所以名也。……夫往者感則來者應，來者感則往者應。一感一應，循環無已，理無往而不存焉，在天在人一也。……夫感應者，氣也；如是而感則如是而應，有不容以毫髮差者，理也。」（《困知記》，續卷上，頁34下。）羅欽順明確表示氣化流行必有一定之理則，即所謂「氣之理」，其位階並不等同朱子以理乃超越氣上之主宰者，亦非朱子「未有天地之先，畢竟是先有此理」（《朱子語類》，卷第一，〈理氣上〉，冊一，頁1。）的理在氣先之宇宙本體論。換言之，羅欽順是以「氣」之感應爲「理」之具

中，為氣化運行所必然遵循的規律理則；即此具主宰能力之「理」不是獨立於「氣」外的實體，只是「類」有一物主宰其間，並非以超越形質的形上本體位階存在，而是須藉由「氣之轉折處」觀之，從氣之流行變化之中去體悟此「氣之理」，就氣上認理，是以氣為首出的理氣合一觀。由此可知，羅欽順之氣是同時具有生化義與主宰義的本體者；因此，羅欽順再進一步透過「易有太極」一言來說明理氣之屬性及其關聯。其認為「易」為兩儀四象八卦的陰陽氣化之總名者故具「眾理」，而「太極」又為此「眾理」之總名，所以羅欽順利用「理一分殊」的架構，將形上太極之理分殊於陰陽氣化所生之具體形質之中，而形下萬殊形質中之眾理又本源於太極之理而來，於是分殊之理乃太極的自然之機，而太極為分殊之理的不宰之宰，此是一內在相通貫之作用，不僅無有形跡可求，更表明了太極之理與氣化實體是合一的存在，是生化義與主宰義的結合。故羅欽順又直言：「聖人所謂太極，乃據易而言之，蓋就實體上指出此理以示人。」〔註279〕明確指出太極之理須由實體的陰陽之氣以體現，加上在其「氣本一也」主張的前提下，即仍是以「氣」為首出的就氣認理之思路。〔註280〕由此可知，羅欽順的理與氣是有其太極之理與陰陽之氣作用上的差異性，但又此「理只是氣之理」，理是須由實體之「氣」以體顯，二者又是相互依存。簡言之，「僕從來認理氣為一物，……《易大傳》曰：『易有太極，是生兩儀，兩儀生四象，四象生八卦。』夫太極，形而上者也；兩儀四象八卦，形而下者也。聖人只是一直說下來，更不分別，可見理氣之不容分矣。」〔註281〕的理氣合一論。至於心與性關係，是否與其理氣觀一致呢？羅欽順云：

體呈現，而「理」即「氣」必然如此感應的內在理則，二者是各有其屬性卻又彼此依存的合一關係。

〔註279〕（明）羅欽順：《困知記》，卷下，頁12下。

〔註280〕鄧克銘先生對此亦有相同的主張，其云：「羅欽順有關太極與陰陽之說明，大體上，不離其理氣為一物之基本立場。在『就氣認理』之方向下，羅氏認同朱子之理的概念。而且將太極視為『理一』以期說明宇宙萬物之秩序與統一性。然而，羅氏不信周濂溪之〈太極圖說〉，轉《易經》為其太極觀念之依據，由此轉變而加強了陰陽二氣之存在及交互作用的地位。太極雖仍被作為「理」之形式而留下，但其內涵卻不離陰陽二氣。而其借用《易經》說明理氣之秩序性，擺脫了傳統朱子學者對〈太極圖說〉的依賴，強化陰陽二氣與太極本體之內在關聯。」（〈羅欽順「理氣為一物」說之理論效果〉，《漢學研究》第19卷第2期，2001年12月，頁53。）

〔註281〕（明）羅欽順：《困知記》，附錄，〈與林次崖僉憲〉，頁59上。

夫心者，人之神明；性者，人之生理。理之所在謂之心，心之所有謂之性，不可混而爲一也。《虞書》曰：「人心惟危，道心惟微。」《論語》曰：「從心所欲不逾矩」，又曰：「其心三月不違仁」。《孟子》曰：「君子所性，仁、義、禮、智根於心。」此心性之辨也。二者初不相離，而實不容相混。乃見其眞。其或認心以爲性，眞所謂差毫釐而謬千里者矣。〔註282〕

又

蓋心性至爲難明，是以多誤，謂之兩物又非兩物，謂之一物又非一物。除卻心即無性，除卻性即無心，惟就一物中分剖得兩物出來方可謂之知性。〔註283〕

羅欽順認爲「虛靈知覺，心之妙也；精微純一，性之眞也。」〔註284〕二者有明顯質性上的區別不可相混。於是進一步來探討，「心」具神明認知之作用，乃能思之官，故能認識外在事物之理；而「性」則爲人之價值上必然如此之理的體現。然而二者卻有內在一貫性，即外在客觀之「理」經由「心」之神明妙用而識之成爲人內在之「性」的過程；換言之，萬物所具之萬理，無一非心所認知之對象，其所認知者皆成爲本性中道德之成分。不過此暫且不論道德價值賦予的部份，〔註285〕僅就其心性的理論架構來討論，可以發現心乃認知之器官故能發爲神用，性則形上之理於人身上之體現，二者各有其屬性而非一物。又此性須藉心之神用而被認知發用，二者又有其關聯性。因此，可以得到一個結論，就是若從質性上而言，羅欽順的心與性各有其屬性而不可相混，是心性二分；但若從作用上而言，心具認知能力，性爲心所認知之對象，故無心則無性，反之若無被認知之性的存在，則心將無作用可言，是無性則無心；故在作用上，羅欽順的心性是有內在一貫性的思路。此時羅欽順的心與性既是不可相混的二分，又有內在的一貫性，彷彿是兩種理路之衝

〔註282〕（明）羅欽順：《困知記》，卷上，頁1上。

〔註283〕（明）羅欽順：《困知記》，卷下，頁23上。

〔註284〕（明）羅欽順：《困知記》，卷上，頁2上。

〔註285〕其實就先秦至宋明儒學而言，道德價值本已賦予在儒學的架構之中。故就道德而言，其所討論的問題在於此道德實踐之所以可能的客觀先驗根據，即心性理論；故就實踐歷程而言，此道德是否能具體實踐，即爲主觀的工夫入路。因此，在儒學系統中，道德賦予是確實在儒學理論架構中，使儒學系統同時兼含本體與工夫兩層，是「道德底哲學」的結構。（參考牟宗三：《心體與性體》，冊一，〈宋明儒學之課題〉，頁1～11。）

突。但事實上並如此。羅欽順有云：

> 人只是一箇心，然有體有用，本體即性，性即理，故名之曰道心；
> 發用便是情，情乃性之欲，故名之曰人心，須兩下看得分明始得。
> 〔註286〕

又

> 人心、道心，只是一箇心。道心以體言，人心以用言，體用原不相
> 離，如何分得？〔註287〕

又

> 道心，性也；人心，情也。心一也，而兩言之者，動靜之分，體用
> 之別。〔註288〕

此處明顯將「心」區分爲兩個層面。第一層是「心，一也」的籠統義之心層面；第二層則是人心與道心的層面。其中人只有一心的「心一也」層面是同時包含了人心與道心，而「道心，寂然不動者也，至精之體不可見，……人心，感而遂通者也，至變之用不可測。」〔註289〕於是第一層之心就同時兼容上述心（虛靈知覺的至變不可測之人心）與性（精微純一的至精不可見之道心）二者，故專就此層之心而言，「心一也」是寂感體用兼具，使心（人心）（道心）的內在一貫性可以合理的存在，是心性合一的層面。但若就第二層言人心與道心，則人心即神妙不可測之心，道心即至精純一之性，是各有其質性而不可相混，是心性二分之主張。因此，羅欽順的心性關係在第一層面是心性合一的思路，在第二層面乃是心性二分的理論，兩個層面是同時並存的概念。所以羅欽順才會有「體用原不相離，如何分得」與「兩言之者，動靜之分，體用之別」的說法。不過，羅欽順本質上雖是心性合一的思路，但事實上卻是偏重第二層的表述，以爲「人心有覺，道體無爲。熟味此兩言，可以見心性之別矣！」〔註290〕即從作用面上熟味其中的道理，就可了解心性（道心、人心）之分際了。

因此，再與其理氣觀結合來分析，羅欽順之所以否定心性合一的說法，筆者以爲其因應在於羅欽順始終偏重第二層即作用面言心性之關係，但本質

〔註286〕（明）羅欽順：《困知記》，附錄，〈答劉貳守煥吾〉，頁 24 上。
〔註287〕（明）羅欽順：《困知記》，附錄，〈答林次崖第二書〉，頁 67 下。
〔註288〕（明）羅欽順：《困知記》，卷上，頁 2 上。
〔註289〕（明）羅欽順：《困知記》，卷上，頁 2 上。
〔註290〕（明）羅欽順：《困知記》，卷上，頁 33 下。

上，羅欽順的心性論其實應仍是其理氣觀的延伸。其曾云：

> 蓋仁義禮智皆定理，而靈覺乃其妙用。凡君子之體仁、合禮、和義、
> 幹事，靈覺之妙無往而不行乎其間，理經而覺緯也。以此觀之，可
> 以見心、性之辨矣。……蓋心之所以靈者，以有性焉，不謂性即靈
> 也，僕嘗言：「天地間非太極不神，然遂以太極爲神則不可。」即此
> 義也。〔註291〕

又

> 《易大傳》曰：「一陰一陽之謂道。」又曰：「陰陽不測之謂神。」
> 道爲實體，神爲妙用，雖非判然二物，而實不容於相混，聖人所以
> 兩言之也。道之在人，則道心是也；神之在人，則人心是也。〔註292〕

羅欽順此處仍明確從作用面上區分心性（道心、人心）的分別。不過詳細探
究其本源處，則可以發現「氣」之神在人而爲人心，「氣」之道（理、太極）
在人則爲道心；故人心與道心就本質上而言，一爲陰陽之氣不測之作用者，
一爲陰陽之氣所以然之理者，二者同時爲本體之氣下貫於具體形質之人身上
的表現，即是其理氣與心性的結合。然而此觀點馬上產生一個疑問，就是既
然羅欽順本質上是心性合一之論，並由其理氣觀延伸而來，爲何宗羲卻直言
批評羅欽順心性爲二分之說，並與其理氣觀自相矛盾。

對此，劉又銘先生表示羅欽順的理氣觀與心性觀兩者之間，事實上是相
通一致的，而宗羲對其的評論完全是個誤解。〔註293〕至於杜保瑞先生則認爲
羅欽順的思路，就工夫實踐脈絡義而言，心與性一；但就存有論立場言，則
心性爲二，故杜先生主張羅欽順堅守理氣爲一，心性爲二之論，其實亦是自
成一家之言。〔註294〕因此，綜合前述的推論以及兩位先生的研究成果可知，
宗羲或許不明瞭羅欽順的理氣與心性理路的推演，而下了錯誤的結論。不過，
筆者認爲尚有一種可能性，就是宗羲應是十分了解其理氣之論，所以在《宋
元學案》〈濂溪學案〉附「梨洲太極圖講義」，以及《明儒學案》〈諸儒學案中
一〉「文莊羅整菴先生欽順」中，不僅採用羅欽順的理氣觀點，甚至幾乎是完

〔註291〕（明）羅欽順：《困知記》，附錄，〈復張甫川少宰〉（戊戌春），頁35下。
〔註292〕（明）羅欽順：《困知記》，續卷下，頁7上。
〔註293〕參見劉又銘：《理在氣中——羅欽順、王廷相、顧炎武、戴震氣本論研究》，
　　　　頁34～37。
〔註294〕參見杜保瑞：〈羅欽順存有論進路的理氣心性辨析〉，《哲學與文化》，第387
　　　　期，2006年8月，頁101～121。

整模仿、引用其《困知記》原文,更直言「先生（羅欽順）之論理氣,最爲精確。」〔註295〕此即表示宗羲對羅欽順理氣觀的重視與贊同;然而宗羲對其心性觀卻有不同的論點,以爲心性二分是與其理氣觀相互矛盾。但是在多次翻閱檢視《困知記》一書後,得到羅欽順確實是主張「心性二分」之論,明顯不從上述的本質立場討論心性,而是作用層面探討心性之屬性,是偏重作用面的心性各有其屬性的二分主張。所以宗羲或許是爲了避免後人對其心性產生似一又似二的混淆思路,故宗羲實事求是,由羅欽順之言論羅欽順,即針對其心性二分之處提出修正,於是自然產生了對其理氣與心性互異的評論。至此可以得到一個結論,就是在劉、杜兩位先生研究基礎上,以及前述推論羅欽順本質上應是心性爲一的觀點,正可以反顯出宗羲對羅欽順「錯誤」結論的背後意義,其實正凸顯宗羲的內在理路是主張心性爲一,並建構在理氣爲一的模型基礎上,是理氣心性相通貫的理論系統。〔註296〕因此,宗羲在此相通貫的立場下,才會有「先生（羅欽順）既不與宋儒天命、氣質之說,而蔽以『理一分殊』之一言,謂理即是氣之理,是矣。獨不日性即是心之性乎?」〔註297〕的評論,直接指出理氣之關係是理爲氣之理,理是存於氣中的理氣合一觀;而性卻非心之性,是心性二分的存在,明顯不符合理氣合一思路的延伸。不過,這並不表示宗羲是以形式上的對比合一來論理氣與心性,而是依其自身的內在一貫性推演,故不得不再由宗羲的內在理路,來分析理氣心性個別之關係。故以下分從三點來討論。

第一,理氣合一。（參考第三章第二節）宗羲曾云:「陰陽皆氣也,其升而必降,降而必升,雖有參差過不及之殊,而終必歸一,是即理也。」〔註298〕「天地間祇有一氣,其升降往來即理也。」〔註299〕「所謂理者,以氣自有條

〔註295〕（明）黃宗羲:《明儒學案》,卷四十七,〈諸儒學案中一〉,「文莊羅整菴先生欽順」(《黃宗羲全集》增訂版),冊八,頁408。

〔註296〕葛榮晉先生對此推論亦有完全相同的觀點,其云:「黃宗羲對羅欽順的『性先心後』的觀點以及分裂理氣與心性的統一性的做法的批評,是他以理氣說明心性的徹底性的表現,是他的理論的一貫性的反映。」(《黃宗羲理氣說的邏輯結構》,收入吳光主編《黃宗羲論——國際黃宗羲學術討論會論文集》,杭州:浙江古籍出版社,1987年12月第1版第1次印刷,頁220。)

〔註297〕（明）黃宗羲:《明儒學案》,〈師說〉,「羅整菴欽順」(《黃宗羲全集》增訂版),冊七,頁18。

〔註298〕（明）黃宗羲:《明儒學案》,卷十三,〈浙中王門學案三〉,「知府季彭山先生本」(《黃宗羲全集》增訂版),冊七,頁308。

〔註299〕（明）黃宗羲:《明儒學案》,卷三,〈崇仁學案三〉,「恭簡魏莊渠先生校」(《黃

理，故立此名耳。」〔註300〕等處，皆明確表示本體之氣流行而不失其則之因，在於有莫知其所以然之理爲此氣化內在理則，但此「理爲氣之理」〔註301〕即非離開「氣」而獨立存在之「理」，而是以「氣之理」的形式存於氣中，爲本體之氣所固有之屬性。換言之，此「理不可見，見之於氣」，〔註302〕即此理爲具體存有之理則，卻又無形抽象的存在，僅能就氣化流行上體悟此「理」，是理在氣中的理氣合一思路。不僅如此，宗羲更將此思路具體下貫於形下世界，無論就形質之人而言「形色，氣也；天性，理也。有耳便自能聰，有目便自能明，口與鼻莫不皆然，理氣合一也。」〔註303〕，或就現象界之萬事萬物而言「氣本一也，而有往來闔闢升降之殊，……卒不克亂，萬古此寒暑也，萬古此生長收藏也。莫知其所以然而然，是即所謂理也。」；〔註304〕甚至就綱常倫物之則而言「仁者天之主意，待人而凝，理不離氣也。」〔註305〕無一不由形上「理氣合一」觀下貫至形下具體世界之落實，是形上下一致的理氣合一主張。

　　第二，心性合一。（參考本章第二節）宗羲言羅欽順時，即表明「人受氣以生，祇有一心而已，……惻隱、羞惡、辭讓、是非，心也；仁義禮智，性也。……凡人見孺子入井而怵惕，嘑蹴而不屑，此性之見於動者也。即當其靜，而性之爲怵惕不屑者，未嘗不在也。凡動靜者，皆心之所爲也，是故性者心之性。」明確在「氣本一」的立場下，細究心與性之關係。從心之感而遂通處言，「心體流行，其流行而有條理者，即性也。」〔註306〕從心之寂然不

宗義全集》增訂版），冊七，頁42。
〔註300〕（明）黃宗羲：《明儒學案》，卷五十，〈諸儒學案中四〉，「肅敏王浚川先生廷相」（《黃宗羲全集》增訂版），冊八，頁487。
〔註301〕（明）黃宗羲：《明儒學案》，卷七，〈河東河案上〉，「文清薛敬軒先生瑄」（《黃宗羲全集》增訂版），冊七，頁121。
〔註302〕（明）黃宗羲：《孟子師說》，卷二，〈浩然章〉（《黃宗羲全集》增訂版），冊一，頁60。
〔註303〕（明）黃宗羲：《孟子師說》，卷七，〈形色章〉（《黃宗羲全集》增訂版），冊一，頁157。
〔註304〕（明）黃宗羲：《宋元學案》，卷十二，〈濂溪學案下〉，附「黎洲太極圖說講義」（《黃宗羲全集》增訂版），冊三，頁609。
〔註305〕（明）黃宗羲：《孟子師說》，卷七，〈仁也者人也章〉（《黃宗羲全集》增訂版），冊一，頁161。
〔註306〕（明）黃宗羲：《孟子師說》，卷二，〈浩然章〉（《黃宗羲全集》增訂版），冊一，頁60。

動處言，「愚（宗羲）以爲心外無性，」〔註307〕以性未嘗離此心而獨立於心之外。所以此「性是空虛無可想像」，〔註308〕是須透過心體流行處以體現性，即「性不可見，見之於心」，〔註309〕故其以「性者心之性」之具體存有卻又無形的形式，附於心之中而非心外之一物。因此，性爲心體流行不失其則者，並以「心之性」的形態存於心之中，是心性合一的架構。所以宗羲才會直言「古今無心外之性，世人恆有失性之心，乃孟子不言失其本性而言失其本心，心性之不可相離明矣。」〔註310〕

第三，理氣心性合一。從上述兩點的結論可知，理氣合一與心性合一，是各有其質形與作用，是兩個獨立的運作系統；但此是否就說明了宗羲之思路爲理氣與心性二元並重之結構。答案是否定的。因爲宗羲的理氣心性其實本是合一之狀態。其曾明確表示云：

> 心即氣之聚於人者，而性即理之聚於人者，理氣是一，則心性不得是二；心性是一，性情又不得是二。使三者於一分一合之間，終有二焉，則理氣是何物？心與性情又是何物？天地間既有箇合氣之理，又有箇離氣之理；既有箇離心之性，又有箇離性之情，又烏在其爲一本也乎？〔註311〕

宗羲認爲理氣是一的前提下，不僅心性不得是二，性情亦不得是二，其中性情不得是二的主張，已於本節「離性無以見性」中有深入討論，故不再贅敘。不過此處確實回答了理氣心性情的合一之外；更明顯可知理氣合一與心性合一，絕非形式結構上的對比相應之合一，即以「理爲氣之理」、「離氣無所爲理」〔註312〕與「所謂理者，氣之流行而不失其則者也。」〔註313〕等，來相對

〔註307〕（明）黃宗羲：《宋元學案》，卷十五，〈伊川學案上〉，「正公程伊川先生頤」（《黃宗羲全集》增訂版），冊三，頁745。

〔註308〕（明）黃宗羲：《孟子師説》，卷七，〈盡其心者章〉（《黃宗羲全集》增訂版），冊一，頁148。

〔註309〕（明）黃宗羲：《孟子師説》，卷二，〈浩然章〉（《黃宗羲全集》增訂版），冊一，頁60。

〔註310〕（明）黃宗羲：《南雷文案》，卷八，〈朝議大夫奉勅提督山東學政布政司右參議兼按察司僉事清溪錢先生墓誌銘〉，校勘記（《黃宗羲全集》增訂版），冊十，頁325。

〔註311〕（明）黃宗羲：《明儒學案》，〈師説〉，「羅整菴欽順」（《黃宗羲全集》增訂版），冊七，頁18。

〔註312〕（明）黃宗羲：《明儒學案》，卷六十二，〈蕺山學案〉，「忠端劉念臺先生宗周」（《黃宗羲全集》增訂版），冊八，頁891。

應「性爲心之性」、「離心無所爲性」〔註314〕與「心體流行，其流行而有條理者，即性也。」〔註315〕等處。因爲細究宗羲此言，可以發現宗羲思路的背後意義，明確以「心」乃「氣」之聚於人者，「性」爲「氣之理」（理）之聚於人者，本質上就是藉由「氣」來達成理氣與心性的相通貫，使理氣與心性存在著某種內在一貫性而合一，而此合一的關鍵就是「氣」，決非單純形式結構上的合一。故順此思路繼續推論，其實可知理氣心性合一就是兩個觀點的結合。首先，即此處就理氣與心性的結構而言。宗羲曾云：

> 天地間只有一氣充周，生人生物。人稟是氣以生，心即氣之靈處，所謂知氣在上也。心體流行，其流行而有條理者，即性也。猶四時之氣，……萬古如是，若有界限於間，流行而不失其序，是即理也。理不可見，見之於氣；性不可見，見之於心；心即氣也。〔註316〕

又

> 通天地、互古今。無非一氣而已。氣本一也，而一動一靜，一往一來，一闔一闢，一升一降，循環無已。……千條萬緒，紛紜膠轕，而卒不克亂，莫知其所以然而然，是即所謂理也。初非別有一物，依於氣而立，附於氣以行也。……人受天之氣以生，祇有一心而已，而一動一靜，喜怒哀樂，循環無已。……千頭萬緒，轇轕紛紜，歷然不能昧者，是即所謂性也。初非別有一物立於心之先，附於心之中也。〔註317〕

又

> 夫性果在外乎？心果在內乎？心性之名，其不可混者，猶之理與氣，而其終不可得而分者，亦猶之乎理與氣也。〔註318〕

〔註313〕（明）黃宗羲：《明儒學案》，卷二十二，〈江右王門學案七〉，「憲使胡廬山先生直」（《黃宗羲全集》增訂版），冊七，頁593。

〔註314〕（明）黃宗羲：《明儒學案》，卷六十二，〈蕺山學案〉，「忠端劉念臺先生宗周」（《黃宗羲全集》增訂版），冊八，頁891。

〔註315〕（明）黃宗羲：《孟子師說》，卷二，〈浩然章〉（《黃宗羲全集》增訂版），冊一，頁60。

〔註316〕（明）黃宗羲：《孟子師說》，卷二，〈浩然章〉（《黃宗羲全集》增訂版），冊一，頁60。

〔註317〕（明）黃宗羲：《明儒學案》，卷四十七，〈諸儒學案中一〉，「文莊羅整菴先生欽順」（《黃宗羲全集》增訂版），冊八，頁408。

〔註318〕（明）黃宗羲：《明儒學案》，〈師說〉，「羅整菴欽順」（《黃宗羲全集》增訂版），冊七，頁18。

由上述引文可知，宗羲強調的心性關係，其實就是其理氣關係的延伸，即心性各有其質性而不即，又性為心之性而不離，如同理氣之不即不離之關係；而且理氣與心性又各有其作用系統，似乎是二元性的存在，但事實上，此二組作用系統卻仍本於「氣」並依「氣之理」以行，使理氣心性在結構上合一於「氣」的基礎上。簡言之，就是「在天為氣者，在人為心；在天為理者，在人為性。理氣如是，則心性亦如是，決無異也。」〔註319〕即透過「氣」為其中間環節而相通貫，明顯在本體之氣的立場下，完成理氣心性於形式對比上的合一。接著，再由理氣與心性的內在相通貫之作用而言。宗羲有云：

> 夫大化之流行，只有一氣充周無間，……循環無端，所謂生生之為易也。聖人即從升降之不失其序者，名之為理。其在人而為惻隱、羞惡、恭敬、是非之心，同此一氣之流行也。聖人亦即從此秩然而不變者，名之為性。故理是有形之性，性是無形之理，先儒「性即理也」之言，真千聖之血脈也。而要皆一氣為之，《易傳》曰：「一陰一陽之為道。」蓋舍陰陽之氣，亦無從見道矣。〔註320〕

又

> 大化流行，不舍晝夜，無有止息。此自其變者而觀之，氣也；消息盈虛，春之後必夏，秋之後必冬，人不轉而為物，物不轉而為人，草不移而為木，木不移而為草，萬古如斯，此自其不變者而觀之，理也。在人亦然，其變者，喜怒哀樂、已發未發、一動一靜、循環無端者，心也；其不變者，惻隱、羞惡、辭讓、是非，梏之反覆，萌蘗發見者，性也。〔註321〕

宗羲此處言理氣與心性的內在一貫性，明顯從兩個角度切入。第一，就生成立場來看，大化流行只有一氣，而此「氣」下貫於人則發為四端之心，然此四端之心雖依仁義禮智之性以體顯，但此性之本質卻仍由形上本體的「氣之理」而來。因此，宗羲認為理氣心性若就本質而言，其實「皆一氣為之」，即皆由氣本體生化以成，使理氣與心性透過「氣」通貫上下而合一；此立場可

〔註319〕（明）黃宗羲：《明儒學案》，卷四十七，〈諸儒學案中一〉，「文莊羅整菴先生欽順」（《黃宗羲全集》增訂版），冊八，頁408。

〔註320〕（明）黃宗羲：《南雷文案》，卷三，〈與友人論學書〉（《黃宗羲全集》增訂版），冊十，頁152。

〔註321〕（明）黃宗羲：《明儒學案》，卷二，〈崇仁學案二〉，「文敬胡敬齋先生居仁」（《黃宗羲全集》增訂版），冊七，頁22。

謂是上述「在天爲氣者，在人爲心；在天爲理者，在人爲性」的進一步證明。故宗羲才會直言：「離氣以求心性，吾不知所明者何心，所見者何性。」〔註322〕即在生化立場上，以「氣」作爲理氣心性的內在一貫之本質。而此論點，不僅是上述氣本一之下的形式結構合一的持續發展外，更在此架構基礎上，轉由第二個角度切入，即就作用立場來討論。宗羲以爲氣之升降不失其序之理者，於人身之表現即爲心體秩然不變之性者，明顯是就「作用的概念」來等同理與性，並從變與不變的論辯中，凸顯理與性之特點，爲同時具有永恆普遍性之作用；所以宗羲表示「無氣外之理，『生之謂性』，未嘗不是。然氣自流行變化，而變化之中，有貞一而不變者，是則所謂理也性也。」〔註323〕是明顯就作用立場上，說明理氣心性合一的內在一貫性，除了「氣」的本質一貫性之外，更確實指出氣與心的變化流行而有條理不紊之因，在於其內存永恆不變之理則作用，即所謂「理」、「性」。因此，理氣與心性兩系統的合一，是可經由「氣之理」與「心之性」的貞一不變之作用，來達成兩系統在作用上亦有一貫性的相通。

　　所以，綜合來看，理氣心性的合一，在「氣本一」的立場上，兩系統的組織結構在本質上是合一的，即皆由「氣」組成；故理氣與心性的形式上對比合一，才能透過「氣」之聯結而成爲有意義的存在。若就作用立場而言，無論是氣本體與心體在寂然不動或感而遂通之時，其內在之理則未嘗不在，並以「氣之理」或「心之性」的形態來呈現其流行不失其序之作用；換言之，「氣之理」與「心之性」的作用即成爲「氣」或「心」內在所必存之作用，又此作用「在天爲理者，在人爲性」，故在氣本體與心體存在的同時，此「理」與「性」便以貞一不變之作用內存於「氣」與「心」之中，並在此同時，以等同的作用概念互通於「氣」與「心」之間，即「我與天地萬物一氣流通，無有礙隔。故人心之理，即天地萬物之理，非二也。」〔註324〕使理氣與心性又有作用上的一致性而相通貫合一。據此，宗羲就是表示：

　　　　理也，氣也，心也，歧而爲三，不知天地間祇有一氣，其升降往來

<hr>

〔註322〕（明）黃宗羲：《孟子師說》，卷二，〈浩然章〉（《黃宗羲全集》增訂版），冊一，頁 61。

〔註323〕（明）黃宗羲：《孟子師說》，卷六，〈生之謂性章〉（《黃宗羲全集》增訂版），冊一，頁 133。

〔註324〕（明）黃宗羲：《明儒學案》，卷二十二，〈江右王門學案七〉，「憲使胡廬山先生直」（《黃宗羲全集》增訂版），冊七，頁 593。

即理也。人得之以爲心，亦氣也。〔註325〕

又

先生（薛敬之）之論，特詳於理氣，其言「未有無氣質之性」是矣，
而云「一身皆是氣，惟心無氣」、「氣中靈底便是心」，則又歧理氣而
二之也。氣未有不靈者，氣之行處皆是心，不僅腔子內始是心也，
即腔子內亦未始不是氣耳。〔註326〕

又

先生（盧宁忠）謂「天地間有是氣，則有是性，性爲氣之官，而綱
維乎氣者」，是矣。然不知此綱維者，即氣之自爲綱維，因而名之曰
性也。若別有一物以爲綱維，則理氣二矣。〔註327〕

宗羲曾直言「氣即性也」〔註328〕、「心即氣也」，〔註329〕並表示「先儒『性即
理也』之言，眞千聖之血脈也。」〔註330〕以及「（孟子）言『求放心』，不必
言『求理義之心』；言『失其本心』，不必言『失其理義之心』，則以心即理也。
孟子之言明白如此，奈何後之儒者，誤解人心道心，歧而二之？」〔註331〕等，
其背後意義明顯是在理氣心性合一的立場下，主張「氣即性」、「心即氣」、「性
即理」與「心即理」的一貫性思路；因此，順此思路前進，必然可以得到「氣
即理」的「理氣合一」觀與「心即性」的「心性合一」觀。於是可以得到一
個結論，就是宗羲主張「氣本一也」，以「氣」爲具主宰義與生化義之本體者，
故能進一步以「氣」爲理氣心性四者統一的基礎，並發爲「在天爲氣者，在
人爲心；在天爲理者，在人爲性。理氣如是，則心性亦如是，決無異也。」

〔註325〕（明）黃宗羲：《明儒學案》，卷三，〈崇仁學案三〉，「恭簡魏莊渠先生校」（《黃
宗羲全集》增訂版），冊七，頁41。

〔註326〕（明）黃宗羲：《明儒學案》，卷七，〈河東學案上〉，「同知薛恩菴先生敬之」
（《黃宗羲全集》增訂版），冊七，頁145。

〔註327〕（明）黃宗羲：《明儒學案》，卷五十四，〈諸儒學案下二〉，「盧冠巖先生宁忠」
（《黃宗羲全集》增訂版），冊八，頁624。

〔註328〕（明）黃宗羲：《明儒學案》，卷二十七，〈南中王門學案三〉，「中丞楊幼殷先
生豫孫」（《黃宗羲全集》增訂版），冊七，頁720。

〔註329〕（明）黃宗羲：《孟子師說》，卷二，〈浩然章〉（《黃宗羲全集》增訂版），冊
一，頁60。

〔註330〕（明）黃宗羲：《南雷文案》，卷三，〈與友人論學書〉（《黃宗羲全集》增訂版），
冊十，頁152。

〔註331〕（明）黃宗羲：《孟子師說》，卷六，〈仁人心也章〉（《黃宗羲全集》增訂版），
冊一，頁141。

以及「心即氣之聚於人者，而性即理之聚於人者，理氣是一，則心性不得是二。」〔註332〕之觀點，明顯是將理氣合一延伸爲心性合一。合言之，理氣心性在本體之氣的架構下，無論是形式上的類比或作用上的一致性，透過「氣」的相通貫才能成爲有意義的合一。然而此理氣心性合一的理論，是否有其具體實踐的實用效能呢？對此，宗羲有云：

> 蓋天地之氣，有過有不及，而有愆陽伏陰，豈可遂疑天地之氣有不善乎？夫其一時雖有過不及，而萬古之中氣自如也，此即理之不易者。人之氣稟，雖有清濁強弱之不齊，而滿腔惻隱之心，觸之發露者，則人人所同也。此所謂性，即在清濁強弱之中，豈可謂不善乎？若執清濁強弱遂謂性有善有不善，是但見一時之愆陽伏陰，不識萬古常存之中氣也。……所謂理者，以氣自有條理，故立此名耳。亦以人之氣本善，故加以性之名耳。如人有惻隱之心，亦只是氣。因其善也，而謂之性。〔註333〕

由於宗羲重「氣」的務實思路，使其注意到現實世界無論是大自然現象〔註334〕或人倫綱常，〔註335〕皆偶有「愆陽伏陰，失其本然之理」〔註336〕的客觀事實之情形存在。但宗羲認爲「其一時雖有過不及，而萬古之中氣自如也。」即指出只有「萬古常存之中氣」才是氣化流行必然之表現，而「愆陽伏陰」只是偶然之現象，此偶然又在必然之中，使愆陽伏陰成爲氣化流行中必然之規律性發展，即「理之不易者」。因此，宗羲順此思路將形上本體氣中的「氣之

〔註332〕（明）黃宗羲：《明儒學案》，〈師說〉，「羅整菴欽順」（《黃宗羲全集》增訂版），冊七，頁18。

〔註333〕（明）黃宗羲：《明儒學案》，卷五十，〈諸儒學案中四〉，「肅敏王浚川先生廷相」（《黃宗羲全集》增訂版），冊八，頁487。

〔註334〕黃宗羲：「氣之流行，不能無過不及，而往而必返，其中體未嘗不在。如天之亢陽過矣，然而必返於陰；天之恆雨不及矣，然而必返於晴。向若一往不返，成何造化乎？」（《明儒學案》，卷二十七，〈南中王門學案三〉，「中丞楊幼殷先生豫孫」。《黃宗羲全集》增訂版，冊七，頁720。）

〔註335〕黃宗羲：「天地之生萬物，仁也。帝王之養萬民，仁也。宇宙一團生氣，聚於一人，故天下歸之，此是常理。自三代以後，往往有以不仁得天下者，乃是氣化運行，當其過不及處，如日食地震，而不仁者應之，久之而天運復常，不仁者自遭隕滅。」（《孟子師說》，卷四，〈三代之得天下章〉。《黃宗羲全集》增訂版，冊一，頁90。）

〔註336〕（明）黃宗羲：《明儒學案》，卷二十九，〈北方王門學案〉，「侍郎楊晉菴先生東明」（《黃宗羲全集》增訂版），冊七，頁756。

理」下貫於具體形質之人身上，以為人稟氣雖有清濁強弱之不齊，但其心體卻本「萬古常存之中氣」而來故表現為善性，是不受「愆陽伏陰」一時偶然「失理」之現象影響。

　　所以，筆者以為宗羲此處不從單純的理氣觀下貫心性觀之形式對比來說明理氣心性合一，而是藉由「愆陽伏陰」的不確定因素，進一步凸顯由理氣觀所延伸的心性觀；這兩系統的合一是不受外在環境條件所限制，是必然性的合一。因此，此「必然性的合一」不僅提供了道德倫理發展的根本本源處，更保證了現實人倫綱常的必然實踐。至此可以得到一個結論，就是宗羲理氣心性是必然性的合一，此合一是其理氣觀自然之發展為心性觀的結果，是將形上氣本體具體落實於形質之人中，使人成為具有善性與道德實踐能力者，明顯是理氣觀延伸為心性觀之具體實踐的合一。對此，王俊彥先生亦有類似的論點，其云：

> （黃宗羲）由實然層的流行不已說氣，而氣化不已中的指導原則是理。理氣觀下貫為心性論，故人倫日用中，不論已發未發，動靜相生，循環無端的具體的創生作用是心，而貞定護持心之創生的道德本質則是性。值得注意的是心循環無端的創生，是即喜怒的氣質流動層面說。性淵然不變的道德性向，是即惻隱之情的層面而說的。故心之著性，性之定心皆即氣質而說，不可離氣質另說一超越之性體。〔註337〕

此處所論宗羲的理氣心性關係，明顯亦是在理氣的架構上論心性，以具體創生作用為心，其所創生的道德本質為性，即「理氣觀下貫為心性論」的發展。至此，可以再次證明宗羲主張理氣心性合一，決非形式上的對比，而是其內在思路發展的必然結果。即在「氣本一也」之基礎，本質上理氣心性透過「氣」而合一；作用上理氣與心性又有其內在貞一不變之理的上下貫穿一致性的合一；更在「氣」的重實踐立場下，由理氣觀下貫為心性觀，使其在道德倫理層面，有了形上本體系統的支持而完成道德實踐，以達到現實層面的合一，即「人有惻隱之心，亦只是氣。因其善也，而謂之性。」是實然層的理氣心

〔註337〕王俊彥：〈陳確的性善論與明清氣學〉，收入中國文化大學中國文學系主編《發皇華語·涵詠文學——中國文化暨華語文教學學術研討會論文集》（臺北：文津出版社有限公司，2009年12月初版）頁126。

性合一。〔註338〕

　　綜合而言，宗羲的理論系統必須是建立在理氣心性合一的整體架構之中；其理氣的系統，以形上本體之氣生化形下具體世界，而形上氣之理亦隨之下貫爲形下萬事萬物之理，即由本體層之理氣向下貫穿而建構出完整現實世界之宇宙生成論。其心性的系統，則將上述氣化之世界，賦予了人文價值意義，即透過人的道德實踐能力使氣化世界成爲有意義的存在，而不是一機械式比對的無價值賦予意義之世界。因此，理氣與心性這兩個系統，其實是一不可分別的整體架構，所以理氣觀若無心性內涵的支持，則將淪爲氣命；心性觀若無理氣之架構，其將淪爲空談。所以宗羲爲了完整其理氣觀的內涵，並提供其心性觀的支撐，必然是主張「理氣心性合一」。至此，可以得到一個結論，就是宗羲主張「理氣合一」，而「理」雖是此氣之流行不失其則者，但其以「氣之理」的形式存於氣之中，而見之於「氣」上；相對而言，心性關係亦是如此，「性」爲心體流行之條理者，並以「心之性」的形式存於心中，亦見之於「心」。因此「理」與「性」皆就「氣」與「心」之活動不失其則而

─────────────

〔註338〕值得注意的是，宗羲此處其實隱含了另一觀點，就是先天「性善」的存在。故此處不得不對此做一討論。宗羲以爲「人之氣本善，故加以性之名耳。」不僅明顯保有傳統「性善」之先驗論觀點外，更是由氣善順說至性善；然宗羲對此形上氣本體性善的立場，並非一味的接受儒家言人之性由《中庸》「天命之謂性」、《易傳》「繼善成性」的本體宇宙論說法，或孟子經由道德自覺而道德實踐的「以心善言性善」之觀點這兩條進路。（蔡仁厚先生以爲孟子言不忍人之心、四端之心，皆是通過心善以指證性善，是即心言性，「以心善言性善」的思路。參考《孔孟荀哲學》，〈孟子的心性論〉，臺北：臺灣學生書局，1994 年 9 月第 4 次印刷，頁 198～頁 210。）而是透過「懲陽伏陰」的思辯過程，以反證「性善」之先天絕對存在，即氣化流行雖一時有過與不及，但此過與不及本身卻是整體流行中必然產生之現象而成爲一必然之規律性。因此，宗羲順此「天地不能無懲陽伏陰之理」（參考第三章第四節）的思路前進，就自然產生出若有不合此「理之不易者」，即與之相對立的「失理」之情形時，二者在類比的作用下，將延伸轉化爲「理之不易者」之「善」與「失理」之「惡」的相對立；故在「懲陽伏陰」的架構中，此「善」成爲「萬古常存之中氣」而以本體性質存在，然「惡」只是暫時性的存有，不具永恆普遍義。因此，宗羲除了藉由氣化流行不失其則是所謂理也、性也的主張，來正面肯定「性」的合理表現即「善」之外，更從「懲陽伏陰」的立場上，反推得一永恆不變之理則，此理則即證明了「性善」是必然性存在，非「外鑠」於我。所以宗羲的本體之氣，其實是隱含了先天性善的思路，雖於《中庸》、《易傳》以及孟子性善的主張相合，但其推論過程則是由「氣善言性善」，與《中庸》、《易傳》由形而上的統體一路貫穿道體性體，或孟子由「心善言性善」的性體與心體通而爲一，在理路上是有差異的。

言，並在本質上以「氣之理」與「心之性」的形式與氣、心合一，完成了形式上的對比合一；之後，宗羲再進一步於「氣本一也」的基礎上，主張「心即氣也」，於是「心」成爲了溝通理氣與心性的關鍵，使天地之理即吾心之理，故此心當然能參贊天地之化育。不過，細究「心即氣也」的根本處，可發現此心畢竟本之於「氣」，其心中之性亦「氣之理」而來，故此時理氣心性藉由「心」的合一，轉變成透過「氣」以合一，「氣」反而取代了「心」成爲了二者互通的中間環節；所以「心」與「氣」雖同時皆爲理氣心性合一的關鍵者，但其互相通貫的過程中，其實可以感受到宗羲是偏重藉由「氣」以完成其理氣心性合一的基本元素，而「心」則是此本體之氣於人身上發爲主宰作用的轉換性說法，其本質上仍是以「氣」爲主。總之，宗羲以爲「心即氣」、「氣即性」、「性即理」、「心即理」以及「理氣合一」、「心性合一」，其實是一致性的主張，即透過「氣」之滲透而建立其共同的內在一貫性，而此一貫性即理氣觀下貫至心性論的內在所以然而然之必然發展，自然成爲宗羲主張合一性思路之基礎，進而完成了「理氣心性合一」的整體義理模型架構。

三、「盈天地間皆氣」與「盈天地間皆心」之圓融合一

　　通過前述的推論可知，宗羲提出「理爲氣之理，離氣無所爲理」、「性爲心之性，離心無所爲性」，以及「離情無以見性」等「心性合一」、「性情合一」、「理氣合一」之主張，是可以同時成立於「理氣心性合一」的架構之上。由此可見，宗羲確實是建構了一個「理氣心性合一」的義理體系模型；因此，若進一步探討其理氣與心性的結合過程，將無可避免的觸及到「盈天地間皆氣」與「盈天地間皆心」兩條看似矛盾對立的思路。對此，於是產生了各種紛紜的研究成果；或偏重於「氣」之一端，而由唯物的立場，主張「氣」不僅是一眞實存有之形上實體概念而已，更是具體建立現實世界的基礎物質並透過物質世界之自然規律，來證明現實客觀之世界的運作及其必然存在性；或偏重於「心」之一端，以唯心的角度，來解釋人心所創造的觀念與精神意志，其實才是構成主觀世界存在的基礎，即由主觀精神所認定之世界，才是眞實之世界。然而，筆者認爲造成偏重「盈天地皆氣」或「盈天地皆心」之因，事實上在於研究方法的不同而導致有所偏重。故在討論盈天地皆「氣」或「心」之前，則必須先對此研究方法做一分析。

　　中國的義理之學，長期以來受到西方德謨克利特〔註339〕與柏拉圖〔註340〕
兩個對立思路的影響，產生了唯物與唯心兩種互異的分析研究法；〔註341〕於
是造成利用這兩種的分析研究法，將傳統中國義理之學，區分爲唯物與唯心
兩大派。故張岱年先生即據此分類研究，〔註342〕進一步推得先秦時期的孔、

〔註339〕德謨克利特（Demokritos 約西元前460～前370年）認爲宇宙世界的構成，
　　　　在水、火、氣、土四個元素後面，尚有一更原始、更根本的元素，即「原子」
　　　　（Atoma）的存在。其繼承發展原子論學說，指出宇宙空間中只有「原子」
　　　　與「虛空」，其中「原子」是不可分割的具體物質性微粒，而「虛空」則是此
　　　　原子分、合的作用空間，亦是眞客觀的存在。因此，德謨克利特進一步主張
　　　　整個世界皆由原子所構成，而原子的結合與分離，皆只有量的多寡並沒有質
　　　　的差別；所以現實的世界，就是「原子」、「虛空」以及原子的分合所組織而
　　　　成，是具體物質性的存有，是沒有神明存在的空間。故鄔昆如先生指出德謨
　　　　克利圖斯（德謨克利特另一中文譯名）對宇宙太始的探討，採取了「元素」
　　　　的課題爲中心，以爲一切都是「原子」構成的，是唯物論的宇宙，是主張機
　　　　械唯物的。（參考鄔昆如：《西洋百位哲學家》，臺北：東大圖書股份有限公司，
　　　　1984年1月再版，頁409～頁411。）不過，最後要特別説明，德謨克利特
　　　　的原子論，主張原子經由彼此碰撞而形成了旋渦，在旋渦運動中，原子重新
　　　　次序排列而產生各種新的混合物。此論雖爲現代原子科學發展奠定了基礎，
　　　　但它仍是一種哲學上的推論，並非科學上的理論。
〔註340〕柏拉圖（Platon 約西元前427～前347年）主張人感官所認知構成的具體世
　　　　界是有生有減的，所以是一個不眞實的虛幻世界。只有透過「理型」，以「非
　　　　存在」的存在，即不同於德謨克利特的物質性具體存在，而是以理念或概念
　　　　的形式，眞實的抽象存有：並認爲由此超越的「理型」所架構之理想世界，
　　　　才是永存不息的唯一眞實世界。因此，柏拉圖的宇宙現實世界都是根據「理
　　　　型」所推演出來的摹本，而理型的最高目標就是「至善」，是「道德價值」、「本
　　　　體論」以及「生化論」的結合，成爲宇宙最終境界，亦是認知與眞理的泉源。
　　　　故傅佩榮先生指出「柏拉圖的理型論，顯然已經從先蘇期的哲學跨出了一大
　　　　步。他突破先蘇期素樸的唯物論，肯定了非物質的與不可見的『存有』，指明
　　　　它不僅不是此世的影象，反而要比這個物質世界更爲眞實。」（傅佩榮：《柏
　　　　拉圖》，臺北：東大圖書股份有限公司，1998年6月初版，頁85。）所以，
　　　　柏拉圖的「理型」可謂是第一性者，而具體物質世界則爲第二性者，是受「理
　　　　型」所決定認知的。故在此思想架構下，人的精神主體美滿和諧的同時，亦
　　　　是宇宙整體結構的完美呈現，「當然，柏拉圖並不是簡單地機械地把這些思想
　　　　成分拼湊在一起，而是依據當時社會的需要，將這些思想原則融會一起加以
　　　　發揮，形成了客觀唯心主義的理念論，並且以理念論爲中心建立了他的宇宙
　　　　論、知識論以及政治倫理説、國家説，形成了歐洲哲學史上第一個龐大的唯
　　　　心主義體系。」（全增嘏主編《西方哲學史》上冊，上海：人民出版社，1991
　　　　年8月第1版第6次印刷，頁134。）
〔註341〕參考張岱年：《中國哲學大綱》，〈再版序言〉，頁2。
〔註342〕張岱年：《中國哲學大綱》，〈再版序言〉，頁3。

墨、老哲學即屬唯心論,管子、惠子、荀子則屬唯物論;到了漢代,王充反對天人感應之虛言,發展了唯物思想;然魏晉的王弼卻提出以「無」爲本的觀念,超越一切相對的絕對,又是一唯心思路,而裴頠的崇有論,認爲「有」是物質性的存在,又是唯物的主張;直至宋明時期,其中心問題在於氣、理、心三者孰爲本體,於是「氣」是物質性,「理」是觀念性,「心」是精神性,而形成了程朱性即理、理在氣先的客觀唯心論,與陸王心即理、心外無理的主觀唯心論,以及王廷相、王夫之等以氣爲本的唯物論者。

　　以上推論明顯將中國哲學義理思想分類爲唯物與唯心兩大派,是兩種無法圓融的二律背反。故筆者以爲此對中國思想的區分,雖看似正確而言之成理,但這是由於運用了西方的研究方法,來針對中國某一時間或某一人的思路,作組織邏輯上的分類,認爲其以物質性爲本體基礎者,則屬於之於「唯物」,而以精神意志創生了宇宙者,便屬之於「唯心」。此單純的分析結果,不是造成偏重物質之唯物,就是偏重精神之唯心的局限性結論;接著便以此結論來判定其思想結構之屬性,完全是從西方邏輯推理角度來分析中國義理之學,其實並不一定符合中國本身的義理思想發展。因爲儒家「天人合一」的主張,以及老、莊「天地與我並生,而萬物與我爲一。」〔註343〕等思路,明顯皆是精神與實體的結合,絕非單一唯物觀點或唯心主張所能斷定。因此,若定要以西方的研究方法來分論中國義理之學,將造成非全盤性而局限於一隅的研究成果。例如,對張載本體論的研究,就「氣」而論,「氣」爲第一性的客觀物質存在;若就「理」而論,則「理」又取代「氣」成爲第一性的主觀精神存有,於是「理」與「氣」究竟孰爲第一性,孰爲第二性,遂成了無法解決的困難。所以,要眞正了解宗羲「盈天地皆心」與「盈天地皆氣」的內涵,筆者以爲必須恢復到傳統中國的「圓融」義理思路來推理,並非唯物或唯心二擇一的結果。故就儒家義理之學而言,絕對不是非屬之於抽象的本體概念外,便是歸之於宇宙生化之實體者;而應是概念與實體的圓融合一,此「圓融合一」可謂是以「本體宇宙論」〔註344〕爲基礎,並同時由此本體宇

〔註343〕郭慶藩輯《莊子集釋》,卷一下,〈齊物論〉第二(臺北:華正書局有限公司,1991年8月版),頁79。

〔註344〕牟宗三先生曾「本體宇宙論」地說解張載《太和篇》:「氣聚,則離明得施而有形;氣不聚,則離明不得施而無形。」以爲離卦爲火,火乃光明之象徵,故離亦明也,所以「離明」乃同義複疊之詞,皆同指神體之虛明照鑑而言。因此「虛體神體妙運一切,充塞無間,即是明之照鑑一切,充塞無間。但通

宙者不自覺的自我呈現其具體實踐之能力。換言之，即是儒家天道與性命之相通貫，並發爲仁義禮智道德行爲的整體過程，此過程非向內求取，而是反求諸己之結果；故儒家的義理之學，是徹上徹下之通貫，是不容分而爲二的圓融合一觀。

　　根據上述觀點，並不是反對運用西方的研究方法，而是西方的研究方法雖可以精確分析其個別思想體系，並建立一邏輯性結論，但此結論本身卻仍有其內在局限性而偏於唯物或唯心一隅，是無法圓融的整體觀照儒家義理之學，即「天人合一」的思想架構。對此，筆者以爲應是先立足在「本體宇宙論」的基礎上，並賦予其形下具體實踐義，使形上本體乃形下發用之根本，形下之作用即支撐形上之理論，而回歸中國傳統的義理之學研究角度；在理論與實踐兼備的前提，再科學的運用西方研究方法，以分別了解掌握其所探討對象之思想特色，最後綜合分項的研究結果以消融主客觀之對立，才能眞正凸顯儒家之義理是結合本體論與宇宙論，並重其實踐性的圓融合一。

　　因此，對於宗羲「盈天地皆氣」與「盈天地皆心」兩個看似矛盾對立的觀點，在回歸傳統儒家圓融義理之學上，其實可以隱約發現「盈天地皆氣」與「盈天地皆心」本是圓融合一的作用，而這兩個系統合一的關鍵，在於二者有其內在的一貫性，但此內在一貫性究竟是以「氣」、還是以「心」爲主呢？故此處必須分從兩方論來討論。宗羲主張「通天地，互古今，無非一氣而已，氣本一也。」﹝註345﹞「四時行，百物生，其間主宰謂之天。所謂主宰者，純

過氣之聚散而有隱顯耳。……雖有隱顯，而虛體常存。」（參考《心體與性體》，冊一，頁467～頁469）故藉由此處分析可知，牟先生的「宇宙本體論」明顯是實有之本體與生化之作用的合一之論。故蔡仁厚先生明確指出「因爲就儒家之形上學而言，本體論與宇宙論這二個層面的義理，是可以通而爲一的。儒家講的道體（形上實體），並不只是一個抽象思考中的本體概念而已，而是能夠自起『妙運氣化生生』之作用的活靈之體。它既是本體論的實有，同時亦是宇宙論的生化原理（創生原理），所以牟先生特別以『本體宇宙論的實體』而綜言之。」（《孔孟荀哲學》，第二章，〈孟子的心性論〉，頁210，註九。）不過要特別說明一點，此處借用牟先生「宇宙本體論」一辭，是針對其專指本體論與生化論的合一之義，以及正確指出傳統儒學的道德創生實體之直貫所呈現之實理實事系統而言，是僅就其意義上而論，並非表示牟先生贊同宗羲「盈天地間皆氣」之立場。對此請容待本章後段討論。

﹝註345﹞ （明）黃宗羲：《宋元學案》，卷十二，〈濂溪學案下〉，附「梨洲太極圖講義」（《黃宗羲全集》增訂版），冊三，頁609。

是一團虛靈之氣，流行於人物。」〔註346〕即以「氣」爲本體而具主宰義；又此氣「以造化言之，天高地下，萬物散殊，無處非氣之充塞也。」〔註347〕「大化之流行，只有一氣充周無間。」〔註348〕等，明顯是以「氣」具有宇宙生化之能力；故宗羲之「氣」是「本體宇宙論」的圓融合一，是主張「盈天地間皆氣」的。至於「心」之立場，宗羲認爲「散殊者無非一本，吾心是也。仰觀俯察，無非使吾心體之流行，所謂『反說約』也。若以吾心陪奉於事物，便是玩物喪志矣。」〔註349〕「根本不出一心，由一心以措天地萬物，則無所不貫；由天地萬物以補湊此心，乃是眼中之金屑也。」〔註350〕即以「心」爲萬殊之本而能通貫其中，是爲天地萬物之本體；又「盈天地間無所謂萬物，萬物皆因我而名。……此所謂『反身而誠』，纔見得萬物非萬物，我非我，渾然一體。」〔註351〕明顯是心學思路的生成論主張，故可以發現宗羲之「心」亦是「本體宇宙論」之「心」，是「盈天地皆心」的觀點。至此，除了再次證明「盈天地皆氣」與「盈天地皆心」兩個系統，絕非西方形上學所能嚴格區分其爲「本體論」或「宇宙論」，以及「唯物」或「唯心」兩大派，即在中國傳統儒學中並沒有上述分別，而只有「本體宇宙論」與此道德創生實體所直貫呈現之作用的圓融合一觀之外；更說明了「盈天地皆氣」與「盈天地皆心」在各自的系統中，雖是「本體宇宙論」的圓融，不過此圓融僅只是針對各自的系統而言，至於上述的問題仍未解決，就是「盈天地皆氣」與「盈天地皆心」的兩個系統是否能異質層之圓融而不矛盾呢？我的答案是肯定的，並認爲宗羲是透過「氣」來通貫其間，使兩系統達到異質層的合一。因爲宗羲曾多次明確表示：

> 理也，氣也，心也，歧而爲三，不知天地間祇有一氣，其升降往來

〔註346〕 （明）黃宗羲：《孟子師說》，卷五，〈堯以天下與舜章〉（《黃宗羲全集》增訂版），冊一，頁123。

〔註347〕 （明）黃宗羲：《明儒學案》，卷四十八，〈諸儒學案中二〉，「文莊汪石潭先生俊」（《黃宗羲全集》增訂版），冊八，頁448。

〔註348〕 （明）黃宗羲：《南雷文案》，卷三，〈與友人論學書〉（《黃宗羲全集》增訂版），冊十，頁152。

〔註349〕 （明）黃宗羲：《孟子師說》，卷四，〈博學章〉（《黃宗羲全集》增訂版），冊一，頁110。

〔註350〕 （明）黃宗羲：《明儒學案》，卷五十二，〈諸儒學案中六〉，「諸生李大經先生經綸」（《黃宗羲全集》增訂版），冊八，頁583。

〔註351〕 （明）黃宗羲：《孟子師說》，卷七，〈萬物皆備章〉（《黃宗羲全集》增訂版），冊一，頁149。

即理也。人得之以爲心，亦氣也。氣若不能自主宰，何以春而必夏、必秋、必冬哉！草木之榮枯，寒暑之運行，地理之剛柔，象緯之順逆，人物之生化，夫孰使之哉？皆氣之自爲主宰也。以其能主宰，故名之曰理。〔註352〕

又

夫大化之流行，只有一氣充周無間。時而爲知，謂之春；和升而溫，謂之夏；溫降而涼，謂之秋；涼升而寒，謂之冬。寒降而復爲和，循環無端，所謂生生之爲易也。聖人即從升降之不失其序者，名之爲理。其在人而爲惻隱、羞惡、恭敬、是非之心，同此一氣之流行也。聖人亦即從此秩然而不變者，名之爲性。故理是有形之性，性是無形之理，先儒「性即理也」之言，眞千聖之血脈也。而要皆一氣爲之。〔註353〕

又

心即氣之聚於人者，而性即理之聚於人者，理氣是一，則心性不得是二；心性是一，性情又不得是二。使三者於一分一合之間，終有二焉，則理氣是何物？心與性情又是何物？天地間既有箇合氣之理，又有箇離氣之理；既有箇離心之性，又有箇離性之情，又烏在其爲一本也乎？〔註354〕

第一，首先就理氣與心性的形式結構來討論。透過文句上的分析可知「心即氣之聚於人者，而性即理之聚於人者」，即宗羲「在天爲氣者，在人爲心；在天爲理者，在人爲性。理氣如是，則心性亦如是，決無異也。」〔註355〕的思路。明顯將心性論的結構與理氣觀的架構做一機械式的比對；如此，「氣」與「心」成爲同概念而不同層次的同質異名之存在，即二者在本質上是同一實體的不同名稱。換言之，此時「氣」可以是「心」，「心」亦可以是「氣」，而二者的差別，僅在於「氣」是就「天」而言，「心」是就「人」而言，但本質

〔註352〕（明）黃宗羲：《明儒學案》，卷三，〈崇仁學案三〉，「恭簡魏莊渠先生校」（《黃宗羲全集》增訂版），冊七，頁41。

〔註353〕（明）黃宗羲：《南雷文案》，卷三，〈與友人論學書〉（《黃宗羲全集》增訂版），冊十，頁152。

〔註354〕（明）黃宗羲：《明儒學案》，〈師說〉，「羅整菴欽順」（《黃宗羲全集》增訂版），冊七，頁18。

〔註355〕（明）黃宗羲：《明儒學案》，卷四十七，〈諸儒學案中一〉，「文莊羅整菴先生欽順」（《黃宗羲全集》增訂版），冊八，頁408。

上卻皆本一「氣」而來。然而，此論正說明了一特點，就是分析宗羲的思路，可以發現無論宗羲如何分解心性理氣之內涵，最後總是會歸結到「同此一氣之流行」、「要皆一氣爲之」、「不知天地間祇有一氣」等「氣本一也」之主張；顯然已將「氣」超越「心」而成爲最高本體宇宙論之位階者，是具有主宰及生化之能力。因此，宗羲的理氣觀與心性論之所以能由機械式比對進而相通貫，完全在於二者可以透過「心」或「氣」以達到貫穿而合一。不過，此時究竟要以「心」或「氣」爲主呢？除了由上述推論得知二者在本質上皆一氣之流行外；宗羲更確實表示「人心爲氣所聚」，〔註356〕認爲「盈天地間皆氣也，其在人心，一氣之流行，誠通誠復，自然分爲喜怒哀樂。」〔註357〕即明確指出「氣」與「心」雖是等同之概念，但實質上卻是以「氣」爲本，而「心」仍只是氣聚於人身上之異名而已；故「氣」與「心」雖同時具有「本體宇宙論」之作用，但此「心」確實是經「氣」之作用而能發動者，所以「散殊者無非一本，吾心是也」其實也就是「氣」之作用於人身上的轉換性說法。

　　至此可得到一個結論，就是在理氣心性合一於「氣」的基礎上，可以進一步推得其心性論是其理氣觀的延伸，已非是單純的機械式比對；因此，相對而言，在宗羲的思路中，「盈天地皆心」亦必然建構在「盈天地皆氣」的架構上，兩系統在組織結構上其實並不矛盾；因爲在「氣本一也」的基礎上，「盈天地皆心」所建構的世界圖像，其實就是「盈天地皆氣」的世界藍圖，然其之所以有不同的名稱，亦只是所處的層面不同而已，其本質上仍爲一氣而通貫無礙。簡言之，就形式結構來看，「盈天地皆氣」與「盈天地皆心」是本於「氣」並藉此「氣」以通貫合一，彼此是同質異層的存在，二者並不相斥。

　　第二，接著再由「盈天地皆氣」與「盈天地皆心」的個別作用來討論。承上述第一點的推論，假若「盈天地皆氣」與「盈天地皆心」只是在「氣」上做一機械式比對的結合，則此結合將毫無人文價值意義，故宗羲表示：

　　　　人與天雖有形色之隔，而氣未嘗不相通。知性知天，同一理也。《易》
　　　　言「窮理盡性以至於命」，窮理者盡其心也，心既理也，故知性知天
　　　　隨之矣，窮理則性與命隨之矣。〔註358〕

〔註356〕（明）黃宗羲：《孟子師說》，卷七，〈盡其心者章〉（《黃宗羲全集》增訂版），
　　　　冊一，頁148。
〔註357〕（明）黃宗羲：《明儒學案》，卷六十二，〈蕺山學案〉，「忠端公劉念臺先生宗
　　　　周」（《黃宗羲全集》增訂版），冊八，頁890。
〔註358〕（明）黃宗羲：《孟子師說》，卷七，〈盡其心者章〉（《黃宗羲全集》增訂版），

宗羲認為人與天透過「氣」未嘗不相通而合一，但宗羲此處更明顯指出「知性」與「知天」為「同一理也」，又「窮理者盡其心也」，故盡其心即能知性與知天，使人心與天理產生了聯貫，即所謂「心即理也」；然此盡其心以上通天理的步驟，正說明了宗羲在氣本一的立場下，「心」本身因具有某種人文價值意義，才能精確掌握其本體之氣的內在道德意識；換言之，此心之所以具有人文意識，其實就是氣本體所下貫的天理之善（氣之理）。因此，宗羲認為「我與天地萬物一氣流通，無有礙隔。故人心之理，即天地萬物之理，非二也。」〔註359〕以人文價值精神經由氣之流通而表現在人心之上，其實亦即是天地萬物之理的呈現，所以「其在人而為惻隱、羞惡、恭敬、是非之心，同此一氣之流行也。」〔註360〕合言之，「天地間祇有一氣，其升降往來即理也。人得之以為心，亦氣也。」〔註361〕凸顯了本體之氣本身是道德價值意識具足的存在。不過，此推論並非從逆覺體證的方式體顯本體所具永恆普遍性之能力，而是直接由上往下直貫的說明，本體之氣本身不僅具有類似唯物的宇宙生化作用，同時亦具備近似唯心的道德價值賦予能力。至此，可以正式提出另一個結論，就是在人文意義上，「盈天地皆氣」與「盈天地皆心」是必然性的合一，因為若只有「盈天地皆氣」而無心性理論的支持，將淪為一自然主義的生化論而無人文精神；相對地，只談「盈天地皆心」而無理氣之架構，此論亦只是一虛空理論而無實踐的可能性。故就其個別作用分析，「盈天地皆氣」是就本體氣化立場的整體性而言，是有其具體實踐義的；而「盈天地皆心」則是散殊者無非一心的活潑生命之呈現，因此回到人文生命的立場來看，此活潑生命的各種面貌必須真實體會才是真切，所以散殊者無非一心之呈現，就必須發用於氣化流行之上，使之能具體體證，如此才能對自我的生命有所提升與尊重，並達到儒家天人合一之境界。

根據上述推論，筆者認為宗羲「盈天地皆氣」與「盈天地皆心」不僅不是矛盾的存在，更是同質異層的必然性合一。所謂的同質，是指兩個系統皆

冊一，頁148。

〔註359〕　（明）黃宗羲：《明儒學案》，卷二十二，〈江右王門學案七〉，「憲使胡廬山先生直」（《黃宗羲全集》增訂版），冊七，頁593。

〔註360〕　（明）黃宗羲：《南雷文案》，卷三，〈與友人論學書〉（《黃宗羲全集》增訂版），冊十，頁152。

〔註361〕　（明）黃宗羲：《明儒學案》，卷三，〈崇仁學案三〉，「恭簡魏莊渠先生校」（《黃宗羲全集》增訂版），冊七，頁42。

本於一「氣」所構成；而所謂的異層，則是指兩個系統各自有其作用而互異。所以事實上，「盈天地皆氣」與「盈天地皆心」是必然地並行而不悖的合一作用，因爲「盈天地皆氣」建構了現實具體之宇宙世界，並包含了人類社會之建立，而「盈天地皆心」則是賦予了現實世界人文價值意義，使人類的社會成爲一倫理的大同世界。所以綜合來看，就形式結構而言，「盈天地皆氣」與「盈天地皆心」之作用雖爲機械式的比對，但通過人心乃一氣之流行的中間環節，自然能將「盈天地皆心」轉換至「盈天地皆氣」的立場，而完成了形式結構上的合一。若就人文意義而言，本體氣化之流行世界，藉由人心價值賦予而成爲有意義的人倫世界，又是二者在現實人文精神上的合一。簡言之，「盈天地皆氣」乃「盈天地皆心」的基礎與前提，而「盈天地皆心」則充塞了「盈天地皆氣」的內涵與價值，二者是合一的狀態；其目的在於使道德本體有了形上理論根基，並能具體落實爲形下道德實踐。此正說明了宗羲氣論思想是徹上徹下圓融無礙的理論模型；其避免了朱學主張理本氣末、理在氣先的理氣二分之說後，所造成理管不住氣的矛盾之論外；亦針對王學以心之良知統攝氣，即以「心」爲萬物存在之本體而「氣」只是萬物之生化基礎，實爲二分的理論，提供其無法解釋氣由何而來疑問的答案。因此，筆者再次認爲宗羲在氣本一的立場下，「盈天地皆氣」提供了心性論的基礎架構，而「盈天地皆心」則爲其理氣觀下貫至人身上具體生命的落實，是理氣觀與心性論的結合，是「盈天地皆氣、皆心」的同時並存。對此結論，劉又銘先生亦有相同的觀點。其云：

> 宋明清氣本論初步可以分成兩類共計三型。第一類暫且稱爲「神聖氣本論」，〔註362〕它又包括以下的兩型。第一型以王夫之爲代表，它在氣本論間架中含攝著理本論的觀點，等於跟理本論相容相結合。第二型以劉宗周、黃宗羲爲代表，它用氣本論間架發揮心本論

〔註362〕劉又銘先生所謂的氣本論第二類，是其型態、理路較爲單純素樸，屬於氣本論中的基本型態或純粹型態之「自然氣本論」；以羅欽順、王廷相、吳廷翰、戴震等人爲代表。其中做爲本原、本體之氣，是一種價值蘊藏潛在混沌素樸生機中的自然主義意味的元氣，而本心與本性基於此自然元氣亦是混沌素樸僅具有限度的道德直覺，不過卻可逐步開發朝向美善的本心與本性。據此，劉先生指出「自然氣本論」雖此「神聖氣本論」更具唯物主義色彩，但實質上並不能等同唯物主義。（〈宋明清氣本論研究的若干問題〉，收入楊儒賓、祝平次編《儒學的氣論與工夫論》，臺北：國立臺灣大學出版中心，2005 年 9 月初版，頁 206～頁 210。）

的觀點，等於跟心本論相容相結合。

這一類氣本論跟程朱理本論或陸王心性論緊密地相容、相結合。它所謂的元氣本體，跟理本論的理本體以及心本論的心本體一樣，都可以看作是一種價值滿盈的「神聖本體」。事實上，這元氣本體是跟理本體或心本體融貫為一的。也就是說，那做為本原、本體的元氣，必須理解為一種神聖圓滿的「全氣是理（理本論所謂的理）」或「全氣是心（心本論所謂的心）」的神聖元氣。當然，基於如此神聖元氣而來的本心、本性便也就是神聖圓滿、不假外求的本心、本性了。〔註363〕

劉先生此處明確指出宗羲的理論架構，是用「氣本論間架發揮心本論的觀點」，是元氣本體與心本體的融貫為一。對此，筆者亦認為宗羲的理氣與心性之關係，不僅是完全一致的，更認為宗羲的「心性論是其理氣觀的延伸」，即宗羲所直言「在天為氣者，在人為心；在天為理者，在人為性。理氣如是，則心性亦如是，決無異也。」所以宗羲雖曾主張「人心之理，即天地萬物之理，非二也。」以「心」具主宰義，但推究其最根本處，宗羲還是以「人心為氣所聚」的論點，主張此心仍是由本體之氣下貫於人身上者，明顯是以「氣」為首出，而非以「心」為天地萬物之根柢。對此結論，其實王俊彥先生亦曾從氣之實然層面角度切入討論（參考本章第四節第三點氣理心性之合一觀），表示在人倫日用中，其循環無端之創生作用是「心」，而此心之不變的道德本質是「性」；其中此心與性乃本體之氣化流行不已之氣及其內在氣之理所下貫而成，完全是「理氣觀下貫為心性論」〔註364〕之理路。因此，樓宇烈先生更是明白表示：

黃宗羲心性說上的心一元論，正是從理氣說上的氣一元論推演而來的。……這就是說，心性的關係與理氣的關係是對應而一致的。既然「理為氣之理」，「離氣無所為理」，那末相應地也應當是「性為心之性」，「離心無所為性」。由此可見，黃宗羲所講的心，是指稟氣而生的心。……而他所謂的性，則是指心體的「流行而有條理者，即

〔註363〕劉又銘：〈宋明清氣本論研究的若干問題〉，收入楊儒賓、祝平次編《儒學的氣論與工夫論》，臺北：國立臺灣大學出版中心，2005年9月初版，頁206。

〔註364〕王俊彥：〈陳確的性善論與明清氣學〉，收入中國文化大學中國文學系主編《發皇華語·涵詠文學——中國文化暨華語文教學學術研討會論文集》（臺北：文津出版社有限公司，2009年12月初版），頁126。

性也。」……他還認爲，理不可見，而見之於氣，同樣，性不可見，而見之於心。於是，他得出一個結論說：「心即氣也。」

黃宗羲的這個命題，使得他的心一元論，與王陽明以「心即理」爲主題的心學理論有了根本的區別。這是他在心性說中徹底推演氣一元論理論的結果。〔註365〕

至此再做進一步推論。就是無論從形式結構或人文意義來分析，「盈天地皆氣」與「盈天地皆心」是必然在「氣本一也」的基礎上圓融合一。不過細究其中，可以發現這兩大系統雖是同質異層的合一，但此同質不僅是指兩系統皆本一「氣」而已，更是說明透過此宇宙本體義之「氣」將理氣觀的理論模型下貫延伸爲其心性論的具體實踐，使「盈天地皆氣、皆心」以及理論與實踐，藉由「氣」之貫穿而合一，明顯是將其氣一元論的主張徹底推演至心性論之結果。因此，相對而言，第一，「盈天地皆氣」與「盈天地皆心」是圓融的合一；第二，「盈天地皆心」是在「盈天地皆氣」的架構上發展。所以由此可知「盈天地皆氣」既是與「盈天地皆心」的通貫無礙，又是「盈天地皆心」發展的基礎架構，於是凸顯出「盈天地皆氣」其實即是「氣本一也」之概念，是宇宙本體義的存在，明確是「氣本論」思想的發揮。對此結論，就不得不與牟宗三先生的論點做一討論，牟先生曾表示宗羲對儒家天命流行之體是有所誤解的，其云：

彼（宗羲）所謂「流行之體」是指實然之氣化本身說，此非宋儒所說「天命於穆不已」之「流行之體」，亦非王學良知周流遍潤之「流行之體」。……「流行之體」一詞本由言於穆不已之體與良知本體而來，本直指於穆不已之體與良知本體而說，而如此說之流行之體其本身即是體，即是紀，即是則，即是主宰，並非指氣化之事變說，須待就事變之流行中見其有則，于變易中見不易也。黃梨洲習而不察，忘其初矣。若如梨洲所說，則「流行之體」並非是體，而不易之則、主宰歷然、方是體也。此是對于「流行之體」之誤解，故亦轉移論點爲于變易中見不易也。……其（宗羲）視心爲氣，既已無異于朱子矣，而于理則又完全喪失其超越之意義，如此言理氣爲「一

〔註365〕樓宇烈：〈黃宗羲心性說述評〉，收入吳光主編《黃宗羲──國際黃宗羲學術討論會論文集》（杭州：浙江古籍出版社，1987 年 12 月第 1 版第 1 次印刷），頁 177。

物而兩名」，「只有氣更無理，所謂理者，以氣自有條理，故立此名」，
此則純成爲自然主義實然之平鋪，不幾成爲唯氣論乎？〔註366〕
牟先生認爲儒家「天命流行之體」，是就「於穆不已之體」與「良知本體」而
言，本身已是心、性、天合一的宇宙本體論者，故此「天命流行之體」即「於
穆不已」的宇宙與道德創生之實體。所以牟先生認爲宗羲不了解此天命流行
之義，錯認從實然氣化流行之中見其不易之則，才是本體，才是主宰，完全
是誤解儒家流行之體的「於穆不已」之創生義，而轉移論點改由至變的流行
之體中見不變的貞一之則，並進一步認爲能見此氣化流行之則、之主宰，「便
是正命。」〔註367〕故牟先生以宗羲「深造的結果只是『氣之自爲主宰』，則其
對于『於穆不已』之『天命流行之體』無所解甚顯，難怪其自氣化之事而言
也。」〔註368〕即明確指出宗羲是就實然之氣化流行層面言氣之主宰義，而認
定宗羲之理論「不幾成爲唯氣論乎？」然而，筆者認爲在牟先生的研究基礎
上，其實隱含了兩個論點。第一是有關宗羲唯氣論之張；第二則是宗羲在氣
化層言理，而成爲自然主義之實然平鋪的觀點。

首先就第一點，牟先生評宗羲「不幾成唯氣論」之主張來討論。牟先生
有云：

> 梨洲論理氣之態度，「氣自有條理」，「氣自爲主宰」，出之以自然主
> 義之講法，理爲虛名，則「理與氣一」可爲全稱命題，然將此方式
> 應用于心性，一條鞭地視心爲氣，以心氣之中氣說性，則在此處說
> 「心與理一」，此語卻並非全稱命題。是則「理與氣一」與「心與理
> 一」，即在梨洲，亦不能爲同義語也。而梨洲混而同之，轉相借證，
> 遂並「心即理」、「心與理一」之本義亦喪失矣。〔註369〕

〔註366〕牟宗三：《心體與性體》，冊二，〈黃宗羲對于「天命流行之體」之誤解〉，頁
118。

〔註367〕（明）黃宗羲「流行者雖是不齊，而主宰一定，死忠死孝，當死而死，不失
天則之自然，便是正命。若一毫私意於其間，舍義而趨生，非道而富貴，殺
不辜，行不義，而得天下，汨沒於流行之中，不知主宰爲何物，自絕於天，
此世人所以不知命也。」（《孟子師說》，卷五，〈人有言章〉，《黃宗羲全集》
增訂版，冊一，頁124。）

〔註368〕牟宗三：《心體與性體》，冊二，〈黃宗羲對于「天命流行之體」之誤解〉，頁
122。

〔註369〕牟宗三：《心體與性體》，冊二，〈黃宗羲對于「天命流行之體」之誤解〉，頁
134。

牟先生指出宗羲乃「唯氣論」者，認為宗羲不僅將理氣關係視為全稱命題的本體結構，並將此理氣架構應用於心性關係上，使心性之作用成為理氣作用的延伸而與之合一，即「一條鞭地視心為氣，以心氣之中氣說性」，使「心與理一」不只非全稱命題，而「理與氣一」與「心與理一」亦非同義語也。然而牟先生此番評論，完全反顯出宗羲是主張氣一元論的氣本論者，其「一條鞭地視心為氣，以心氣之中氣說性」，實際上即是將形上氣本體及其內在氣之理「下貫」至人身上而為心性的不同角度之說法，兩種解說的內涵可謂相當一致。至於「理與氣一」與「心與理（性）一」，在宗羲的思路中本是「同質異層」的存在，所以「理氣」與「心性」就意義層面而言，一是生成結構面立論，一是價值賦予面立論，兩者各有其層面當然「不能為同義語也」；不過兩者卻又是同質並存，以理氣架構建立心性關係，又是理氣心性的混同合一，自然地「心與理一」只是「理與氣一」的延伸而「非全稱命題」。至此可以得到一個結論，就是牟先生對宗羲唯氣論的批評，正好反顯了宗羲確實是主張「氣」論的；換言之，其評論反而證明了宗羲是以理氣「下貫」為心性之主張，以及理氣與心性為「同質異層」之存在。可見宗羲氣論的特色，在牟先生的評論中，其實已經明顯的標示出以「理與氣一」取代「心與性一」之本體位階了。

　　第二，再就宗羲由至變氣化流行之中見不變之則的觀點來討論，是否即牟先生所言自然主義實然之平鋪的氣論。其云：

> 經驗主義也可以就變化之經驗現象講出一點不變之則，自然主義也可以就自然現象之變化講出一自然的不變之則，唯物主義也可以就物質現象之變化講出一物理的不變之則。但這些不變之則都不一定真能稱得起「不變之則」之名，……「不變之則」必須有一超越的規定。經驗主義、自然主義、唯物主義那些講法都是無濟于事的。黃黎洲以至變之氣為首出……所謂于至變之中見不變，只是見出「氣自為主宰」，「氣自有條理」。而所謂「氣自為主宰」，「氣自有條理」，只是「消息盈虛，春之後必夏，秋之後必冬，人不轉而為物，物不轉而為人，草不移而為木，木不移而為草」。此即至變之氣之不變的定則。是則此種不變之則，實只是自然主義之講法。……此只是自然的實然之相，並不是超越的所以然之理。是則大失傳統的正宗儒家所言之道德的、形上的、超越的天理之意義。〔註370〕

〔註370〕牟宗三：《心體與性體》，冊二，〈黃宗羲對于「天命流行之體」之誤解〉，頁

宗羲認為「主宰不在流行之外，即流行之有條理者。自其變者而觀之謂之流行，自其不變者而觀之謂之主宰。」〔註371〕即主張不變之主宰在至變的流行之中；然此主張確實無法證明宗羲不是由形下實然層面言「氣」及其「氣之理」，加上眼前現實之世界明顯由實然之氣依其內在不變的氣之理以生成，亦無充分條件推理此實然層本形上之本體所發動作用；至此，完全符合牟先生由實然氣化層言宗羲的理氣關係乃自然主義之平鋪，即是由現實的自然現象中（如四時之轉移）推得自然界之法則。此觀點不僅導致宗羲之「氣」及其「氣之理」成為只存在於形下之位階者，更使其「氣」不具傳統儒家道德的、形上的、超越的天理本體者，而淪為自然主義之氣論。

　　然而，筆者對於此觀點則有不同的看法，此處可分三點來分析。

　　（一）就宗羲的理氣架構來分析。宗羲在「氣本一也」的立場上，主張形上本體之氣依其內在形上氣之理以生化形下萬有形氣之物，而形下萬有形氣之物中亦有形上氣之理所下貫的形氣之理，是形上形下兼備的氣本論；但牟先生卻不明瞭宗羲思路中有「本體之氣」的存在，只認為宗羲僅在實然層言理氣關係，而無形上本體義。對此，宗羲曾言：「盈天地間皆氣也，其在人心，一氣之流行，誠通誠復，自然分為喜怒哀樂。仁義禮智之名，因此而起者也，不待安排品節，自能不過其則，即中和也。此生而有之，人人如是，所以謂之性善，即不無過不及之差，而性體原自周流，不害其為中和之德。」〔註372〕此處明顯可見宗羲之「氣」除了有生化能力之外，更重要的是宗羲指出人情上的喜怒哀樂，道德上的仁義禮智，以及人性之善，莫不由「本體之氣」作用下貫於人身上而為心性，並提供了喜怒哀樂、仁義禮智、人性之善的形上根本本源處，此證明了宗羲之「氣」是確實具有形上的道德義與超越義。而且加上牟先生所引宗羲「消息盈虛，春之後必夏，……木不移而為草。」之引文，其實並未完全引用全文而是有所節錄，宗羲本所言：

> 蓋大化流行，不舍晝夜，無有止息。此自其變者而觀之，氣也；消
> 息盈虛，春之後必夏，秋之後必冬，人不轉而為物，物不轉而為人，
> 草不移而為木，木不移而為草，萬古如斯，此自其不變者而觀之，

231。

〔註371〕（明）黃宗羲：《盈子師說》，卷二，〈浩然章〉（《黃宗羲全集》增訂版），冊一，頁61。

〔註372〕（明）黃宗羲：《明儒學案》，卷六十二，〈蕺山學案〉，「忠端劉念臺先生宗周」（《黃宗羲全集》增訂版），冊八，頁890。

> 理也。在人亦然，其變者，喜怒哀樂、已發未發、一動一靜、循環
> 無端者，心也；其不變者，惻隱、羞惡、辭讓、是非，梏之反覆，
> 萌蘗發見者，性也。儒者之道，從至變之中以得其不變者，而後心
> 與理一。〔註373〕

宗羲此「從至變之中以得其不變者」之言，乍見之下頗有自然主義之平鋪；
但細究宗羲之思路可明確得知，宗羲確實將心性之關係建立在理氣觀的架構
上，其中循環無端之心以及惻隱羞惡辭讓是非不變之性體，無論就結構形式
或本體本源處而言，莫不由形上氣本體所下貫。若此「氣」及其「氣之理」
真如牟先生所言是實然層之平鋪，並以此類推至心性作用，如此，則馬上產
生一疑問，即以自然主義之理氣觀用以支撐架構心性之存在，雖然勉強可以
成立，但事實上卻有無法提供此心性所依形上本源處的缺憾。由此可見，宗
羲之「氣」絕不可以自然主義立場視之，而是必須由本體角度討論此「氣」
的形上本體地位，即此「氣」爲形上本體的存在。

　　（二）再就此「不變之則」的「氣之理」是否爲超越義之「理」來分析。
透過第三章第二節中「天地不能無愆陽伏陰之理」的推論可知，宗羲以爲「有
時冬而暑，夏而寒，是爲愆陽伏陰，失其本然之理矣。失其本然，便不可名
之爲理也。」〔註374〕明確提出氣化流行的愆陽伏陰，是失其本然而不可爲「理」
者；但宗羲有時卻又認爲「氣之有過不及，亦是理之當然。」〔註375〕「天地
不能無愆陽伏陰之寒暑，而萬古此多寒夏暑之常道，則一定之理也。」〔註376〕
而提出異於上述觀點的氣化流行過與不及或愆陽伏陰，其實亦是「理之當
然」。此矛盾處正凸顯出在宗羲的理氣結構中，「氣」不僅分形上與形下，而
「理」亦分形上與形下。其因在於就實然層面而言，從實然氣化中所得不變
之則，雖是不變之理，但此理即牟先生所謂自然主義之「理」，並無超越義，
相對而言，此氣化流行出現了過與不及的愆陽伏陰現象，當然更不可謂之
「理」；但若跳脫實然氣化層面而言，宗羲認爲氣之過不及與愆陽伏陰之現象

〔註373〕（明）黃宗羲：《明儒學案》，卷二，〈崇仁學案二〉，「文敬胡敬齋先生居仁」
　　　　（《黃宗羲全集》增訂版），冊七，頁22。
〔註374〕（明）黃宗羲：《明儒學案》，卷二十九，〈北方王門學案〉，「侍郎楊晉菴先生
　　　　東明」（《黃宗羲全集》增訂版），冊七，頁756。
〔註375〕（明）黃宗羲：《明儒學案》，卷三，〈崇仁學案三〉，「恭簡魏莊渠先生校」（《黃
　　　　宗羲全集》增訂版），冊七，頁42。
〔註376〕（明）黃宗羲：《明儒學案》，卷二十九，〈北方王門學案〉，「侍郎楊晉菴先生
　　　　東明」（《黃宗羲全集》增訂版），冊七，頁756。

其實就是「理」的一種規律性表現，即已非從自然現實層面所見之理則，此時之「理」已提升至具超越義之理者，而能包含現實規律之理與惡陽伏陰之理，成為形上位階之「理」。因此，可以得到一個結論，就是宗羲所謂的「理」其實包括了實然層無超越義之理（屬形下層），亦包含了一種超越現象規律的原則性之理（屬形上層），由此可見宗羲之「理」如同其「氣」是通貫形上下無間的，絕非自然主義之平鋪。

不過，筆者以為此推論還必須換個角度來分析，就是進一步再從邏輯上繼續推理，「惡陽伏陰」之失理亦是理之規律，其實亦另是一種自然主義的推論，即「惡陽伏陰」的失理現象，經長期的觀察，本身的變化其實符合自然現象中理之變化的規律，如此，上述由「惡陽伏陰」立場推得「理」具超越義之結論將無法成立。故筆者以為，若就第一層「惡陽伏陰」立場推理而言，「惡陽伏陰亦是理之當然」，則此「理之當然」者本身必須是形上位階之理者，而能包含形下實然之理與形上超越之理，是偏重「理之當然」的立場來分析，所以能證明此「理」是形上位階的存在。但若繼續從邏輯上推理而言，「惡陽伏陰亦是理之當然」，即是失理亦在理中之思路，使全部的過程現象仍是發生在自然現象之「理」中，而仍是自然主義之平鋪，即偏重「惡陽伏陰亦是理之當然」的立場來分析，於是依舊無法證明此「理」之超越性。然而筆者提出此相互矛盾的推論，其目的僅是為了證明宗羲之「理」在「不變之則」的立場上分析，是有成為形上超越義之可能，即有機會脫離牟先生所謂自然主義之理的思想模式，而成為本體之氣中的「氣之理」者。

（三）、最後再由儒家的形上道德義來分析。經由上述第一點分析可知，宗羲之「氣」是支撐心性架構並提供心性形上本源之基礎者，故其心性才能作用發揮惻隱、羞惡、辭讓、是非之性體，可見宗羲之「氣」是有形上道德意義的存在，是隱含於氣中。而此結論正好回歸本節所討論「盈天地皆氣」與「盈天地皆心」的命題，因為在「氣本一也」的基礎上，「盈天地皆氣」不僅創生宇宙世界亦建立了心性之架構，而「盈天地皆心」則賦予了「盈天地皆氣」的人文道德價值，使「盈天地皆氣」不再是唯物的客觀建構者，亦使「盈天地皆心」不是唯心的主觀認定而已；因此，宗羲的「盈天地皆氣、皆心」的結合，不僅具備了儒家形上超越的道德義外，亦同時具備了形下道德實踐能力。然此正凸顯了宗羲之氣論是「宇宙本體論」的存有，是可以創造宇宙世界並賦予人文精神的圓融理論。

　　總而言之，綜合前述的推論，可以得出三點結論：

　　第一，宗羲「盈天地皆氣」其實具有兩層意義。就第一層意義而言，宗羲「盈天地皆氣」是本體意義的存在，其不僅創造宇宙世界的輪廓與架構外，並賦予了此宇宙世界所以運行之理，是等同於「通天地，互古今，無非一氣而已。氣本一也。」〔註377〕的概念，可見「盈天地皆氣」是形上之本體義者，是宗羲思想理論的基礎。若就第二層意義而言，「盈天地皆氣」之作用，僅是將其理氣模式結構下貫成為心性之架構而已，在此同時「盈天地皆氣」亦提供「盈天地皆心」的道德心性之理論根基，並依其內在之「氣」及其「氣之理」的轉換，將「盈天地皆心」的人文精神賦予「盈天地皆氣」的架構上，使二者之關係，是「盈天地皆氣」提供「盈天地皆心」之基礎架構，而「盈天地皆心」則充實「盈天地皆氣」的道德意涵，讓彼此不至淪為一虛空理論而無理論基礎與實踐能力，所以二者又是「同質異層」的存在。簡言之，宗羲的「盈天地皆氣」不僅是與「盈天地皆心」圓融合一，更是宇宙本體論意義的存在，此證明了宗羲思想理路是形上形下具備的完整「氣本論」主張。

　　第二，「盈天地皆氣」與「盈天地皆心」的圓融合一，除了是「氣本論」發展的必然結果外，更凸顯了宗羲的「氣本論」是有其完整性，即在「氣本一也」的立場下，其理氣觀延伸成為心性論的基礎，但二者絕非單純機械式合一；因為透過前述推論可知，形上氣本體提供了形下心性的道德本源基礎，而此道德的心性又需藉由理氣之作用得以實踐，二者是形式結構的合一，亦是作用的合一。其中合一的關鍵即在於「氣」，透過此氣完成了「盈天地皆氣、皆心」的結合，亦完成了「理氣心性之合一」。〔註378〕換言之，在「氣本一也」

〔註377〕　（明）黃宗羲：《宋元學案》，卷十二，〈濂溪學案下〉，附「梨洲太極圖講義」（《黃宗羲全集》增訂版），冊三，頁609。

〔註378〕　此處所言及「盈天地皆氣」與「盈天地皆心」的圓融合一中，其實隱含了「理氣心性合一」之觀點。對於此論，吳光先生亦有相類似的推論過程與結論，其指出「他（宗羲）在這裏是企圖克服前人在自然觀與社會倫理觀方面存在的理論矛盾而提出了『心性理氣』統一論的觀點。這是一種新的理論嘗試，即力圖運用唯物主義理氣統一觀去解釋社會歷史問題的嘗試，也可以說是人類理論思維的一個進步。但可惜不是成功的嘗試。……況且他還犯了將心性關係與氣理關係作機械比附的錯誤。」（《儒道論述‧黃宗羲與清代學術》，臺北：東大圖書股份有限公司，1994年6月初版，頁220。）此處在吳先生的研究成果上，再作兩方面的討論。第一，吳先生認為宗羲是為了克服前人在自然觀與社會倫理觀雙方必然存在的矛盾，而提出「心性理氣統一論」的解決之道；然此推論過程正好凸顯了宗羲確實是將「盈天地皆氣」的自然觀與

的立場下，「盈天地皆氣」絕非自然主義之平鋪，其包含了「盈天地皆心」所賦予的人文精神，即二者在形式與作用上，皆是必然性的合一。

第三，最後再單純就「盈天地皆氣」與「盈天地皆心」的各自立場來看，其實之所以造成這兩個矛盾對立的主張，完全在於研究方法使用上的不同所造成的結果，即偏重唯心或唯物的分析。其實在宗羲的思想中，「盈天地皆氣」與「盈天地皆心」本是合一而論，是符合中國傳統儒學的思想體系，即同時具備理論基礎架構及實踐作用能力者。如此圓融無礙的重知亦重行的「知行合一」觀，才能回歸中國傳統儒學的圓融合一，而非唯心或唯物所能分解。對此論點，程志華先生亦有相類似的主張，其表示：

> 長期以來，在西方哲學的語境下，學者曾對其（指「盈天地皆氣」與「盈天地皆心」兩個命題）進行過唯物擬或是唯心的分析。這樣分析的結果，這兩個命題間存在著無論如何也無法圓融的二律背反。〔註379〕

此處明顯亦是主張擺脫西方哲學唯物與唯心的語境，即恢復中國哲學固有的「本土化理解」〔註380〕來重新解釋宗羲思想體系。不過，此處必須要說明一點，宗羲「盈天地皆氣」與「盈天地皆心」的結合，雖是真正傳統儒學本意，但並不表示筆者反對唯心或唯物的研究法，因為此研究法確實能針對其所研究的範圍做精準的分析，但此分析的結果其實並不一定符合中國傳統的圓融

「盈天地皆心」的社會倫理觀作圓融合一，而且是合一於「理氣心性統一論」之下；可見宗羲在其哲學上的成就之一，即「創立了理氣心性統一論」（同上，P218）。第二，吳先生又認為宗羲是運用唯物主義的理氣統一觀去解釋社會歷史問題。然此理論的背後，其實亦包含了藉由理氣架構來解釋道德心性的思路，即將其理氣觀延伸至心性論的正確結論；不過，對於將宗羲心性與理氣關係乃機械式比附的觀點，筆者以為這是由於吳先生採用唯物的研究法去分析宗羲理氣的關係與屬性，其研究成果是可以準確掌握宗羲的理氣觀，但卻不可以此為宗羲思想的最終結論；因為中國傳統儒學是主張圓融合一的思想體系，是理論與實踐並重，精神與物質並存，故其理氣關係提供了心性關係的基礎結構與本根處，而心性理論又是充塞了理氣架構之精神內涵，彼此是相互依存而非單純機械式比附。

〔註379〕程志華、馮秀軍、楊鳳蘭：〈"自然視界"與意義世界－關於黃宗羲"盈天地皆氣"與"盈天地皆心"關係的新詮〉，《河北大學學報（哲學社會科學版）》，第30卷第5期，2005年，頁39。

〔註380〕程志華、馮秀軍、楊鳳蘭：〈"自然視界"與意義世界－關於黃宗羲"盈天地皆氣"與"盈天地皆心"關係的新詮〉，《河北大學學報（哲學社會科學版）》，第30卷第5期，2005年，頁39。

主張；故筆者以爲唯心或唯物的研究法，雖是可以充實「盈天地皆氣、皆心」主張的內容，但卻不可以此爲結論。簡言之，宗義的思想是「氣本一也」下的「盈天地皆氣」與「盈天地皆心」的圓融合一，而唯心唯物的研究法，只是加強了「盈天地皆氣、皆心」的深度而已，其實並不符合宗義「氣」論圓融無礙的結論。

第五章 工夫所至，即其本體

孔子嘗曰：

　　君子食無求飽，居無求安，敏於事而慎於言，就有道而正焉〔註1〕

又

　　君子欲訥於言，而敏於行。〔註2〕

又

　　君子恥其言而過其行。〔註3〕

孔子這幾話明確以言行是否一致為其標準，作為君子與小人的區分；不過，孔子此處雖非直接探討知與行之關係，但隱約可以看出孔子的知行觀是立足在「道德」立場上，是以道德意識與道德實踐為知行關係的內容。所以儒家的知行觀，雖有荀子理性知識的探求，即其所云：

　　心有徵知，徵知，則緣耳而知聲可也，緣目而知形可也；然而徵知必將待天官之當簿其類，然後可以也。〔註4〕

又

　　不聞不若聞之，聞之不若見之，見之不若知之，知之不若行之。學

〔註1〕　（魏）何晏注、（宋）邢昺疏：《論語注疏》，卷一，〈學而第一〉（《十三經注疏》），頁8上。
〔註2〕　（魏）何晏注、（宋）邢昺疏：《論語注疏》，卷四，〈里仁第四〉（《十三經注疏》），頁5下。
〔註3〕　（魏）何晏注、（宋）邢昺疏：《論語注疏》，卷十四，〈憲問第十四〉（《十三經注疏》），頁12上。
〔註4〕　（周）荀況撰、（唐）楊倞注、（清）王先謙集解：《荀子集解》，卷十六，〈正名篇〉第二十二（臺北：世界書局，1970年10月4版），頁277。

至於行之而止矣。行之，明也，明之爲聖人。聖人也者，本仁義，

當是非，齊言行，不失毫釐，無它道焉，已乎行之矣。〔註5〕

荀子主張人藉由感官經驗以獲得外在理性知識，並提出在道德仁義之外的知識論上之知行合一；但儒家畢竟是強調入世精神的，其由格、致到修、齊、治、平的八條目過程明顯從理性知識層面轉入道德範圍，而完成了由明明德至止於至善的目標。因此，儒家的知行觀，實際上包含了理性知識探求與道德修養實踐兩部分，而且在儒家入世精神之下，更偏重道德修養，故使其在實現層面上產生道德意識之知與道德實踐之行的知行問題。所以身爲儒學的傳承者，宗羲對此知行觀勢必有所主張；故本章首先確立宗羲「格物致知」之義，並探討其「工夫所至，即其本體」與知行觀之關係；之後再進一步分析宗羲道德實踐上的成德工夫；最後轉入討論宗羲對宋明理學之傳承與開展。

第一節　黃宗羲之「格物、致知」義

一、由知先行後到知行合一

知行之關係一直是儒家學說中重要的問題之一，其重要之因在於儒家知行觀已由知識層面轉入道德修養層面，再加上達道成聖又正是儒者的最終目標；所以知行之關係於是分別成爲道德意識與道德實踐兩個領域。其中儒者莫不希望透過知與行兩個領域的結合，由內聖以至外王。因此，知行問題很早就成爲儒學所討論的重要命題，例如早在《尚書》：「非知之艱，行之惟艱。」〔註6〕與《左傳》：「非知之實難，將在行之。」〔註7〕即提出了「知易行難」的知行觀點；不過此處筆者要特別說明一點，所謂知易行難以「行」比「知」更加困難實現的觀點，並不表示儒家不重視「行」，反而是凸顯了儒家其實是更重視「行」的實踐義；所以換一角度來看，「知易行難」中其實已隱含了知行並重的觀念。因此，孟子又接著表示：

〔註5〕　（周）荀況撰、（唐）楊倞注、（清）王先謙集解：《荀子集解》，卷四，〈儒效篇〉第八，頁90。

〔註6〕　（漢）孔安國傳、（唐）孔穎達等正義：《尚書正義》，卷第十，〈說命中〉（《十三經注疏》），頁6上。

〔註7〕　（晉）杜預注、（唐）孔穎達等正義：《春秋左傳正義》，卷第四十五，〈昭公十年〉（《十三經注疏》），頁15下。

> 惻隱之心，仁之端也；羞惡之心，義之端也；辭讓之心，禮之端也；
> 是非之心，知之端也。人之有是四端也，猶其有四體也；有是四端
> 而自謂不能者，自賊者也；……凡有四端於我者，知皆擴而充之矣，
> 若火之始然，泉之始達。苟能充之，足以保四海；苟不充之，不足
> 以事父母。〔註8〕

孟子此言明確包含了三個觀點。第一，人之「有是四端而自謂不能者，自賊者也。」即說明從先天性善的角度而言，人有惻隱、羞惡、辭讓、是非之心等良知良能，乃人本先天所固有，且自能發為仁義禮智之道德行為，即無有不能自我實踐良知良能者，所以「自謂不能者」，則將「自賊者也」；此過程明顯是就知行合一的立場上討論。第二，孟子為了保證四端之心能徹底實現為道德行為，於是提出了「擴而充之」的修養工夫，使人所具備的仁義禮智等道德，完全由內在本具的四端之心擴充發展而來；換言之，其目的可謂是在能知必能行的前提下，避免了現實層面無法完成道德實踐的障礙。第三，無論是就第一點知行合一的立場而言，或從第二點擴而充之的修養工夫立論，其實皆可以發現孟子知行觀之目的，是將天賦的道德意識具體落實為道德實踐，明顯是道德上的知行合一。據此，可以得到一個結論，即是孟子一方面主張能知必能行，另一方面又認為此知與行的關係其實就是道德意識與道德實踐之關係。然此觀點亦一直延續至宋明理學而持續發展。宋代程頤繼承了張載的思路，〔註9〕將「知」區分為「聞見之知」與「德性之知」，即以為藉由耳目等感官「物交」學習所得之知識為「聞見之知」；而超越耳目見聞與生俱來之認知則為「德性之知」。至於知與行之關係，程頤更進一步提出了「知先行後」的主張。其云：

> 聞見之知，非德性之知，物交物則知之，非內也，今所謂博物多能
> 者是也。德性之知，不假見聞。〔註10〕

又

> 人力行，先須要知。非特行難，知亦難也。《書》曰：「知之非難，

〔註8〕　（漢）趙岐注、（宋）孫奭疏：《孟子注疏》，卷第三下，〈公孫丑章句上〉（《十三經注疏》），頁7上。

〔註9〕　張載：「見聞之知，乃物交而知，非德性所知。德性所知，不萌於見聞。」（《正蒙·大心》。《張子全書》，卷二，頁21上。）

〔註10〕　（宋）程顥、程頤：《河南程氏遺書》，卷第二十五，「伊川先生語十一」（《二程集》），冊上，頁317。

行之惟難。」此固是也，然知之亦自艱。譬如人欲往京師，必知是
出那門、行那路，然後可往。如不知，雖有欲往之心，其將何之？
　　自古非無美材能力行者，然鮮能明道，以此見知之亦難也。〔註11〕

此處無論是就「德性之知」或「聞見之知」來看，程頤皆明確指出「知」先
於「行」而存在，其因爲何呢？第一，程頤認爲德性之知乃人內在本具超越
感官之存有，是「不假見聞」而帶有先驗論色彩之「知」；換言之，此德性之
知爲人所固有，是原無欠缺的自滿自足者，故不須外求且先一步存在於道德
實踐之前。第二，至於聞見之知，程頤亦明白表示「人力行，先須要知」，並
舉例以爲人欲往京師之前，必先認識了解前往京師的交通道路資訊，否則，
將永遠只有欲前往之心卻永遠無法到達目的地；據此，程頤以爲不只是「行」
難，其實「知」亦難。故綜合上述兩點可知，程頤之所以提出「知先行後」
之主張，在於程頤強調「知」的重要性，認爲在工夫論上，「德性之知」是先
驗論的存在而先於道德實踐之前；而在知識論上，「聞見之知」則爲理性知識
指導現實面的實踐行動者，即知識爲行動的基礎；所以無論是德性或聞見二
者之「知」，明顯皆是先於「行」的。不過，就在「知先行後」的前提上，程
頤繼續表示：

　　知至則當至之，知終則當遂終之，須以知爲本。知之深，則行之必
　　至，無有知之而不能行者。知而不能行，只是知得淺。飢而不食烏
　　喙，人不蹈水火，只是知。人爲不善，只爲不知。知至而至之，知
　　幾之事，故可與幾。知終而終之，故可與存義。知至是致知，博學、
　　明辨、審問、慎思，皆致知、知至之事，篤行便是終之。〔註12〕

程頤此處除了繼續說明「知」有「飢而不食烏喙，人不蹈水火」的理性知識
之「聞見之知」，與「人爲不善，只爲不知」的道德仁義之「德性之知」外；
更提出了「知之深則行之必至，無有知之而不能行者」的「知行合一」觀點。
程頤認爲人有知必能行，故學、問、思、辨、行即知行一貫性的表現；換言
之，人之「知」愈明，則「行」之愈果，故在知識論上，人深知鳥喙有毒，
所以飢而不食，是知識上的知行合一；在道德工夫論上，人眞知本然之善性，

〔註11〕　（宋）程顥、程頤：《河南程氏遺書》，卷第十八，「伊川先生語四」(《二程集》)，
　　　　　冊上，頁187。
〔註12〕　（宋）程顥、程頤：《河南程氏遺書》，卷第十五，「伊川先生語一」(《二程集》)，
　　　　　冊上，頁164。

所以必然不會為不善，則是道德上的知行合一。據此，程頤直言：「人既能知見，豈有不能行。」〔註13〕即又明確主張「知行合一」。

　　不過，筆者以為此處必須分析程頤由「知先行後」到「知行合一」的過程，因為此一過程其實包含了兩個步驟但卻為一貫性的並存。第一，程頤以為「知」為一切知識與道德上的根本，所以「知」是「行」的基礎，「行」必遵循「知」而實踐，是「知先行後」的步驟；第二，一旦人具有「知」的同時，相對地在同時之間亦同時具備了「行」之能力，即能知必能行，故「學者須是真知，纔知得是，便泰然行將去也」〔註14〕的「知行合一」步驟。由此可見程頤雖主張「知先行後」，使「知」與「行」在作用層面上彷彿產生了時間次序上的差距而與「知行合一」觀有所矛盾。其實不然，因為若深一層探究，則可以發現程頤的知與行其實是一貫性的合一，就是在「知」的同時亦即是「行」的當下，故上述兩個步驟其實只是一事而已，惟有能達到此合一者，才是「真知」。對於此觀點，宗羲亦確實明瞭程頤此深一層面的意義。故宗羲直云：

　　　　伊川先生已有「知行合一」之言矣。〔註15〕

此言正凸顯出宗羲確實能夠掌握程頤知行觀之關鍵處。詳言之，宗羲贊同程頤「知行合一」的主張，在於其能夠深刻了解程頤知與行有內在的一貫性，即將「知先行後」同時轉化為「知行合一」，於是宗羲正式提出了程頤已有「知行合一」之觀點；然此即說明了宗羲的知行觀應與程頤的思路相接近，否則宗羲不可能在不明瞭程頤此深一層的知行意義下，卻有辦法表示程頤已有「知行合一」之言。不過對於此論，馬上又產生一個疑問，就是宗羲的知行觀是否因此繼承程頤思路而來，其實答案並非如此單純。此處先從宗羲對程朱與陸王的評論來分析，再回頭對照宗羲的知行觀。宗羲有云：

　　　　先生（陸九淵）之學，以尊德性為宗，謂：「先立乎其大，而後天之所以與我者，不為小者所奪。夫苟本體不明，而徒致功于外索，是

〔註13〕　（宋）程顥、程頤：《河南程氏遺書》，卷第十七，「伊川先生語三」（《二程集》），冊上，頁181。

〔註14〕　（宋）程顥、程頤：《河南程氏遺書》，卷第十八，「伊川先生語四」（《二程集》），冊上，頁188。

〔註15〕　（明）黃宗羲：《宋元學案》，卷十五，〈伊川學案上〉，「正公程伊川先生頤」語錄案語（《黃宗羲全集》增訂版），冊三，頁728。

無源之水也。」同時紫陽〔註16〕之學，則以道問學爲主，謂：「格物窮理，乃吾人入聖之階梯。夫苟信心自是，而惟從事于覃思，是師心之用也。」〔註17〕

宗羲對於尊德性與道問學〔註18〕的分析，認爲所謂尊德性是指先發明本心，即立乎其大者之後，便能不受外物奪其心志，其所重視的是透過心本體的直悟以求得眞知；至於道問學，則是經由外在的泛觀博覽與現實道德實踐的過程，再反身內求性體本然之理，即通過窮理以盡性。可見尊德性與道問學二者對「知」的定義各有偏重。尊德性主張「心即理也；此心無私欲之蔽，即是天理，不須外面添一分。」〔註19〕其所重視的是內心本體之知，以爲理在心上而無心外之理，即由認知心本體著手；而道問學則以「性者，即天理也，萬物稟而受之，無一理之不具。」〔註20〕於是「格物、致知，是極粗底事；『天命之謂性』，是極精底事。但致知、格物，便是那『天命之謂性』底事。」〔註21〕即透過外在工夫以求得本性之天理，所重視的是格物窮理之認知。由此可知二者對「知」的認定是有明顯的差異性；接著，再進一步討論二者的知行觀。朱子云：

夫泛論知行之理，而就一事之中以觀之，則知之爲先，行之爲後，無可疑者。〔註22〕

又

致知、力行，用功不可偏。偏過一邊，則一邊受病。如程子云：「涵養須用敬，進學則在致知。」分明自作兩腳說，但只要分先後輕重。論先後，當以致知爲先；論輕重，當以力行爲重。〔註23〕

〔註16〕 梓材案：「〈朱子學案〉本稱〈紫陽〉，謝山〈序錄〉定爲〈晦翁學案〉。」。(《宋元學案》，卷四十八，〈晦翁學案上〉序案語。《黃宗羲全集》增訂版，冊四，頁816。)

〔註17〕 (明) 黃宗羲：《宋元學案》，卷五十八，〈象山學案〉，「文安陸象山先生九淵」案語 (《黃宗羲全集》增訂版)，冊五，頁278。

〔註18〕 《中庸》：「君子尊德性而道問學，致廣大而盡精微，極高明而道中庸；溫故而知新，敦厚以崇禮。」((宋)朱熹：《中庸章句》，第二十七章。《四書集註》，頁24。)

〔註19〕 (明) 王陽明：《傳習錄》，上 (《王陽明全書》)，頁2。

〔註20〕 (宋) 黎靖德編：《朱子語類》，卷第五，〈性理二〉，冊一，頁96。

〔註21〕 (宋) 黎靖德編：《朱子語類》，卷十五，〈大學二〉，冊一，頁293。

〔註22〕 (宋) 朱熹：《朱子文集》，卷第四十二，〈答吳晦叔九〉，冊四，頁1825。

〔註23〕 (宋) 黎靖德編：《朱子語類》，卷第九，〈學三〉，冊一，頁148。

又

> 聖賢說知，便說行。《大學》說：「如切如磋，道學也」；便說：「如
> 琢如磨，自修也」。《中庸》說：「學、問、思、辨」，便說：「篤行」。
> 顏子說：「博我以文」，謂致知、格物；「約我以禮」，謂「克己復禮」。
> 〔註24〕

朱子此處繼承了程頤由「知先行後」到「知行合一」的過程，以為「為學先要
知得分曉。問：『致知涵養先後。』曰：『須先致知而後涵養。』」〔註25〕即在知
行先後的問題上，明確以「知」為先；至於知行輕重的問題，則以「行」為重；
最後「知與行，工夫須著並到。知之愈明，則行之愈篤；行之愈篤，則知之益
明。二者皆不可偏廢。如人兩足相先後行，便會漸漸行得到。」〔註26〕即知行
互發並進，而達到「聖賢說知，便說行」的「知行合一」境界。然而心學的傳
人陽明卻有不同的主張，陽明曰：

> 行之明覺精察處便是知，知之真切處篤實便是行。若行而不能精察
> 明覺便是冥行，便是學而不思則罔，所以必須說箇知；知而不能真
> 切篤實便是妄想，便是思而不學則殆，所以必須說箇行；元來只是
> 一箇工夫。凡古人說知行，皆是就一箇工夫上補偏救弊說，不似今
> 人截然分兩件事做。某今說知行合一，雖亦是就今時補偏救弊說，
> 然知行體段亦本來如是。〔註27〕

又

> 知之真切篤實處即是行，行之明覺精察處即是知，知行工夫，本不
> 可離。只為後世學者，分作兩截用功，失卻知行本體，故有合一並
> 進之說。真知即所以為行，不行不足謂之知。〔註28〕

陽明多次指出行之明覺精察處即是知，知之真切篤實處即是行，以為知與行
原是一個知行本體亦是一個工夫，明確主張「知行合一」。因為陽明認為一旦
知行分為兩截，將造成「冥行」、「妄想」之弊，因此，陽明公開反對程朱在
「知先行後」的知行分離同時，再「知行合一」的「合一並進」之論。換言

〔註24〕 （宋）黎靖德編：《朱子語類》，卷第九，〈學三〉，冊一，頁148。

〔註25〕 （宋）黎靖德編：《朱子語類》，卷第九，〈學三〉，冊一，頁152。

〔註26〕 （宋）黎靖德編：《朱子語類》，卷第十四，〈大學一〉，冊一，頁281。

〔註27〕 （明）王陽明：《王陽明書牘》，卷三，〈答友人問〉丙戌（《王陽明全集》），
頁48。

〔註28〕 （明）王陽明：《傳習錄》，中，〈答顧東橋書〉（《王陽明全集》），頁33。

之，陽明以爲上述朱學知行互發並進之因，在於知行互發並進的過程，必須先以知行斷爲兩截的前提下，才能完成其合一並進之說，明顯是在言「合」之前，必先要有「分」的邏輯性思路之存在。所以陽明主張知即行，行即知的「知行合一」論，用以修正程朱的「知先行後」之說。〔註 29〕至此，有了朱子與陽明知行觀作爲對照之後，接著來討論宗羲的知行主張。宗羲云：

> 「知」者，氣之靈者也。氣而不靈，則昏濁之氣而已。養氣之後，則氣化爲知，定靜而能慮，故「知言」、「養氣」，是一項工夫。……《語類》：「孟子說養氣，先說知言，先知得許多說話，是非邪正都無疑後，方能養此氣也。」此與程子「存久自明」之言相反。若打頭先去知言，則是中無把柄，如何去知？恐成一骨董箱耳。故汎窮物理，不若反身修德之爲愈也。〔註 30〕

又

> 朱子云：「配義與道，只是說氣會來助道義，若輕易開口，胡使性氣，卻只助得客氣，人纔養得純粹，便助從道義好處去。」義以爲養得純粹，便是道義，何消更說助道義。朱子主張理氣爲二，所以累說有了道義，又要氣來幫貼，方行得去，與孔子「有能一日用其力於仁矣乎，吾未見力不足者」之言，似有逕庭。〔註 31〕

第一，先就知行本體的本質而言：宗羲以爲「知言、養氣，是一項工夫」，「養得純粹，便是道義」，認爲養此氣本體之工夫的同時，即是存養此氣之靈之「知」者，於是當此「氣」養得本體純粹清明時，本體當下即是道德之流行，是不須向外窮理以知性的本體上「知行合一」之表現，也就是所求之本體，本身便「知」與「行」同時具足見在，而不假外求的本體，即孔子所言「我欲仁，斯仁至矣！」之意。所以，宗羲接著表示「打頭先去知言，則是中無把柄，如何去知？」此說明了在知言之前，必先立本體之大者，「汎窮物理，不若反身修德之爲愈也。」即是反對透過外在窮理工夫，而主張回歸本體本然之面

〔註 29〕 王陽明：「今人卻就將知行分作兩件去做，以爲必先知了然後能行。我如今且去講習討論做知的工夫，待知得眞了，方去做行的工夫；故遂終身不行，亦遂終身不知，此不是小病痛，其來已非一日矣。某今說箇『知行合一』正是對病的藥。」（《傳習錄》，上。（《王陽明全集》，頁 4。）

〔註 30〕 （明）黃宗羲：《孟子師說》，卷二，〈浩然章〉（《黃宗羲全集》增訂版），冊一，頁 64。

〔註 31〕 （明）黃宗羲：《孟子師說》，卷二，〈浩然章〉（《黃宗羲全集》增訂版），冊一，頁 65。

貌即可，如此本體湛然之後，才能具備放諸四海皆準的依據；然此思路明顯是心學「心即理」的主張。因此，透過宗羲對朱子的評論，可以得知宗羲所主張的是「心即理」式的「知行合一」觀；故就知行合一的本質上而言，宗羲並不採用朱子由格物窮理的「知先行後」再到「知行合一」的一貫性思路，而是採用「養得純粹，便是道義」的先立乎本體之「知行合一」觀。

第二，再從理氣心性是一的角度來分析：宗羲認爲「盈天地皆氣」與「盈天地皆心」是立足在「氣本一」的基礎上，所以其心性論可謂是建構在其理氣觀上，是以「氣」爲本的理氣心性是一的思路。因此在這個架構中，此本體之氣的內容，其實就是以此本體氣之靈之「知」與本體氣之發動能力之「行」的工夫爲其內涵，故此二者不僅是結合於同一知行本體，其工夫亦是同一本體工夫，明顯是藉由本體之氣相通貫，使本體之「知」與本體之「行」相結合於本體之氣上，而完成了氣本體上的「知行合一」。所以宗羲才會表示朱子以氣助道義之說，是分氣與道義爲二，此乃理氣二分所造成的錯誤結果，而將使本體之氣中不具天理的存在。此論不僅違反了宗羲氣本體上「知行合一」的思路外，更是違背了宗羲理氣是一的基本主張。

因此，根據上述兩點，筆者以爲可以推得一個新觀點。就是從第一點結論可知宗羲的知行觀，是先確立氣本體本來「知」與「行」具足，不過其先立本體的步驟，確實如同「心即理」的模式，即先養得本體清明的同時，當下即是本體之流行，此思路明顯是「心學」的思路。但若加上第二點的分析，則可以發現在理氣心性是一的基礎上，對氣本體的涵養，其實就是對「知」（氣之靈）、對「理」（氣之理）以及「行」（氣本體的發動能力）的涵養，明顯是在同一個本體之氣上做知行工夫，是「氣」上的「知行合一」，而此「氣」即上述的知行本體。因此，從氣本論的角度來討論，既然氣本體即是知行本體，所以宗羲對氣本體進行的認知，就等於是對知行本體的認知，其內容包含了本體之氣之理的「知」與本體之氣之發動能力的「行」，故當確立本體之氣的「知」與「行」時，等於是先立乎本體之氣者；其發展的過程，完全如同心學先立乎本心之大者的模式。不過，此思路雖符合心學的主張；卻不可以此證明宗羲的知行觀乃單純繼承心學而來。換言之，在氣本論的立場下，氣本體本身即是知行本體，所以一旦先立乎氣本體之大者，即等於是同時發明氣本體中的氣之理之「知」與發動能力之「行」，使氣本體自能湛然清明而不須藉窮理以盡性知天，其模式雖十分類似先發明本心的「心即理」思路；但事

實上，筆者並不贊同據此論來認定宗羲的知行觀乃繼承心學思路而來，因爲此論乃倒果爲因的論斷，以其爲「心即理」式的知行合一之本體主張，就視其傳承心學而來，其實答案是否定的。筆者以爲應該從其氣本體的發展來分析，因爲本體之氣自然的發展，必是知與行合一於氣本體之上，所以一旦對氣本體做涵養工夫或致知工夫，其實等於是就同一個本體上做同一個知行工夫，即對氣本體所下的涵養或致知，皆同時包含氣本體內在的知與行，是不須再向外窮索物理，其功效如同「心即理」之主張，即直接對本體涵養、致知即可。故此對氣本體之工夫，自然就是先立乎氣本體之大者，雖然類似心學先立乎其心體之大者，不過此思路是在「氣本一」的理氣是一觀下必然亦必須之自然發展結果。對於此結論並不可本末倒置，以心學角度言宗羲知行觀乃完全承心學而來，而應是站在氣學內在思路的發展，以氣本體即知行本體，故其對氣本體的涵養或致知，自然就是氣學上的先立乎氣本體之大者，而此才可謂之宗羲的「知行合一」觀。

最後，再回頭討論宗羲曾言及程頤已有知行合一之言，而接受程頤由「知先行後」到「知行合一」的內在一貫性之思路，但此處卻又認爲朱子「知先行後」將造成理氣二分而反對之；其間的矛盾之處又爲何呢？宗羲云：

> 夫格物爲初下手工夫，學者未識本體，而先事於防欲，猶無主人而逐賊也。克己之主腦在復禮，寡欲之主腦在養心，格物即識仁也，即是主腦，不可與克己寡欲相例耳。〔註32〕

又

> 大凡學有宗旨，是其人之得力處，亦是學者之入門處。天下之義理無窮，苟非定以一二字，如何約之使其在我！故講學而無宗旨，即有嘉言，是無頭緒之亂絲也。學者而不能得其人之宗旨，即讀其書，亦猶張騫初至大夏，不能得月氏要領也。〔註33〕

宗羲指出初學者必須以格物認知的手段爲起始，以爲必先識得仁體之後，才能再展開克己復禮與寡欲養心的操存工夫，此明顯是「知先行後」的思路。不僅如此，宗羲還爲學者講學亦必先認知其學問根本宗旨，不可僅憑「嘉言」、

〔註32〕（明）黃宗羲：《明儒學案》，卷五十三，〈諸儒學案下一〉，「徵君來瞿塘先生知德」（《黃宗羲全集》增訂版），冊八，頁621。

〔註33〕（明）黃宗羲：《明儒學案·發凡》（《黃宗羲全集》增訂版），冊七，頁5。

「語錄」〔註34〕而成就一己之學，否則將淪爲「流俗之士」、「經生之業」，故主張先認知了解學問宗旨精神，使學者有了基本認知之後，才能進一步綜合百家思想，約之在我。因此，宗羲無論就道德上或知識上，皆以爲識得道德本體與認知學術宗旨，乃修行與學問的第一要務，確實是以「知」爲先的「知先行後」主張。此明顯與上述「知行合一」思路不同，而且宗羲又云：

> 先生（孟秋）大指，以「心體本自澄澈，有意克己，便生翳障。蓋眞如的的，一齊現前，如如而妙自在。……此即現成良知之說，不煩造作，動念即乖。夫良知固未有不現成者，而現成之體，極是難認，此明道所以先識仁也。」先生之論，加於識仁之後則可，若未識仁，則克己之功誠不可已，但克己即是識仁。顏子有不善，未嘗不知，知之未嘗復行也。仁體絲毫不清楚，便是不善。〔註35〕

宗羲一方面主張「若未識仁，則克己之功誠不可已」，此與上述「識仁」「不可與克己寡欲相例」之義相同，是「知先行後」的思路；但另一方面，宗羲卻又認爲「克己即是識仁」，明顯產了思想上的矛盾。然此矛盾處正是宗羲知行觀的特色。筆者以爲宗羲的「克己即是識仁」，其實是承「知先行後」的理路而來；因爲就本體而言，必須先認知本體湛然清明之面貌後，才能進一步存養此本體者，故其步驟必以「識仁」之「知」爲先的；不過在此認知本體之本然的同時，其實也正是對本體展開操存之時，爲什麼呢？因爲，爲了確定本體在混沌未知的情形下能保持湛然清明，所以在認知的同時，不得不以克己之工夫來支持、保證本體之湛然，故針對此時間點而言，「克己即是識仁」，「知」「行」便是合一。換言之，在宗羲的思路中，本體不僅能透過本身所發之操存涵養回復到本然狀態，而不須藉由外在格物窮理以復性（此過程類似心學「心即理」之思路）；更說明了在認知本體的當下，其實亦正是通過克己工夫以證明本體之湛然清明，至此才是宗羲「知行合一」的完整理論結構。

〔註34〕 宗羲云：「每見鈔先儒語錄者，薈撮數條，不知去取之意謂何。其人一生之精神未嘗透露，如何見其學術？是編（《明儒學案》）皆從全集纂要鈎玄，未嘗襲前人之舊本也。……學問之道，以各人自用得著者爲眞。凡倚門傍戶、依樣葫蘆者，非流俗之士，則經生之業也。」（《明儒學案·發凡》。《黃宗羲全集》增訂版，冊七，頁6。）
〔註35〕 （明）黃宗羲：《明儒學案》，卷二十九，〈北方王門學案〉，「尚寶孟我疆先生秋」（《黃宗羲全集》增訂版），冊七，頁741。

　　由此可見，宗羲的「知先行後」與「知行合一」並不是矛盾的對立，而是如同程頤的主張，二者是具有內在一貫性的想路。不過，此處仍要特別說明一點，宗羲由「知先行後」到「知行合一」的思路，雖如同程頤的主張，但此並不表示宗羲的知行觀完全承程頤而來，因爲在理氣心性是一的基礎上，宗羲認爲本體之氣本身即具有形上本體的氣之理，所以本體之氣本身便能自我發動操存涵養而不須向求窮理以復性，只須向內認知、涵養即是識得本體。然此思路完全不同於程朱先由外在格物窮理以致知的「道問學」式之「知行合一」，僅可以說宗羲的知行觀是類似程朱「知先行後」與「知行合一」結合的一貫性之架構，但在本質上其實並不相同，即宗羲由「理氣是一」的基礎而發展，程朱則由理氣二分來立論。至於宗羲思路中，氣本體具有自我認知其本然之性與回復其本然狀態之能力，並不可以此作爲宗羲的知行觀乃單純受心學影響的證明，因爲在「氣本一」的立場下，理氣心性是一，所以本體之氣本身即存有形上氣之理者，是理氣是一的表現，故此氣本體當然具有自我認知與自我回復本然狀態之能力；因此，此氣本體即是知行本體，知即行、行即知，二者是合一於氣本體之上，此正是氣學自然發展的過程，而不應由「心即理」的角度言宗羲「知行合一」觀乃單純承心學而來。對此推論過程，成中英先生亦有類似的觀點，其云：

> 基於心性的相通，理氣的不二，宗羲也似不必非堅持盡心以知性知天不可，爲何不可知性以盡心，窮理以盡性盡心呢？看重「窮理」爲盡心的始點，無非理論上的問題，只要效果一樣，始於盡心或始於窮理，並無軒輊。當然，吾人也不能不指出，就孟子所開發的思路（與《易傳》開發的思路）言，以盡心先於知性，必須先立其大者，是因心乃當下體驗，心之四端之理是人人要以實際當下體會的，而窮理致知，則有放心迷失於支離之知的危險，這是心學對理學的批評，在宗周，宗羲都是基本上肯定的。這也是心學與理學的分野所在，更是「心即理」的精神所寄。〔註36〕

成中英先生此處指出了兩個觀點。第一，在理氣心性是一的基礎下，由盡心以知性、知天，與由窮理以盡性、盡心，其實效果是一樣的。對此，筆者則

〔註36〕成中英：《合內外之道：儒家哲學論》，〈理學與心學的批評的省思—綜論黃宗義哲學中的理性思考與眞理標準〉（臺北：康德出版社，2005 年 11 月初版 1刷），頁 317。

表示完全贊同，因爲基於理氣心性是一，無論是對本體的操存涵養，或是對本體之理的格物致知，其實皆是同一本體上之作用，並無內外之別。所以從「氣本一也」的角度而言，此氣本體當然能自我認知、涵養並回復其本然狀態；即此氣本體因內存其氣之理而本無欠缺，故只須直接發明此本體之氣；其「氣即理」之效果將完全如同「心即理」之功效。由此可知，成先生亦同意在理氣心性是一的立場下，其「氣即理」與「心即理」是具相同的理路模式，即皆主張直接發明本體者。

第二，成先生又以爲若由理學窮理以致知的路數前進，則有放心迷失於支離之知的危險，所以認定宗羲基本上仍肯心學發明本心的主張。對於此論，筆者雖表贊同，但認爲仍必須加上另一觀點，即由上述「氣本一也」立場而言，主張在本體之氣中，其氣之理原本具存而無欠缺，故直接發明此氣本體的過程；即是此本體「知行合一」表現，是「氣即理」的知行合一思路；此思路雖類似「心即理」的架構，但筆者必須指出此「氣即理」的知行合一乃是氣學自然發展的結果，絕非單純承心學而來。或者，換一角度來看，宗羲之所以同意「心即理」的主張，在於只有「心即理」的思想模式架構，能符合氣學「氣即理」的自然發展；換言之，此本體爲知行本體，所以此本體無論就氣學或心學而言，其本體氣之理或天賦之良知良能其實一切具足原無欠缺，所以當然可以先立乎其氣本體者。據此，宗羲基本上認定發明本心之主張，除了由「心即理」思路而來之外，更要加上氣學自然發展「氣即理」的理氣心性是一之主張。

綜合前述推論，可以得到一重要結論，不過卻必須分從兩方面來說明。第一，宗羲在知行觀上，雖贊同程頤由「知先行後」發展到「知行合一」的理路，但卻反對朱子由「知先行後」到知行互發並進的知行合一，以爲此將造成理氣二分之說。由此矛盾處可以得知宗羲的知行觀，雖是接受程朱由「知先行後」到「知行合一」一貫性思路的主張，不過卻只是形式結構上的接受，其本質上並不同於程朱的知行內涵。第二，宗羲的知行觀內涵，既然非上述由程朱理氣二分思路前進，是否即爲「心即理」的思路，其實答案仍是否定的；因爲在理氣心性是一的基礎上，本體之氣本身即存有本體氣之理，故只要直接發明氣本體，其氣之理亦隨之而發，並不須靠外在窮理以復本體，此明顯類似心學「心即理」的主張，不過這種反觀、內求氣本體的概念，確實是氣學自然發展的結果。於是綜合上述兩點，宗羲的知行觀先由「知先行後」

入手，以爲學者無論就知識或道德上，首先要先識得學術宗旨與道德本體，然而在識得本體的同時，基於「氣本一也」的理氣心性是一立場，所以此氣本體之中當然同時存有其本體氣之理，而成爲一知行本體，故一旦識得氣本體的同時，其實亦是對氣本體展開操存涵養，完成了「氣即理」的「知行合一」之主張。簡言之，宗羲的知行觀雖外在採用程朱知行的理論架構，內在又有類似陸王「心即理」內涵，但此皆非宗羲氣論上的知行理論；因此，宗羲的知行觀其實已經轉化了程朱以及陸王的理論，進而建立了自己新的氣學理論模型，故其對「格物、致知」之義，亦有其特色而不同於前儒之說，所以轉由下節繼續討論。

二、氣論之「格物、致知」

宗羲站在「氣本一也」的基礎上，主張本體之氣中即存有本體之氣的氣之理，即理氣是一的「氣即理」思路；故宗羲的格物致知途徑，只需直接訴求於本體之氣即可。因此，其格致觀自然走向直接內求氣本體本身，而反對傳統理學由外在之「物物上窮其至理」以達「吾心無所不知」〔註37〕的理氣二分主張。所以宗羲對此有云：

> 耳目口鼻，是氣之流行者。離氣無所爲理，故曰性也。然即謂是性，則理氣渾矣，乃就氣中指出其主宰之命，這方是性。故於耳目口鼻之流行者，不竟謂之爲性也。綱常倫物之則，世人以此爲天地萬物公共之理，用之範圍世教，故曰命也。所以後之儒者窮理之學，必從公共處窮之。而吾之所有者唯知覺耳，孟子言此理是人所固有，指出性眞，不向天地萬物上求，故不謂之命也。顧以上段是氣質之性，下段是義理之性，性有二乎？〔註38〕

首先回歸宗羲「氣本一也」的基本主張。宗羲以爲「心即氣之聚於人者，而性即理之聚於人者；理氣是一，則心性不得是二。」〔註39〕加上「理不可見，見之於氣；性不可見，見之於心；心即氣也。……離氣以求心性，吾不知所

〔註37〕（宋）黎靖德編：《朱子語類》，卷第十五，〈大學二〉，冊一，頁291。

〔註38〕（明）黃宗羲：《孟子師說》，卷七，〈口之於味章〉（《黃宗羲全集》增訂版），冊一，頁161。

〔註39〕（明）黃宗羲：《明儒學案》，〈師說〉，「羅整菴欽順」（《黃宗羲全集》增訂版），冊七，頁19。

明者何心，所見者何性也。」〔註 40〕此思路即此處「離氣無所爲理，故曰性也。然即謂是性，則理氣渾矣，乃就氣中指出其主宰之命。」宗羲完全是在氣本一的立場下，以心性論乃其理氣觀的延伸，確實是理氣心性是一的架構；故就此架構而言，此本體之氣中具有形上氣之理，而有其自主性與自足性。所以宗羲以爲後之儒者格物致知之學，乃從外在「公共處」窮之，其因在於後之儒者以爲公共之理存於天地萬物之中，故窮理只在天地萬物上求，此不僅造成了理氣二分的錯誤結果，即「氣之自爲綱維，因而名之曰性也。若別有一物以爲綱維，則理氣二矣。」〔註 41〕更違反了孟子以理乃人所固有的主張，即否定了氣本體所具有的自主性與自足性，而淪爲向外即物窮理支離事業。因此，宗羲直云：

> 盈天地皆心也。人與天地萬物爲一體，故窮天地萬物之理，即在吾心之中。後之學者錯會前賢之意，以爲此理懸空於天地萬物之間，吾從而窮之，不幾於義外乎？此處一差，則萬殊不能歸一，夫苟工夫著到，不離此心，則萬殊總爲一致。〔註 42〕

又

> 盈天地皆心也。變化不測，不能不萬殊。……故窮理者，窮此心之萬殊，非窮萬物之萬殊也。窮心則物莫能遁，窮物則心滯一隅。〔註 43〕

無論是就《明儒學案》原序或改本，宗羲皆認爲充盈天地萬物之本體，乃是心與天地萬物之理通貫爲一的本體，至於天地間各種萬殊之現象，其實皆只是此心體不同面貌的展現；因此，宗羲提出「窮天地萬物之理，即在吾心之中。」「窮理者，窮此心之萬殊。」明確反對向外窮理的格物途徑，即「以理懸空於天地萬物之間」，若求之則爲「義外」之學。所以宗羲表示「凡窮天地萬物之理」則是「以吾心陪奉於事物，便是玩物喪志」〔註 44〕的表現。至此

〔註 40〕 （明）黃宗羲：《孟子師說》，卷二，〈浩然章〉（《黃宗羲全集》增訂版），冊一，頁 60。

〔註 41〕 （明）黃宗羲：《明儒學案》，卷五十四，〈諸儒學案下二〉，「盧冠巖先生守忠」（《黃宗羲全集》增訂版），冊八，頁 624。

〔註 42〕 （明）黃宗羲：《南雷文定》五集，卷一，〈明儒學案序〉改本（《黃宗羲全集》增訂版），冊十，頁 79。

〔註 43〕 （明）黃宗羲：《南雷文定》四集，卷一，〈明儒學案序〉（《黃宗羲全集》增訂版），冊十，頁 77。

〔註 44〕 （明）黃宗羲：《孟子師說》，卷四，〈博學章〉（《黃宗羲全集》增訂版），冊一，頁 110。

可以得到一個結論，就是宗羲的格物窮理，是主張窮吾心中之理，反對「義外」之說，明顯是心學「心即理」的思路，即將天地萬物之理具體內化爲心體所存的心之理，故窮其天理只需求之於心體即可，而不須再向外求之於天地萬物。

　　然而，回歸宗羲「氣本一也」的基礎，上述內求心本體的推論則完全符合氣學的自然發展。第一，就氣學本身發展而言，氣本體乃形上最高之本體，其本體的氣之理亦同時具存於氣本體之中，是理氣合一於氣本體的思路；故宗羲在以「氣」爲首出的「一本萬殊」架構下，以形上本體層的理氣合一垂直下貫於萬物之中，使萬物雖有形貌、物理上的千差萬別，但其所依循的所以然之理，莫不由形上氣本體而來。所以窮理者，只須窮此氣本體，因爲形下萬殊之理總歸於「一本」之「氣」中。因此，一旦識得此氣本體，即同時得知其本體之理，明顯是本體之氣與本體之理合一的「氣即理」之思路。第二，再就「盈天地間皆氣也，其在人心，一氣之流行」〔註45〕的立場而言，宗羲除了主張「心即氣之聚於人者」之外，更以「天地間祇有一氣，其升降往來即理也。人得之以爲心，亦氣也。」〔註46〕認爲「心」並非單純爲氣之流行者而已，而是必須合乎「流行而不失其序，是即理也。」〔註47〕的「氣之理」。因此，在此立場下，宗羲以爲「心即理」的思路應可發展、轉化爲「心即氣之理」的主張；使「心即理」的發展，其實是建構在「氣本一也」的理氣是一架構之中，故此時「心即理」不僅是「心即氣之理」之外，更符合了上述第一點「氣即理」之本體與本體之理合一的理路。

　　綜合上述兩點推論可知，宗羲雖主張心學「心即理」的格物觀，但本質上卻已轉化成以「氣」爲本的「氣即理」之格物論，所以在格物的方法上，因爲心學與氣學皆同時主張本體與本體之理合一，即本體本來具足，故二者自然皆會產生就本體上窮理而反對向外尋理之相同思路，不過在本質上卻有明顯的差異，即一是以「心」爲本，另一則是以「氣」爲首出。故筆者以爲宗羲之所以採用「心即理」的格物主張，除了是反對程朱即物窮理之論，將

〔註45〕　（明）黃宗羲：《明儒學案》，卷六十二，〈蕺山學案〉，「忠端劉念臺先生宗周」（《黃宗羲全集》增訂版），冊八，頁890。

〔註46〕　（明）黃宗羲：《明儒學案》，卷三，〈崇仁學案三〉，「恭簡魏莊渠先生校」（《黃宗羲全集》增訂版），冊七，頁42。

〔註47〕　（明）黃宗羲：《孟子師說》，卷二，〈浩然章〉（《黃宗羲全集》增訂版），冊一，頁60。

造成支離之病並導致「苟一事一物精神之不到，則此心危殆，不能自安。」〔註48〕之外；更明顯在理氣心性是一的基礎上，以爲只有此「心即理」之思路，才能符合氣學「氣即理」的主張。所以在此立場下，可視「心即理」與「氣即理」在格物步驟上爲等同之概念（即僅止於就本體上窮理的思路途徑），所以宗羲在此才會採用心學的格物論架構爲其氣學格物觀的基礎。總之，在瞭解了宗羲「心即理」與「氣即理」在格物步驟上爲等同概念，以及宗羲爲何採用心學的格物論架構之後，便可得知宗羲格物論下「心」之語境，其實是定義在氣學自然發展下，無論就本體層或形下層而言，「心」只是「氣」不同面的表述而已。因此對於宗羲格物觀出現類似心學格物論之思路便可豁然貫通。據此，宗羲繼續指出其格物之說，其云：

> 君（陳錫嘏）從事於格物致知之學，於人情事勢物理上工夫不敢放
> 過，而氣稟羸弱。其爲諸生時，弟子既衆，惟恐一人失學，窮日講
> 授，矻矻不休，雖背僂而不恤。其爲詞臣時，公堂館課，私室橫經，
> 書筒客席，併當率至雞鳴，不言勞瘁。即其病時，猶隱囊危坐，不
> 釋丹鉛，士人將卷軸而來者，必銖兩其得失，終卷而後已。苟一事
> 一物精神之不到，則此心危殆，不能自安。凡君之所以病，病之所
> 以不起者，雖其天性，亦其爲學有以致之也。夫格物者，格其皆備
> 之物，則沓來之物，不足以掩湛定之知，而百官萬務，行所無事。
> 若待夫物來而後格之，一物有一物之理，未免於安排思索，物理、
> 吾心，終判爲二。故陽明學之而致病，君學之而致死，皆爲格物之
> 說所誤也。〔註49〕

宗羲此處繼續反對程朱以一物來而後格之的即物窮理之說，以爲此種逐事逐物向外尋理的過程，不僅迫使人於人情事勢物理上工夫不敢放過，以至於終日不休而積勞成疾之外；更導致分物理與吾心爲二的理氣二分之錯誤結果。因此，宗羲在理氣是一的基礎上，以「道者，吾之所固有，本是見在具足，不假修爲，然非深造，略窺光影以爲玩弄，則如蜂觸紙窗，終不能出。故必如舜之好問，禹之克艱，孔之發憤，臘盡春回，始能得其固有。」〔註50〕明

〔註48〕　（明）黃宗羲：《南雷文定》後集，卷三，〈翰林院編修怡庭陳君墓誌銘〉（《黃宗羲全集》增訂版），冊十，頁446。

〔註49〕　（明）黃宗羲：《南雷文定》後集，卷三，〈翰林院編修怡庭陳君墓誌銘〉（《黃宗羲全集》增訂版），冊十，頁446。

〔註50〕　（明）黃宗羲：《孟子師說》，卷四，〈君子深造章〉（《黃宗羲全集》增訂版），

確指出本體與本體之理（道）本是見在具足，故當舜、禹及孔子對此本體爲
「好問」、「克艱」、「發憤」等格物工夫時，此「物」本身即是本體與本體之
理見在具足的「皆備之物」，是本體與物理的合一。換言之，宗羲認爲只有「心
即理」的思路才能符合「氣即理」之主張，其採用心學格物論的架構，自然
將「皆備之物」歸諸於吾心體所見在具足之物（亦可言氣本體所見在足），所
以宗羲的格物，不僅是格「皆備之物」，更是格「吾心之物」。對此，宗羲即
讚揚萬表云：

> 先生（萬表）嘗言：「聖賢切要工夫，莫先於格物。蓋吾心本來具足，
> 格物者，格吾心之物也，爲情欲意見所蔽，本體始晦，必掃蕩一切，
> 獨觀吾心，格之又格，愈研愈精，本體之物，始得呈露，是爲格
> 物。」……實先生之論格物，最爲諦當，格之又格，而後本體之物
> 呈露，即白沙之養出端倪也。〔註51〕

在此透過對萬表的贊同，明顯表示了宗羲之格物確實是格「吾心之物」，是專
就本體上下工夫。不過陶清先生卻以爲將格物之「物」規定爲格「吾心之物」，
只是在自家身心上用功，一樣會導致「吾心」與「物理」判然爲二的結果，
即以所格之「物」雖是就本體上的認知，但其所致之「理」卻不一定能符合
被認知的客體之理，而造成主客體對立二分的情形。故此處看似吾心與物理
合一之論，其實充滿邏輯理性上的狡點。〔註52〕陶先生表示：

> 所謂「皆備之物」，既不是外在的天地萬物，也不是內在的「吾心之
> 物」，而是由於獨立自主、知善知惡的自主意識貫徹思維認知活動的
> 過程而獲得的關於天地萬物運動變化的條理性之知識；因此而是一
> 種主客體相互作用，即主體透過思維認知活動作用於客體並獲取關
> 於客體的正確知識的過程。主體獲得關於客體的正確知識的過程，
> 也就是主體返回自身，即實現自主意識的過程。……這種「格物致
> 知」，既非只格吾心之物，從而與天地萬物及其運動變化的條理性無
> 關；也非主體追逐、依附於客體的活動。因爲，如果主體不返回自
> 身，而只是求得一事一物之理，就難免惑於現象而失卻本質；即使

冊一，頁 109。

〔註51〕 （明）黃宗羲：《明儒學案》，卷十五，〈浙中王門學案五〉，「都督萬鹿園先生
表」（《黃宗羲全集》增訂版），冊七，頁 355。

〔註52〕 參考陶清：《明遺民九大家哲學思想研究》，第七章，〈黃宗羲哲學思想研究〉，
頁 417。

窮得萬物之理而不能抽象其條理性，同樣也無法獲得關於客體的正
確知識，因而都與主體本身無關。〔註53〕

陶先生以為「皆備之物」，既非天地萬物之理所歸之「一本」處，亦非見在具
足的「吾心之物」，其推論過程明顯與上述推論相異。但細究其觀點，可以發
現陶先生其實是先對此所格之「物」下一確認工夫，即以為此主體之物本身
具獨立自主意識，故能正確認知外在客體之理，之後主體再根據認知所獲得
的正確客體之理，來反證主體存在的正確性，即以主體所認知之理乃普遍性
之抽象理則，而為客體所依循的內在之理；簡言之，只有通過主客體相互作
用後的本體之物，才是真正見在具足的本體之物。

　　由此可見，陶先生的推論雖與吾人理路不同，但明顯可見陶先生其實是
為了防止格物之對象，偏陷於「吾心之物」或「天地萬物之理」的一邊，故
嚴格提出必須通過主客體相互作用後之「物」，才是真正的所格之「物」。換
言之，陶先生所言的本體之物是另一種型式的見在具足，其實是同時包含「吾
心之物」與「天地萬物之理」的。故其結論指出宗羲所格之「物」是主客體
相互作用後，此物才可謂「皆備之物」，之後再對此「物」，所下的工夫才具
意義。所以陶先生藉由此種確認本體的工夫，證明了宗羲所格之「物」存在
的正確性，因此宗羲的格物只需直接就本體上用功即可，是不須於事事物物
上格物的，其推論結果仍與上述結論相同，皆主張宗羲的格物確實是就本體
上用功。對此，宗羲當然反對潘平格的格物論，其云：

> 用微（潘平格字）之言，不過數句而盡，……試撮其要言，以為渾
> 然天地萬物一體者性也，觸物而渾然一體者，吾性之良知也；吾儒
> 講明此學，必須知恥發憤，立必欲明明德于天下之志；故其功夫，
> 在致其觸物一體之知，以格通身家國天下之物，使渾然而為一體，
> 謂之復于性善；未有舍家國天下見在事，使交從之實地，而懸空致
> 我一體之知者。〔註54〕

對此，宗羲又以為：

> 夫性固渾然天地萬物一體，而言性者必以善言性，決不以渾然天地

〔註53〕陶清：《明遺民九大家哲學思想研究》，第七章，〈黃宗羲哲學思想研究〉，頁
　　　　417。
〔註54〕（明）黃宗羲：《南雷文案》，卷三，〈與友人論學書〉（《黃宗羲全集》增訂版），
　　　　冊十，頁150。

> 萬物一體言性，一體可以見善，而善之非一體明矣。……《大學》
> 言知，是明有一知在人，不因觸不觸爲有無也。則所以致之者，亦
> 不因觸不觸爲功夫也。今于知之上，既贅以渾然天地萬物一體之名，
> 而于致之時，又必待夫觸物而動之頃，是豈《大學》之指耶？其曰
> 未有舍家國天下見在事使交從之實地，而懸空致我一體之知者，則
> 《中庸》所謂喜怒哀樂未發之爲中。中也者，天下之大本也，豈亦
> 家國天下見在事使交從之地耶？〔註55〕

此處可以分從兩方面討論，以反顯宗羲的格致觀。第一，宗羲反對潘平格以格物之「物」爲「吾性之良知」與「天地萬物」渾然一體者。潘平格以爲「物者，身、家、國、天下也。身、家、國、天下渾然一物，故言『物有本末』，而不言有彼此。身、家、國、天下渾然一物，則修、齊、治、平自渾然一事。故言『事有終始』，而不言有內外。」〔註56〕以事物雖有本末始終，但無彼此內外，是「渾然天地萬物一體」的，所以格物就是「格通身家國天下之物」，即格通本（身）與末（家、國、天下）之間的「隔礙」。因此，潘平格認爲唯有通過此種「格物」來格通身與家、國、天下之間的關係，才是將修、齊、治、平實踐於現實世界，而達到由內聖至外王渾然一體之和諧理想境界；故其格物功夫，僅須格通此不分內外彼此之「渾然一體」者即可。不過宗羲卻指出潘平格此「渾然一體」者的立場，是混淆了天生所固有的「吾性之良知」與外在天地萬物之理爲一體，造成此格物之對象，其實本質上仍是以外物爲「物」的，即直接將外物之理混淆於吾性之中，而非透過「一本萬殊」的理論模式，即唯有萬殊中永恆普遍性之理則，才能歸之於「一本」之中，並非所有外在天地萬物之理皆「一本」所發，即反對由外在之理所歸結而成之本體；所以宗羲以爲言性者必以「一本」之善言性，不以「萬殊」之天地萬物一體言性。因此，潘平格以外物爲「物」的格物觀，並不符合宗羲以格物之「物」原本見在具足的思路。所以宗羲與潘平格雖同時就具足之「物」格之，但潘平格之「物」是外物之「物」，而宗羲之「物」是「吾心之物」（或氣本體與本體之理合一之物），二者於「物」的本質上是有差異的。

〔註55〕（明）黃宗羲：《南雷文案》，卷三，〈與友人論學書〉（《黃宗羲全集》增訂版），
冊十，頁150。

〔註56〕（清）潘平格：《潘子求仁錄輯要》，卷一，「辨清學脈上」（北京：中華書局，
2009年5月第1版第1次印刷），頁12。

　　第二，宗羲反對潘平格以捨家國天下見在之事，則所致之「知」爲不實之知者。潘平格根據自身格通身家國見在之事，使之渾然而爲一體者，即謂之復性的立場，認爲捨棄家國天下見在之事，則所得之「知」將是無性體的空知。不過宗羲卻一方面以爲「知」並不因觸不觸物而爲有無，另一方面又以格物而致「知」者，亦不因觸不觸的工夫而致之；明確以「知」爲未發之中者，是人所固有而不須格外物以致之。所以宗羲直言：「欲從家國天下以致知，是猶以方圓求規矩也。」〔註57〕即由事上用功而致「知」，是本末而倒置的。換言之，其「知」之理即在「吾心之物」中，所以可以明顯發現宗羲之「知」是一超越形下理性知識之「知」者；對此，宗羲對「知」做了進一步的區分。其云：

> 有知有不知，此麗物之知，動者也。爲知之，爲不知，此照心也。麗物之知，有知有不知；湛然之知，則無乎不知也。子路認此麗物者以爲知，則流入于識神邊去。此毫釐千里之差，夫子一口道破，點鐵成金矣。若云由此而求之，又有可知之理，夫子豈向多寡上分疏？所謂麗物之知，湛然之知，即此聞見之知，德性之知也。〔註58〕

宗羲此處明確將「知」區分爲「湛然之知」與「麗物之知」。其中「湛然之知」是無所不知之「知」，非「宋儒之後學者以知識爲知，……說是無內外，其實全靠外來聞見以塡補其靈明者也。」〔註59〕是超越麗物之知的有所知、有所不知之「知」者。因此，與宗羲前述「夫格物者，格其皆備之物，則沓來之物，不足以掩湛定之知。」做一結合，便可推得宗羲格物致知的目地是致得「湛然之知」（即「湛定之知」）；換言之，其格物致知的整體過程，是由格本來具足的「吾心之物」以致之「湛然之知」，然此正說明了宗羲所格的「吾心之物」是包含了「湛然之知」的皆備之物，所以一旦就本體之物格之，必致「湛然之知」，明顯是「知」存於「物」中之思路。不過，對於「知」與「物」之關係，容待稍後處理，此處先解決宗羲以「知」轉化成「良知」的理路。

　　根據前論可知，宗羲不僅以「知」爲未發之中、天下之大本者，更以此

〔註57〕（明）黃宗羲：《南雷文案》，卷三，〈與友人論學書〉（《黃宗羲全集》增訂版），冊十，頁151。

〔註58〕（明）黃宗羲：《宋元學案》，卷十五，〈伊川學案上〉，「正公程伊川先生頤」語錄案語（《黃宗羲全集》增訂版），冊三，頁726。

〔註59〕（明）黃宗羲：《明儒學案》，卷十，〈姚江學案〉，「文成王陽明先生守仁」（《黃宗羲全集》增訂版），冊七，頁202。

「知」爲「湛然之知」，亦即「德性之知」，明顯將「知」轉向道德屬性層面。故其直言：「夫良知爲未發之中，本體澄然，而無人僞之雜，其妙用亦是感應之自然，皆天機也。」〔註60〕以「知」即「良知」，其本體澄然爲未發之中，非以人僞理性知識爲良知本體。因此，宗羲在此層面言「致知」的同時，其實就是「致良知」的概念。此結論彷彿指出宗羲是承陽明致良知學而來；但事實上，當宗羲發揮陽明致良知之宗旨時，其實已有偏重。其云：

> 先生（陽明）之格物，謂「致吾心良知之天理於事事物物，則事事物物皆得其理。以聖人教人只是一個行，如博學、審問、愼思、明辨皆是行也。篤行之者，行此數者不已是也」。先生致之於事物，致字即是行字，以救空空窮理，只在知上討個分曉之非。乃後之學者測度想像，求見本體，只在知識上立家儅，以爲良知，則先生何不仍窮理格物之訓，先知後行，而必欲自爲一說邪！〔註61〕

陽明以爲「若鄙人所謂致知格物者，致吾心之良知於事事物物也。吾心之良知，即所謂天理也；致吾心良知之天理於事事物物，則事事物物皆得其理矣。致吾心之良知者，致知也；事事物物皆得其理者，格物也；是合心與理而爲一者也。」〔註62〕陽明在自身「心即理」、「心外無理」的基礎上，其格物致知便是要達到「事事物物皆得吾心之良知之天理」的「致良知」之心理合一境界。然而此處必須再次表示，陽明此種主張心本體原本具足，故就此心本體「致良知」的思路架構而言，其實是完全符合氣學自然發展的格致觀，即以氣本體乃本體之理具足的本體，所以只須就氣本體用功而不須向外索求，如同心學內求的格致工夫；因此宗羲當然接受陽明「致良知」的心即理思路。不過，宗羲雖採用心學向內求理的模式，但其明顯是站在氣學的立場，將陽明的「致良知」理論內化成爲宗羲個人的思想主張。因爲唯有如此，宗羲才能直接就此本體做格致工夫，並在本身重「氣」的「實踐義」下，正式提出「致字即是行字，以救空空窮理，只在知上討個分曉之非。」不僅修正程朱以知識爲良知並求理於外的偏向，更落實了心學致良知的實踐工夫。對此，筆者深表贊同吳光先生的評論。其云：

〔註60〕 （明）黃宗羲：《明儒學案》，卷二十五，〈南中王門學案一〉，「孝廉黃五岳先生省會」（《黃宗羲全集》增訂版），冊七，頁677。

〔註61〕 （明）黃宗羲：《明儒學案》，卷十，〈姚江學案序〉（《黃宗羲全集》增訂版），冊七，頁197。

〔註62〕 （明）王陽明：《傳習錄》，中，〈答顧東橋書〉。（《王陽明全集》），頁35。

> 黃梨洲從解說陽明學中提煉出的「致即行」、「必以力行爲工夫」的
> 思路，雖對陽明「致良知」和「知行合一」說而言，不無轉移學說
> 重點之嫌，……也是符合梨洲本人以強調實踐工夫爲特色的「工夫
> 所至即其本體」的本體論思想的。從某種意義上說，我們可以把梨
> 洲哲學歸結爲「力行」哲學。〔註63〕

吳先生此處含蓄的表示宗羲「不無轉移學說重點之嫌」，然此正說明了宗羲之
氣確實是偏重實踐義的，其「理不可見，見之於氣」的氣學思路，主張離開
了形下具體之發用，則無從見形上本體之理；所以天賦的良知，要能徹底致
吾心良知之天理於事事物物上，便要以致字爲「行」字，使天賦之良知能具
體落實於現實人倫世界，才是完整的形上形下貫通一致。由此可見，宗羲「致
良知」的理論架構雖沿襲心學而得，但其本質上與心學之主張已有明顯不同，
而是一種全新的氣學格致觀，是「力行」的哲學，亦合乎宗羲「知行合一」
的主張，即其所直言：「知之眞切篤實處即是行，行之明覺精察處即是知，無
有二也。」〔註64〕

　　接著，再回頭討論「知」與「物」之關係。前已有推論，宗羲格物的目
地在致得「湛然之知」即「吾心之物」中「知」的合下具足；換言之，此「湛
然之知」必定存於見在具足的「吾心之物」中，所以當宗羲格「吾心之物」
時才能致「湛然之知。」故在此「心」與「物」爲等同概念的「吾心之物」
的立場下，可以推得「知以物爲體」，亦可謂「知以心爲體」的論點。對於「知
以心爲體」之論，可以透過「氣」之關鍵來分析，宗羲曾云：「人稟是氣以生，
心即氣之靈處，所謂知氣在上也。」〔註65〕其中『知』者，氣之靈者也。」
〔註66〕其指出人心乃氣之靈處，而所謂氣之靈處又以「知」爲作用，即「天
以氣化流行而生人物，純是一團和氣。人物稟之即爲知覺，知覺之精者靈明
而爲人，……人之靈明，惻隱、羞惡、辭讓、是非，合下具足，不囿於形氣

〔註63〕吳光：《儒道論述》，〈論黃梨洲對陽明心學的批判繼承與理論修正〉（臺北：
　　　　東大圖書股份有限公司，1994年6月初版），頁203。
〔註64〕（明）黃宗羲：《明儒學案》，卷十，〈姚江學案〉，「文成王陽明先生守仁」（《黃
　　　　宗羲全集》增訂版），冊七，頁201。
〔註65〕（明）黃宗羲：《孟子師說》，卷二，〈浩然章〉（《黃宗羲全集》增訂版），冊
　　　　一，頁60。
〔註66〕（明）黃宗羲：《孟子師說》，卷二，〈浩然章〉（《黃宗羲全集》增訂版），冊
　　　　一，頁64。

之內。」〔註67〕明顯藉由「氣」來通貫人心與知之關係，以人心所具之「知」是「知覺之精者」，是合下具足且超越理性認知作用者。因此，就此本體立場而言，人心既爲氣之靈者，而氣之靈又具「知覺之精」的能力，故人心即存有「知」之作用，使心之爲知體，即「知以心爲體」的論點。至於「知以物爲體」的論點呢？宗羲表示：

> 夫自來儒者，未有不以理歸之天地萬物，以明覺歸之一己，歧而二之，由是不勝其支離之病。陽明謂良知即天理，則天性明覺只是一事，故爲有功於聖學。今以度尺而午畫物通於物，當物及物通於格，是以天地萬物公共之理爲畫物，以吾心之明覺爲當物及物，然後謂之格物，與一草一木亦皆有理之說，有以異乎？《大學》言物有本末，蓋以本足以包末，末不足以立本，故曰知所先後，先本而後末也。聖賢工夫，一步步推入，結在慎獨，只於本上，本立而道生，末處更不必照管。若靜遠言，即本以達末、即末以透本，則是中和兼致，工夫兩截，儒者之弊，正坐此耳。先師不欲言「意爲心之所發」，離卻意根一步便是末，末未有能透本者也。靜遠苟明夫意，則格物之工夫即在其中，更不必起爐作竈也。夫心以意爲體，意以知爲體，知以物爲體。意之爲心體，知之爲意體，易知也；至於物之爲知體，則難知矣。家國天下固物也，吾知亦有離於家國天下之時，知不可離，物有時離，如之何物爲知體乎？人自形生神發之後，方有此知，此知寄於喜怒哀樂之流行，是即所謂物也。仁、義、禮、智，後起之名，故不曰理而曰物。〔註68〕

此處仍表示良知天理與心之明覺只是一事，故心本體當下具足，反對分心與理爲二，所以格物之對象就是格「吾心之物」，是一種採用心學「心即理」架構的向內格物方法；然而宗羲採用此種心學向內的格物方法之因，除了上述以此方法符合氣學的氣本體與本體之理合一的理論外；更是因爲就此本體而言，宗羲承其師宗周以心意知物凝一而歸結於獨體之中的思路，以爲聖賢工夫就是慎獨，即是直接就本體用功，所以此本體不僅是心意知物一貫性之本

〔註67〕　（明）黃宗羲：《孟子師說》，卷四，〈人之所以異章〉（《黃宗羲全集》增訂版），冊一，頁111。

〔註68〕　（明）黃宗羲：《南雷續文案》，卷二，〈答萬充宗論格物書〉（《黃宗羲全集》增訂版），冊七，頁201。

體，更是具有內在本源性的合下具足之實體，而非物外之理所匯集之本體。因此，宗羲順此思路前進，必然走向內在的格物工夫，由此可見宗羲的「知」與「物」明顯如同其師的主張，確是有某種一貫性的存在，但宗羲卻爲何表示「知以物爲體」後又指出「物之爲知體，則難知矣」呢？對此，不得不從宗周的思路論起。宗周云：

> 《大學》之言心也，曰「忿懥、恐懼、好樂、憂患」而已。此四者，心之體也。其言意也，則曰「好好色，惡惡臭」。好惡者，此心最初之機，即四者之所自來，所謂意也。故意蘊於心，非心之所發也。又就意中指出最初之機，則僅有知好知惡之知而已，此即意之不可欺者也。故知藏於意，非意之所起也。又就知中指出最初之機，則僅有體物不遺之物而已，此所謂獨也。故物即是知，非知之所照也。

〔註 69〕

牟宗三先生曾表示宗周之「知」乃「混良知與知本知止之知而爲一」，〔註 70〕而言「物」又分「物有本末之物」與「意本之物」二種內涵，〔註 71〕故其「知」

〔註 69〕　（明）劉宗周：〈學言〉上。（《劉宗周全集》），頁 457。

〔註 70〕　牟宗三：《從陸象山到劉蕺山》，第六章，〈劉蕺山的慎獨之學〉。（臺北：臺灣學生書局，1990 年 2 月再版 2 刷），頁 479。

〔註 71〕　牟宗三先生曾分析宗周之「知」以爲「此知若繼陽明而爲良知，則亦不難解。好善惡惡即是知善知惡，故知善知惡之良知即藏于好善惡惡之意中。此無難也。但他同時又根據《大學》，把這知滑轉而等同于知止、知本、知先之知，此則錯雜而難矣。蓋良知是實體字，而知止、知本、知先之知則是虛位字，如何可等同耶？」（牟宗三：《從陸象山到劉蕺山》，第六章，〈劉蕺山的慎獨之學〉，頁 473。）至於宗周之「物」，牟先生則以爲「物是『物有本末』之物，天下、國、家、身、心、意、六項皆物也。格物致知者格這六物而知意之爲本，天下、國、家、身、心、之爲末也。……然意之爲物只是六項中之一項，尚有作爲末之物，即天下、國、家、身、心是也。就知之『最初之機』而言，則『體物不遺』之物，如此物字有實義，則似乎不能只是「獨」，當該是六項之物。……蓋就蕺山學而言，知與六項之物俱在誠正修齊治平之實踐中而一起凝一地呈現也。如此說，則言「物即是知，非知之所照」似亦可通。蓋物只限于六項本末之物，亦即誠正修齊治平六種實踐中之物也。……意本之物既是知之所以爲知（知之體），故此意本之物即是知，非知之所照。意本之物是終窮者，不可再有體。若必說其體，則必此一物散而爲天下、國、家、身、心、意、知之七項，而即以此七項爲其體，故曰：『物無體，又即天下、國、家、身、心、意、知以爲體』。此意本之物若只轉過來復即知以爲體，則只是循環；若再加上天下、國、家、身、心、意，而說『即天下、國、家、身、心、意、知以爲體』，則不是循環，蓋只是意本之物這一『物』字之散開說，說之而示其內容而已，即本末之物這一全系再加上知本知止知先之知以爲此

與「物」之關係，是錯綜紛歧而不易分解的，即牟先生所言「蕺山于『知』于『物』糅合得極爲幽深曲折而又隱晦。」〔註72〕所以此處借用牟先生的研究成果來分析宗羲「物之爲知體，則難知矣」之論點，似乎亦應是可以成立的。爲什麼呢？因爲宗羲繼承了宗周的思想理路，加上宗羲亦由《大學》來立論著手，以物有本末之分，所以「家國天下，固物也」，但屬之於「末」物，而「知」才屬之於「本」物（此過程同於「物有本末之物」之義），其中「末未有能透本者」，故此時之物如之何爲知體呢？因此，只有將此物設定、轉化成仁義禮智等抽象道德屬性之物時，其才能等同「知」之概念（此過程又同於「意本之物」之義）。可見宗羲借用其師「獨體」、「意根」之言，表示只有「知」與「物」合一之本體，才可以作爲格物之眞正對象；所以宗羲格此「知」「物」合一之本體的同時，其實就是在致其「知」，仍符合宗羲自身「知行合一」的理論。總之，宗羲的格物是格「吾心之物」即「知」與「物」合一之本體，所以宗羲的格物必然要「通貫」此本體的「知」與「物」之關係，以致得物中的「湛然之知」。故宗羲又云：

> 「格」有「通」之義，證得此體分明，則四氣之流行，誠通誠復，不失其序，依然造化，謂之格物。未格之物，四氣錯行，溢而爲七情之喜怒哀樂，此知之所以貿亂也。故致知之在格物，確乎不易。佛者之言曰：「有物先天地，無形本寂寥；能爲萬象主，不逐四時凋。」夫無形亦何物之有，不誠無物，而以之爲萬象主，此「理能生氣」之說也。以無爲理，理亦非其理矣。總緣解「物」字錯，後儒以紛紜應感所交之物，纏爲之物，佛者離氣以言物，宜乎格物之義不明也。唯先師獨透其宗，此意散見語錄中，門弟子知先師之學者甚少，故晦而未彰。〔註73〕

由前述可知，宗羲所格之「物」是「知以物爲體」，即「知」與「物」合一之本體。所以，此「物」雖有「家國天下等外在之物」與「仁義禮智等抽象存

『意本之物』之體也一縱貫地本末說之，意爲本物，意同于知，賅括其他五項（一以貫之），綜體地內容地說之，則七項皆是『物』字之內容（其體）也。此即所謂幽深曲折，甚爲繳繞而又隱晦，而又有錯雜也。」（同上，頁473～頁478。）

〔註72〕 牟宗三：《從陸象山到劉蕺山》，第六章，〈劉蕺山的愼獨之學〉，頁473。
〔註73〕 （明）黃宗羲：《南雷續文案》，卷二，〈答萬充宗論格物書〉（《黃宗羲全集》增訂版），冊七，頁202。

在之物」之分，但透過格物的工夫，即格「通」「知」與「物」間之隔礙，使「家國天下等外在之物」與「仁義禮智等抽象存在之物」皆能正確的流行表現即是「知」。因此，無論就社會秩序或人倫綱常而言，其作用完全不在於外在之物的流行作用之條理性來證得，而是本體合下具足，故一切的思維活動與道德意識之「知」，即存於「物」之中，所以格物只需切身體會其本體內蘊的思維活動與道德意識，即格「通」此本體之物，使之能正確的開展流行，而成為合乎家國天下之規律與人倫綱常之道德，即是致知，然此正是宗羲「致知在格物」之義。

　　總而言之，宗羲格致觀的整體過程，即格通知與物間之隔礙而使之能正確合理表現其流行發用以致其湛然之知的過程，其思路完全符合宗羲本身之「氣」論。宗羲以為「氣自流行變化，而變化之中，有貞一而不變者，是則所謂理也性也。」〔註74〕即從氣化流行的愆陽伏陰之中，得其萬古常存不變之中氣。而此論明顯等同格物致知之過程，由「物」中格出合於社會秩序與人倫綱常之理則之「知」；加上氣化流行所依循之理，又只是「氣之理」而存於「氣」之中，故就此氣本體而言，是本體之氣與本體之氣之理的結合，而此又正可對照宗羲格物之物乃「知」與「物」合一之本體，即皆為見在具足之本體。因此，二者可謂是同一概念的對照。所以，無怪乎宗羲以格物致知的最終目的為「證得此體分明，則四氣之流行，誠通誠復，不失其序，依然造化。」即格其「本體之氣」，使本體之氣依循內在本然的「氣之理」以行，而此流行不失其則的表現即是「知」。然此結論，證明了前述宗羲的格致觀採用心學「心即理」的格物方法，僅是因為心學向內求本體的思路符合氣學自然之發展而已，加上宗羲此處明確以格其氣之本體與氣之流行不失其序自然造化過程，謂之格物，正說明了宗羲的格致觀是氣學的格致觀，是異於傳統心學或理學的格物致知論。

三、工夫與本體之合一

　　宗羲的格物致知論與其知行合一觀其實是有一致性的思路，即以本體之物內蘊湛然之知，是「知」「物」合一之本體，故一旦格此「物」之同時亦即是致其「知」，此過程當下就是「知行合一」的表現。然此正說明了宗羲的本

〔註74〕　（明）黃宗羲：《孟子師說》，卷六，〈生之謂性章〉（《黃宗羲全集》增訂版），冊一，頁133。

體雖是見在具足之本體，卻必須經由格物致知的過程以彰顯其本體及其本體之「知」的存在。再加上宗羲在「氣本一也」的立場下，主張本體之氣中內含本體之氣之理，即「天地之間，只有氣，更無理。所謂理者，以氣自有條理，故立此名耳。」〔註75〕明確以「氣」為合下具足的本體，至於「心即氣之聚於人者」〔註76〕而從屬於「氣」，可見其「心」之位階已非傳統心學以「心」為絕對形上本體者。因此，宗羲以「氣」取代了「心」為形上本體者，主張「氣」才是唯一的形上本體而否定了「心」之本體位階；故在「氣」學重行、重實踐的基礎上，宗羲由「理不可見，見之於氣；性不可見，見之於心」〔註77〕的思路，再進一步落實為「心不可見，見之於事。」〔註78〕以為天理流行與道德意識皆必須透過具體實踐之工夫才得以體顯其本體之發用。據此，宗羲提出了「心無本體，工夫所至，即其本體。」的主張。其云：

> 盈天地皆心也，變化不測，不能不萬殊。心無本體，工夫所至，即
> 其本體。故窮理者，窮此心之萬殊，非窮萬物之萬殊也。是以古之
> 君子寧鑿五丁之間道，不假邯鄲之野馬，故其途亦不得不殊。奈何
> 今之君子，必欲出於一途，使美厥靈根者化為焦芽絕港？夫先儒之
> 語錄，人人不同，只是印我之心體變動不居。〔註79〕

第一，就「心無本體，工夫所至，即其本體」來分析。宗羲此處雖主張「盈天地皆心」，但在「氣本一也」的立場下，「心」不過是「氣」在人身上的轉換性說法，即上述所言以「氣」取代了「心」之本體位階，所以「心無本體」，即是否定了以「心」為宇宙本體的論點。因此，在「氣」為見在具足之本體的立場下，「窮理者，窮此心之萬殊，非窮萬物之萬殊也。」即成為窮此「氣本體」之萬殊，而本體之外並無理之存在；然其窮理的過程，完全就是宗羲格其「皆備之物」（「吾心之物」）以致其「湛然之知」的思想理路，明顯是此「皆備之物」的「氣本體」，透過格物的工夫以凸顯此合下具足的氣本體之存

〔註75〕（明）黃宗羲：《明儒學案》，卷五十，〈諸儒學案中四〉，「蕭敏王浚川先生廷相」（《黃宗羲全集》增訂版），冊八，頁487。

〔註76〕（明）黃宗羲：《明儒學案》，〈師說〉，「羅整菴欽順」（《黃宗羲全集》增訂版），冊七，頁18。

〔註77〕（明）黃宗羲：《孟子師說》，卷二，〈浩然章〉（《黃宗羲全集》增訂版），冊一，頁60。

〔註78〕（明）黃宗羲：《孟子師說》，卷二，〈浩然章〉（《黃宗羲全集》增訂版），冊一，頁62。

〔註79〕（明）黃宗羲：《明儒學案·自序》（《黃宗羲全集》增訂版），冊七，頁3。

在。換言之，格物之對象必定是「知」「物」合一之氣本體，所以此氣本體須通過「格物」之工夫以透達「致知」而體顯，即宗羲所直言：「夫求識本體，即是工夫，無工夫而言本體，只是想像卜度而已，非真本體也。」〔註80〕明確指出對本體的掌握是離不開工夫，即工夫的下手處便是實有之本體，是「工夫所至，即其本體」的論點。總之，宗羲的「心無本體，工夫所至，即其本體」，是以「氣」取代「心」而成為格物之「物」（氣本體），再藉由格致之工夫來凸顯此「物」乃真實存有的具足之本體。至此，沈善洪先生亦有類似的結論，其云：

> （黃宗羲）在認識上，把「心」作為認識的主體、人的意識，認為這是「無體」的。他說：「蓋心無體，以意為體；意無體，以知為體；知無體，以物為體。」（〈子劉子行狀〉）這就是說，「心」是通過「意」、「知」去認識「物」，從而獲得其內容的。可見，所謂「功力所至，即其本體」中講的「功力」，即是在踐履中對「物」的認識。獲得了這種認識，「心」有了內容有了「本體」。……他是主張「心無本體」「以物為體」的。如果說「心以物為體」，麼「盈天地皆心」，豈不等同於他的另一命題「盈天地皆氣」嗎？事實上，當黃宗羲說「功力所至，即其本體」時，就是這個意思。〔註81〕

沈先生此處雖不同筆者直接由「本體之氣」的立場，表示本體須透過格致之工夫以凸顯其實有之存在；但其主張「心」必須通過踐履的工夫而對「物」有所識得之後，「心」才有了內容即有了「本體」，此反顯了「心」本僅具認知之能力而無「本體」。〔註82〕再加上沈先生又認為「心以物為體」的思路，

〔註80〕 （明）黃宗羲：《明儒學案》，卷六十，〈東林學案三〉，「太常史玉池先生孟麟」（《黃宗羲全集》增訂版），冊八，頁 843。

〔註81〕 沈善洪：《黃宗羲全集序》（《黃宗羲全集》增訂版），冊一，頁 21。

〔註82〕 吳光先生以為『『心』是認識的主體，『物』是客觀存在的事物，『理』指事物的規律（或指對規律的理性認識）。『盈天地皆心』句，是講心能認識整個世界，客觀世界是變化無窮的，所以規律也是千變萬化的。『心無本體』句，是講人的認識無本體可言，『窮理』的功夫到了火候，也就認識了事物。」（《黃宗羲著作彙考》，附錄二，〈清初啟蒙思想家黃宗羲傳〉，臺北：臺灣學生書局，1990 年 5 月初版，頁 317。）此思路完全同於沈善洪先生的主張，不過吳先生卻又指出「梨洲的『心無本體』說，雖沒有否定本體的存在（如在上引這段話後面，就有「心體變動不居」之語，說明梨洲是「心本體」論者），但卻確認『心之上』或『心之內』別無所謂『心之本體』。」（《儒道倫述》，〈論黃梨洲對陽明心學的批判繼承與理論修正〉，頁 186。）此論明顯與筆者主張心

其實就是將「盈天地皆心」之主張等同於「盈天地皆氣」的觀點，即是以「氣」爲「心」之本體。由此可見，沈先生的推論理路雖與筆者不盡相同，但卻得到相同的結論，就是「心無本體」而以「氣」爲本體；而「工夫所至，即其本體」即「道、理皆從形、氣而立，離形無所謂道，離氣無所謂理。」〔註83〕的「心不可見，見之於事」的思路，以爲本體是經由現實踐履工夫才得以體顯，是工夫與本體合一之「工夫即本體」的觀點。對此，宗羲又作了仔細的分析，其云：

> （楊應詔）「工夫即本體」，此言本自無弊。乃謂：「本體光明，猶鏡也；工夫，刮磨此鏡者也。」若工夫即本體，謂刮磨之物即鏡可乎？此言似是而非。夫鏡也，刮磨之物也，二物也，故不可以刮磨之物即鏡。若工夫本體，同是一心，非有二物。如欲歧而二之，則是有二心矣，其說之不通也。〔註84〕

宗羲雖贊成楊應詔「工夫即本體」的觀點，不過宗羲更進一步表示楊應詔以鏡喻本體光明，以刮磨之物喻工夫，表面上以「刮磨之物」磨「鏡」之時便是工夫與本體的結合，但本質上卻是分「鏡」與「刮磨之物」爲二物之說，明顯是工夫與本體的分離，所以宗羲認爲此論乃「是似而非」之說。因此，透過宗羲的評論，可以得知宗羲除了上述指出本體是在工夫實踐過程中得以體顯之外，更確實主張本體與工夫的合一，但此合一並非是相異二物的合一，而是「工夫本體，同是一心」即本質上同於一心（氣本體）上的是一。

第二，再從具體的道德世界來分析。宗羲雖提出本體須在工夫實踐過程中才得以體現的理論，然而儒家精神畢竟是入世的思想，再加上氣學本身是

無本體而以「氣」爲本體的論點有異曲同工之妙。故細究吳先生這兩篇論文可以發現，吳先生確實是主張「黃宗羲建立了明確的氣一元論。」（《黃宗羲著作彙考》，頁315。）因此，其認爲宗羲在「心體變動不居」的想法下，雖沒有否定「心本體」的存在，不過吳先生指出這其實是宗羲對「王陽明與劉蕺山思想的繼承與揚棄」（《儒道論述》，頁186。）即說明了宗羲之思想是保有心學的成分，但本質上卻已是以「氣」爲本的。據此，筆者不僅贊同吳先生的論點，更認爲宗羲保有心學成分之論，正可以證明筆者提出宗羲氣學的格致觀，確實是採用心學「心即理」的格致架構，不過這是因爲「心即理」的理路，符合了氣學「氣即理」自然發展的結果；並不可以此類似心學之思路，而認誤了宗羲氣學思想。

〔註83〕　（明）黃宗羲：《子劉子行狀》，卷下（《黃宗羲全集》增訂版），冊一，頁252。
〔註84〕　（明）黃宗羲：《明儒學案》，卷八，〈河東學案二〉，「舉人楊天游先生應詔」。（臺北：世界書局，1992年5月5版），頁62。

重行、重實踐的學問，宗羲自然將此理論具體落實於道德人倫世界而非僅是
虛玄空談之論。故宗羲以爲「夫先儒之語錄，人人不同，只是印我之心體變
動不居。」此處「心體變動不居」並非單純以「心」爲本體而具足萬殊之理，
而是「心無本體」的不執著於一家一派之學，以「心」之美妙在於其感應變
動不居而能靈應萬物，所以宗羲對於各家學術之宗旨，以爲只要是通過生命
工夫之體證者，皆是眞實的道德修養學問。因此，「心無本體，工夫所至，即
其本體」的義理上分解，即明確指出「心」不是一執著之定體，而是以各種
活活潑潑的生命道德表現爲心體的體現；換言之，心體之理的體現須具體落
實於現實世界，並依此開展出各種不同的道德生命，所以道德生命的體證，
就是經由現實世界的檢驗工夫來證明其道德本體的存在，是道德意義上「工
夫所至，即其本體」之義。據此，宗羲當然反對當時學者「此亦一述朱，彼
亦一述朱」〔註85〕的襲用程朱格物窮理之說，以爲只要順著程朱矩矱而行，
便能達到聖賢境界，完全不知先儒之精神皆經過刻苦的修養工夫過程而得，
僅依附數條語錄便以爲成賢達聖，而忘卻了要從生命之中去眞實體證生命的
意義。〔註86〕因此，宗羲自然主張各家派的道德學問，其實皆天道之開展，
反對執一家之言，以爲先儒之語錄，只要通過生命工夫所體證，自然即是自
我心體之體證。而此觀點繼續反映在〈明儒學案序改本〉與〈明儒學案發凡〉
之中。其云：

> 學術之不同，正以見道體之無盡，即如聖門師、商之論交，游、夏
> 之論教，何曾歸一？終不可謂此是而彼非也。奈何今之君子必欲出
> 於一途，剿其成說以衡量古今，稍有異同即詆之爲離經畔道。時風
> 眾勢，不免爲黃茅白葦之歸耳。〔註87〕

〔註85〕（明）黃宗羲：《明儒學案》，卷十，〈姚江學案序〉（《黃宗羲全集》增訂版），
　　　　冊七，頁197。
〔註86〕宗羲曾云：「儒者之學，經緯天地。而後世乃以語錄爲究竟，僅附答問一二條
　　　　於伊、洛門下，便廁儒者之列，假其名以欺世。治財賦者則目爲聚斂，開闔
　　　　扞邊者則目爲粗材，讀書作文者則目爲玩物喪志，留心政事則目爲俗吏，徒
　　　　以『生民立極、天地立心、萬世開太平』之闊論鈐束天下。一旦有大夫之憂，
　　　　當報國之日，則蒙然張口，如坐雲霧，世道以是潦倒泥腐，遂使尚論者以爲
　　　　立功建業別是法門，而非儒者之所與也。」（《南雷文定》後集，卷三，〈贈編
　　　　修弁玉吳君墓誌銘〉。《黃宗羲全集》增訂版，冊十，頁421。）
〔註87〕（明）黃宗羲：《南雷文定》五集，卷一，〈明儒學案序〉改本（《黃宗羲全集》
　　　　增訂版），冊十，頁79。

又

> 學問之道，以各人自用得著者爲眞。凡倚門傍户、依樣葫蘆者，非
> 流俗之士，則經生之業也。此編所列，有一偏之見，有相反之論。
> 學者於其不同處，正宜著眼理會，所謂一本而萬殊也。以水濟水，
> 豈是學問！〔註88〕

由此可見，宗羲以爲「心無本體」正可以見其道體之無窮；故就道德立場而言，道德本體是活潑不斷變動的本體，因此其開展的道德生命只要能通過眞實生命的體證，即是對自我與道德本體的肯定。

再者，由於明末清初心學的末流，將主要興趣致於空寂光景的心體把捉之上，以及心體理論的思辨，故相對於文獻知識則顯得十分疏闊。因此在當時一股反省空談心性之說，而主張「崇實黜虛」〔註89〕的務實學風之下，以及宗羲重行、重實踐的氣學主張，於是「讀書」便成爲「心無本體，工夫所至，即其本體」的具體方法，即透過閱讀學習經史典籍中之道理，來發明原本存在的道德本體，並同時體證此活潑道德生命的萬殊變化，以「學問之道，以各人自用得著者爲眞。」此已非是單純理性知識的追求而已，更是轉入道德層面，主張發揮個人的自我主體的認知能力，從賢聖書籍中體認各自的道德生命本體，〔註90〕並通過眞實生命體驗的工夫過程，以證明道德本體乃眞實存在於個人身上；就算是體證的過程人人殊異，但最終仍「只是印我心體之變動不居」而已，即所謂「一本而萬殊也」。因此，宗羲更明確提出讀書之

〔註88〕（明）黃宗羲：《明儒學案·發凡》（《黃宗羲全集》增訂版），冊七，頁6。

〔註89〕 參考陳鼓應、辛冠潔、葛榮晉主編《明清實學思潮史》，上冊，〈導論〉（濟南：齊魯書社，1989年7月第1版，頁1～2。）其云：「從十六世紀至十九世紀四十年代，即從明中葉至清鴉片戰爭前夕，隨著中國後期封建社會總危機的爆發和資本主義萌芽的產生，出現了一股反省既往，面向現實的新的社會思潮。有的學者把這一新思潮叫做早期啓蒙思潮，有的叫做自我批判思潮，有的叫做經世致用思潮，有的叫做個性解放和人文主義思潮。我們則以明清進步思想家普遍使用過的「實學」這一概念，來涵蓋這一社會思潮，把它叫做『明清實學思潮』。……明清實學思潮的基本特徵是『崇實黜虛』。所謂『崇實黜虛』，就是鄙棄理學末流的空淡心性，而在一切社會文化領域提倡「崇實」，如『實體』、『實踐』、『實行』、『實功』、『實心』、『實念』、『實言』、『實才』、『實政』、『實事』、『實風』等等。」

〔註90〕 王汎森先生亦有類似的主張，其以爲宗羲讀書的目地在於透過書本以尋求本體的存在。（〈清初的講經會〉，《中央研究院歷史語言研究所集刊》，68·3，1997年3月，頁503～588。）

次序，其云：

> 讀書當從六經，而後《史》、《漢》，而後韓、歐諸大家。浸灌之久，
> 由是而發爲詩文，始爲正路。〔註91〕

　　又

> 文必本之六經，始有根本。雖劉向、曾鞏多引經語，至於韓、歐，
> 融聖人之意而出之，不必用經，自然經術之文也。近見巨子，動將
> 經文塡塞，以希經術，去之遠矣。〔註92〕

由此可見，宗羲主張先以治「經」而後讀「史」的「讀書」次序之工夫，〔註93〕
再久之「浸灌」其不可磨滅之精神，最後才能發爲「正路」，其過程明顯是將「工
夫所至，即其本體」置於道德實踐理路，強調「經史之功」〔註94〕不僅是成學
的基礎，更是道德本源之所在。故宗羲即云：「讀書不多，無以證斯理之變化；
多而不求心，則爲俗學。」〔註95〕據此，宗羲又進一步具體表示治經的要點，
其云：

> （萬充宗）以爲非通諸經，不能通一經；非悟傳、註之失，則不能
> 通經；非以經釋經，則亦無由悟傳、註之失。何謂通諸經以通一經？
> 經文錯互，有此略而彼詳者，有此同而彼異者，因詳以求其略，因
> 異以求其同，學者所當致思者也。何謂悟傳、註之失？學者入傳、
> 註之重圍，其於經也無庸致思，經既不思，則傳、註無失矣，若之
> 何而悟之？何謂以經解經？世之信傳、註過於信經。〔註96〕

筆者以爲宗羲此處提出具體的治經方法，完全符合「工夫所至，即其本體」
的重實踐思路之外，更認爲宗羲此內在思路已開通經致用的「實學」一路。
爲什麼呢？因爲細究其言可以發現宗羲的治經之論，不僅已有考據之學的步

〔註91〕（明）黃宗羲：《南雷文案》，卷七，〈高旦中墓誌銘〉（《黃宗羲全集》增訂版），
　　　　冊十，頁323。

〔註92〕（明）黃宗羲：《南雷文定》三集，卷三，〈論文管見〉（《黃宗羲全集》增訂
　　　　版），冊十，頁669。

〔註93〕全祖望對此亦曰：「公（黃宗羲）遂自明《十三朝實錄》，上溯《二十一史》，
　　　　靡不究心，而歸宿於諸經。既治經則旁求之九流百家，於書無所不窺者。」（《鮚
　　　　埼亭集》，內編，卷十一，〈梨洲先生神道碑文〉，頁263。）

〔註94〕（明）黃宗羲：《南雷文案》，卷四，〈答張爾公論茅鹿門批評八家書〉（《黃宗
　　　　羲全集》增訂版），冊十，頁178。

〔註95〕（清）全祖望：《鮚埼亭集》，內編，卷十一，〈梨洲先生神道碑文〉，頁268。

〔註96〕（明）黃宗羲：《南雷文案》三刻，〈萬充宗墓誌銘〉（《黃宗羲全集》增訂版），
　　　　冊十，頁417。

驟,且在現實學術上「(宗羲)予注律呂、象數、周髀、曆算、勾股、開方、地理之書,頗得前人所未發。」〔註97〕即以經世致用的「絕學」〔註98〕復興爲具體實用;此思路確實是將明末清初的虛空學風轉向實學的關鍵。對於此論,張高評先生亦有相同的主張,其云:

> 梨洲乃理氣一元論者,故主張合致知於格物,以心性事功二者爲體用一貫之實學,……梨洲論學,在在抨擊虛浮,而倡言以實學爲重,欲求聖賢本意,勢不得不精研經史也。故凡受先生之教育者,必先窮經,經術所以經世,方不爲迂儒之學,故兼令讀史。其《明夷待訪錄》一書多偉論,固徵實致用之作也。……明室既頹,大儒若亭林、梨洲等,爲學皆務博通,而未嘗不歸於切實有用,儼然爲清代考證學之蠶叢焉。〔註99〕

綜合上述兩點分析可知,一、「心無本體,工夫所至,即其本體」確實是以本體並非一執著之定體,故此本體之所現,是必須透過格致之工夫以證明本體之存在,即從萬殊之中得其一本;而此一本者即是向內收攝而致之本體,其收攝的工夫過程,完全是將心學「心即理」的「窮此心之萬殊」之內求心本體架構轉化爲以氣爲本體的「氣即理」式之格致觀。此論明顯是主張本體之「氣」當下具足,故僅須就此「氣本體」下工夫即可,此乃是氣學本體論自然之發展,其過程雖類似心學本體之說,但不可本末倒置以爲宗羲是繼承心學思路而修正本體之氣論,應是氣本論的「工夫所至,即其本體」格致觀工夫,恰好如同心學向內收攝之架構,即二者的格致工夫雖相似,但本質立場上卻明顯不同。換言之,不可以宗羲就氣本體的格致工夫類似「心即理」之思路,便認定宗羲此處乃繼承心學的心本體之論,而後才產生氣本體之說。

　　二、宗羲站在「氣本一也」的立場,多次明確反對朱子理氣二分、心性二分之論,並且更暗指朱子透過讀書以求義理之途,正是告子的義外之說。〔註

〔註97〕 （明）黃宗羲:《南雷文案》,卷六,〈亡兒阿壽壙誌〉(《黃宗羲全集》增訂版),冊十,頁523。

〔註98〕 黃宗羲云:「絕學者,如曆算、樂律、測望、占候、火器、水利之類也。」(《明夷待訪錄・取士下》。《黃宗羲全集》增訂版,冊一,頁19。)

〔註99〕 張高評:《黃梨洲及其史學》,第二章,〈明末清初之學風〉。(臺北:文津出版社有限公司,2002年5月初版2刷),頁57~頁59。

〔註100〕 宗羲嘗云:「『集義』者,應事接物,無非心體之流行。心不可見,見之於事,行所無事,則即事即義也。心之集於事者,是乃集於義矣。有源之水,有本之木,其氣先生不窮。『義襲』者,高下散殊,一物有一義,模倣迹象以求之,

100〕不過，宗羲在氣學重行、重實踐的思路下，卻以爲「工夫所至，即其本體」的具體實踐方法，即藉由「讀書」以體悟無窮之道體，並在同時通過親身的生命體證，才能證得道德本體之眞實存在。然而此處馬上產生一個疑問，就是宗羲以爲朱子主張理氣二分之論，故將其透過讀書以格外物而窮理的過程，視之爲義外之學，明顯悖於宗羲自己所主張「讀書」乃體認知識與道德本體的具體著手工夫。而此處是否即是宗羲思想的矛盾？筆者以爲並非如此，因爲宗羲認爲朱子學爲義外之說之因，在於「先儒多以性中曷嘗有孝弟來，於是先有仁義而後有孝弟，故孝弟爲爲仁之本，無乃先名而後實歟？……先儒往往倒說了，理氣所以爲二也。」〔註101〕即朱子學總是先求個未發之中的性理，而忽略了當下之實踐，明顯不合於「工夫所至，即其本體」的思路。因此，宗羲站在工夫與本體合一的立場上，當然視朱子的「讀書」爲義外之學；但此論並不表示宗羲反對「讀書」，而是認爲「讀書」須在工夫與本體合一的前提下，以窮得本體之理的當下即是本體之理的開展，如此才可謂「工夫所至，即其本體」的「讀書法」。由此可見，宗羲反對朱子的「讀書」窮理之論，應是針對朱子僅將「讀書」視爲格外物之理的工夫，而忘卻當下之實踐以體顯本體之存在，造成了工夫與本體的分離。事實上，宗羲對於朱子的學術精神依舊是崇敬仰慕的，其曾云：「吾心之所是，證之朱子而合也，證之數百年來之儒者而亦合也。」〔註102〕故宗羲雖反對朱子理氣二分的格外物之工夫，但其主張在本體與工夫合一的立場下，透過「讀書」的窮理實踐之路，卻又有某種程度的接近朱子學之論了。對於此結論，何佑森先生亦有完全相同的觀點，其云：

> （宗羲）窮理工夫有內外之分，梨洲認爲不如著意於外，先窮天地萬物間萬殊之實理，然後轉而向內，證諸吾心。以所窮之理，獲得

正朱子所謂『欲事事皆合於義』也。『襲裘』之『襲』，羊質虎皮，不相黏合。事事合義，一事不合，則伎倆全露，周章無措矣。告子外義之病如此。朱子言其冥然無覺，悍然不顧，此則世俗頑冥之徒，孟子亦何庸與之辨哉！故象山云：『讀書講求義理，正是告子外義工夫。』亦已深中其病。而朱子謂其靜坐澄心，卻是外義，恐未必然也。」（《孟子師說》，卷二，〈浩然章〉。《黃宗羲全集》增訂版，冊一，頁62。）

〔註101〕（明）黃宗羲：《孟子師說》，卷四，〈仁之實章〉（《黃宗羲全集》增訂版），冊一，頁102。

〔註102〕（明）黃宗羲：《南雷文案》，卷一，〈惲仲昇文集序〉（《黃宗羲全集》增訂版），冊十，頁4。

吾心之認可。將前一期（《明儒學案序》）的思想簡化，這是他晚年

（《明儒學案序》改本）最後思想上的一次重大改變。這時，他已比

較逐步地接近於朱子之說；所不同的，他要實踐於物上的工夫時時

著到不離乎吾心。不然，則萬殊不能歸於一致。換言之，梨洲此時

所講的，既非是純粹的心學，亦非純粹的理學，只是他個人的思想

而已。〔註 103〕

筆者十分贊同何先生以爲宗羲已有逐漸接近朱子之學，以及宗羲的思想既非

純粹的心學與理學的結論。不過，筆者的推論過程卻不同於何先生，其認爲

宗羲先將「意」著於外，「先窮天地萬物間萬殊之實理，然後轉而向內，證諸

吾心。」即先透過朱子格外物的工夫以獲致一本之理，再轉向內證於吾心。

然而此論雖說明了宗羲確實是接受了朱子學的格致觀，但其多費一手的體證

過程（即先格外物，再體證於吾心），卻易有陷入「本體與工夫爲二」的危險。

反而不如直接就宗羲「窮天地萬物之理，即在吾心之中」〔註 104〕的原始文句

思路前進，以吾心之本體（或氣本體）見在具足，故格物工夫的當下便是本

體之體顯，是本體與工夫合一的表現。

　　因此，宗羲雖採用類似心學的內攝格致工夫，但其並非繼承陸王心學而

來；其反對程朱格外物以窮理之論，但卻又以「讀書」的格致工夫爲具體下

手處。可見宗羲的「氣學」主張，明顯不同於陸王心學與程朱理學，而是一

種重行、重實踐的學說，即「心無本體，工夫所至，即其本體」的思路。對

此，錢穆先生曾表示：

　　　　此與自來講心學者，有絕可注意之異點。從來言心學多講本體，而

　　　　此則重工夫，一也。從來言心學多著意向內，而此則變而向外，二

　　　　也。從來言心學多重其相同，而此則變言萬殊，三也。〔註 105〕

筆者以爲錢穆先生此處第一、三點的分析，認爲宗羲由偏重心之本體而轉向

「重工夫」、「言萬殊」之論，其實是符合「氣」本體論的思路。此暫且不論

其由心本體立場言宗羲重「工夫」、「萬殊」；事實上，宗羲以「理不可見，見

〔註 103〕何佑森：《清代學術思想——何佑森先生學術論文集》，下冊，〈黃梨洲晚年思
　　　　想的轉變〉。（臺北：國立臺灣大學出版中心，2009 年 4 月初版，頁 218。）

〔註 104〕（明）黃宗羲：《南雷文定》五集，卷一，〈明儒學案序〉改本（《黃宗羲全集》
　　　　增訂版），冊十，頁 79。

〔註 105〕錢穆：《中國近三百年學術史》，〈梨洲晚年思想〉（臺北：臺灣商務印書館，
　　　　1980 年 1 月臺 7 版），頁 27。

之於氣；性不可見，見之於心，心即氣也。」又「心不可見，見之於事。」明顯是本體的體現須藉由現實的實踐工夫才得以完成，此即凸顯了「工夫」的重要性。再加上此氣本體具足萬殊之理，故一旦對本體下工夫的同時，便是格此氣本體的萬殊之理；換言之，此萬殊之理其實一本於本體之氣中，即「散殊者無非一本，吾心是也。」〔註106〕的氣學一本萬殊觀，故宗羲所重的萬殊之理，實際上仍一本於「氣本體」之中。因此，錢先先雖由心學立場言宗羲對心學的改變，而導引出宗羲「重工夫」、「言萬殊」之論不合乎傳統心學之主張，但此結論卻正好反顯了宗羲確實是以「氣」為本的思想構架，是氣本體當下具足且本體與工夫合一的觀點。至於錢先生第二點的分析，以為宗羲繼承了宗周「意為心之所存」的慎獨之論，故自然產生「意之為心體」的主張；不過，之後宗羲又在《明儒學案序》中表示「心無本體」，明顯將「意」置於心外，而不合其師宗周的主張，於是錢先生便以此思路的改變為宗羲晚年思想的定論。〔註107〕但筆者卻以為此論是值得商榷的，因為宗羲所謂「心無本體」，其實是以「氣」為本體，而此「氣」又是見在具足的「知」「物」合一之本體，是「心以意為體，意以知為體，知以物為體。」〔註108〕即「氣」本體已是心、意、知、物合一者，其實並未將「意」置於心外；故「意之為心體」與「心無本體」之間，事實上是透過「氣」而有一貫性的思路。而此正是宗羲本體之氣的基本立場，並非如同錢先生以「意」由內轉向外之改變來定論宗羲晚年之思想。

由此可知，宗羲「心無本體，工夫所至，即其本體」是氣本體與工夫的合一，是無法由心學立場來分析討論的。此不僅是氣學自然發展的結果，其多少亦受至業師宗周的影響，宗周曾云：

> 心無體，以意為體；意無體，以知為體；知無體，以物為體。物無用，以知為用：知無用，以意為用：意無用，以心為用。此之謂「體用一源」，此之謂「顯微無間」。〔註109〕

〔註106〕（明）黃宗羲：《孟子師說》，卷四，〈博學章〉（《黃宗羲全集》增訂版），冊一，頁110。

〔註107〕錢穆：《中國近三百年學術史》，〈梨洲晚年思想〉（臺北：臺灣商務印書館，1980年1月臺7版），頁27。

〔註108〕（明）黃宗羲：《南雷續文案》，卷二，〈答萬充宗論格物書〉（《黃宗羲全集》增訂版），冊十，頁201。

〔註109〕（明）劉宗周：《學言下》（《劉宗周全集》），冊二，頁531。

宗周以爲心、意、知、物彼此之間，不只是「體」，而且又是「用」，彼此是「顯微無間」的融合一體存在。而宗羲便繼承了此思路，並轉化將心意知物融合一體於「氣」之中，故當氣本體由微而著時，只須就氣本體本身發用實踐工夫即可體現；換言之，本體即在工夫中，工夫亦由本體而發，是本體與工夫的合一。因此，宗羲當然反對傳統心學只偏重本體之論，故其記錄了宗周反對陶石梁「識得本體，不用工夫」一事，其云：

> 石梁言：「識得本體，不用工夫。」先生（宗周）曰：「工夫愈精密，則本體愈昭熒。今謂既識後，遂一無事事，可以縱橫自如，六通無礙，勢必至爲無忌憚之歸而已。」其徒甚不然之，曰：「識認即工夫，惡得少之？」先生曰：「識認終屬想像邊事，即偶有所得，亦一時恍惚之見，不可據以爲了徹也。其本體只在日用常行之中，若舍日用常行，以爲別有一物可以兩相湊泊，無乃索吾道于虛無影響之間乎？」〔註110〕

宗羲曾云：「學問思辨行，正是虛靈用處，舍學問思辨行，亦無以爲虛靈矣。」〔註111〕即以工夫爲本體之發用，若無工夫則本體無以體現；因此，本體的體現是落實在日用常行之中，是在工夫中見本體。不過要特別注意一點，此處的「工夫」明確是指日用常行之「實踐」，不可錯會識得本體之「識認即工夫」，因爲僅憑空虛想像以求本體之實，「無乃索吾道于虛無影響之間」，所得之本體必是以無用爲用的虛空本體，故對此「識認」之義，宗羲其實已修正並賦予實踐之能力，以爲「求識本體，即是工夫，無工夫而言本體，只是想像卜度而已，非眞本體也。」〔註112〕即識認本體之工夫仍落實在現實日用常行之中，並非單純以「識認」作用即是工夫。此外，本體與工夫二者亦不是「一物可以兩相湊泊」，是「本體只是些子，工夫只是些子。仍不分此爲本體，彼爲工夫。亦并無這些子可指，合於無聲無臭之本然。」〔註113〕宗羲此處用宗周之言再次表示工夫即在本體中，本體之發用即工夫，是同一「氣」的不分彼此之作用與本體，非兩相湊泊於一氣之上的。

〔註110〕（明）黃宗羲：《子劉子行狀》，卷下（《黃宗羲全集》增訂版），冊一，頁253。
〔註111〕（明）黃宗羲：《明儒學案》，卷五十二，〈諸儒學案中六〉，「襄惠張淨峯先生岳」（《黃宗羲全集》增訂版），冊八，頁550。
〔註112〕（明）黃宗羲：《明儒學案》，卷六十，〈東林學案三〉，「太常史玉池先生孟麟」（《黃宗羲全集》增訂版），冊八，頁843。
〔註113〕（明）黃宗羲：《子劉子行狀》，卷下（《黃宗羲全集》增訂版），冊一，頁250。

總之，「心無本體，工夫所至，即其本體」是必須從氣學立場來立論。其「心無本體」不僅是以「氣」為本體之外，更將「散殊者無非一本，吾心是也」的窮此心之萬殊，轉化成氣本體本具的萬殊之理，加上氣本一也的「心即氣」思路，於是窮此心本體即成為窮此氣本體者。因此，無論就本體立場或工夫角度言此「氣」，此氣本體見在具足，可以是形上本體的抽象存在，同時亦可以發用為形下具體之作用。故在此基礎上，識得本體必須透過格致的工夫以求得，而格物的當下便是致其知，也就是「工夫所至，即其本體。」所以，宗羲的氣本體是「知行本體」，是「工夫與本體合一」，是「即知即行，即心即物，即動即靜，即體即用，即工夫即本體，即下即上，無之不一」〔註114〕的合一理論。故順此思路前進，宗羲自然產生重視理論與實踐結合的重行、重工夫之主張，並進而提倡絕學復興、制度考察等經世致用之實學；其實皆是宗羲本身「工夫與本體」合一之思想所延伸的，此亦是研究宗羲其他學說不得不探討的基礎本源處。

第二節　黃宗羲之成德工夫

孟子嘗云：「人之所不學而能者，其良能也；所不慮而知者，其良知也。孩提之童，無不知愛其親者；及其長也，無不知敬其兄也。親親，仁也；敬長，義也。」〔註115〕孟子此處明確將知識論轉入道德層面，以為「良知」「良能」乃天之所與、吾所固有的道德意識。因此，宗羲自然繼承儒家理性知識與道德意識合一的觀點，將格物致知的進學工夫轉至成德致聖的道德修養。不過，宋明儒者對此道德修養工夫卻一直存在著歧見，尤其是陽明後學，更分化為「本體派」與「工夫派」之爭論；〔註116〕故在此氛圍之下，宗羲提出

〔註114〕（明）黃宗羲：《明儒學案》，〈師說〉，「王陽明守仁」（《黃宗羲全集》增訂版），冊七，頁14。

〔註115〕（漢）趙岐注、（宋）孫奭疏：《孟子注疏》，卷第十三上，〈盡心上〉（《十三經注疏》），頁9下。

〔註116〕王畿曾云：「良知不學不慮。終日學，只是復他不學之體；終日慮，只是復他不慮之體。無工夫中真工夫，非有所加矣。工夫只求日減，不求日增；減得盡便是聖人。後世學術正是添的勾當，所以終日勤勞更益其病。」（《王畿集》，卷六，〈與存齋徐子問答〉。南京：鳳凰出版社，2007年3月第1版第1次印刷，頁146。）以為良知現成，本來不待修證，即識得自然之本體當下便是聖人，無須再做持敬、存養之工夫；此是「本體派」的主張。聶豹則云：「寂然不動，天地之心也，只此便是喜怒哀樂未發時氣象。然豈初學之士可一蹴

了自身成德之工夫，其云：

> 天理無處而心其處，心無處而寂然未發者其處。寂然不動，感即在
> 寂之中，則體認者亦唯體認之於寂而已。今曰隨處體認，無乃體認
> 於感？其言終覺有病也。〔註117〕

又

> 滿腔子是惻隱之心，此意周流而無間斷，即未發之喜怒哀樂是也。
> 遇有感觸，忽然迸出來，無內外之可言也。先儒言惻隱之有根源，
> 未嘗不是，但不可言發者是情，存者是性耳。擴充之道，存養此心，
> 使之周流不息，則發政施仁，無一非不忍人之心矣。〔註118〕

此處兩段引文，可以看出宗羲既主張體認未發之「寂」的自然現成本體，亦
同時認爲「孟子言性，多以情言，蓋舍情無以見性，與諸子專向人生而靜以
上說性者不同。」〔註119〕即主張透過存養的工夫以復本體（捨情無以見性），
反對體認「生而靜以上說性」；明顯是兩種不同的工夫論主張。〔註120〕然此是

能至哉？其功必始於靜坐。靜坐久然後氣定，氣定而後見天地之心，見天地
之心而後可以語學。即平旦之好惡而觀之，則原委自見。故學以主靜焉至矣。」
（《雙江聶先生文集》，卷八，〈答亢子益問學〉，頁31下。臺南：莊嚴文化事
業有限公司，據北京大學圖書館藏明嘉靖四十三年吳鳳瑞刻隆慶六年印本。）
其以爲良知乃未發之中，故須透過「主靜」之工夫時時存養未發之中，即以
復歸良知本體爲立本工夫：此乃「工夫派」的主張。由此可見，兩者的基本
立場並不相同，故有本體與工夫之爭。（對於王門後學的分化，可細分爲兩大
系統，五個流派，即現成派又分「虛無派」，如王畿、周汝登等；「日用派」
如王艮、羅汝芳等。工夫派又分「主靜派」，如聶豹、羅洪先等；「主敬派」，
如鄒守益、王時槐等；「主事派」，如錢德洪、歐陽德等。不過，對此分化之
內容部分，因已超出本論文範圍，故此處僅取其強調「現成本體」之先天本
體的悟得與「工夫派」之後天工夫的修持之概念性通義，不再詳述其分化流
變。請參考錢明：《陽明學的形成與發展》。南京：江蘇古籍出版社，2002年
9月初版，頁132～157。）

〔註117〕（明）黃宗羲：《明儒學案》，卷三十七，〈甘泉學案一〉，「文簡湛甘泉先生若
水」（《黃宗羲全集》增訂版），冊八，頁141。

〔註118〕（明）黃宗羲：《孟子師說》，卷二，〈人皆有不忍人之心章〉（《黃宗羲全集》
增訂版），冊一，頁69。

〔註119〕（明）黃宗羲：《明儒學案》，卷五十三，〈諸儒學案下一〉，「考功薛西原先生
蕙」（《黃宗羲全集》增訂版），冊八，頁610。

〔註120〕古清美先生指出宗羲確實有工夫義把握不定的情形，其指出「他（宗羲）在
『心即理』的前提下，卻可以容許有兩套不同的工夫論——一是二溪思路的
『還其自然』、『絕無一事』，不須察識存持；一是蕺山主張的『存養主宰』、『未
發慎獨』。」（〈黃宗羲的《孟子師說》試探〉。《明代經學國際研討會論文集》，

否即說明了宗羲的工夫論是矛盾對立之存在呢？筆者以爲並非如此，因爲宗羲解孟子〈盡其心者章〉嘗云：

> 人心爲氣所聚，其樞紐至微，勿忘勿助，此氣常存，稍涉安排，則霍然而散，不能自主。故必須存，存得恰好處便是養，不是兩件工夫。《易》言「成性存存」，可知是一也。天下之理，皆非心外之物，所謂存久自明而心盡矣。〔註121〕

宗羲此言可以從兩個角度來分析。第一，就其工夫立場而言。宗羲以孟子「必有事焉而勿正，心勿忘，勿助長也。」〔註122〕之意涵來論釋「存得恰好處便是養，不是兩件工夫。」即「必有事焉」是後天存養之工夫，而反對自然現成之本體工夫；「勿忘勿助」則是反對執於後天存養之工夫，而主張歸復其自然之本體。此明顯是藉孟子合內外之工夫來表示存養工夫與還其自然本體的工夫之間並無矛盾；換言之，孟子「必有事焉」與「勿忘勿助」是不衝突的合一工夫，故相對於宗羲的工夫論亦是不矛盾。接著，宗羲再以《易》「成性存存」繼續證明兩種工夫的合一，其以「成性」是須透過對自然本體的存養才能完成，即養得此「自然之性」便是「存」此「養的恰好處」，仍是兩種工夫合一的觀點。對於此論，蔡家和先生亦有完全相同的主張，其云：

> 黃宗羲以《易傳》爲證明，證明工夫是要養、要存始可，非無工夫，唯此存養亦是不假安排、自然而然，故不是兩個工夫。所以他說存的恰到好處便是養，此恰到好處便是無過與不及，便是勿忘勿助，

臺北：中央研究院中國文哲研究所，2002年3月，修定1版2刷，頁251。）甚至進一步認爲宗羲「這兩種，或甚至三種工夫論——自然現成、氣（知覺運動）中實踐、靜中存養，就在這些複雜的因素中，交錯出現在他的思想裏了。」（同上，頁253。）而以爲宗羲的工夫論有著自相矛盾的思路。不過，古先生對此做了分析表示「這樣批評梨洲之矛盾，不是沒有根據的；尤其是在他闡釋蕺山的『一氣流行』的理論時，力求體用合一，希望將本體與流行全盤等同，又不得不顧及到修養論的問題。」（同上）然而此處對宗羲的評論，筆者以爲卻正好反顯了宗羲確實在「氣本一也」的立場上，不僅理氣心性是一，而且本體與流行亦合一於「氣」上，使體證與實踐在「氣」上同時作用，自然發展成看似兩套對立的工夫論，但卻同時作用於「氣本體」上而不矛盾。簡言之，就是宗羲的理氣合一觀延伸至工夫論的合一。

〔註121〕（明）黃宗羲：《孟子師說》，卷七，〈盡其心者章〉（《黃宗羲全集》增訂版），冊一，頁148。

〔註122〕（漢）趙岐注、（宋）孫奭疏：《孟子注疏》，卷第三上，〈公孫丑上〉（《十三經注疏》），頁9上。

> 要勿忘勿助便不可涉有人偽，故存養的工夫與自然而無人偽的工夫
> 並沒有矛盾，……黃宗羲言的自然工夫類似孟子的勿忘勿助的工
> 夫，而存養工夫類似孟子的必有事焉的工夫，孟子工夫可以不衝突，
> 同樣地，黃宗羲的工夫論亦可以不衝突，因為勿忘勿助或是自然現
> 成只是作用上的工夫，工夫本領以存養為主，而在作用上的拿捏則
> 不可涉於人偽的安排，故工夫只是一個，其中並無矛盾。〔註123〕

第二，除了上述由工夫層面分析外，再就氣本體立場而言。宗羲以為「人心為氣所聚，其樞紐至微」，將心之本體位階由「氣」取代，故此本體之氣當下具足，是不須人偽安排，明顯是自然現成之氣本體者；但宗羲又主張「工夫所至，即其本體」即透過工夫的修養以體現本體之存在，無工夫則無本體。至此，兩種工夫皆是在同一氣本體上之作用，即自然之工夫與存養之工夫間，其實是透過「氣本體」的聯結而有其一致性的作用；換言之，自然與存養之工夫是同時作用於「氣」上的工夫，故就氣本體立場而言，二者的作用其實是氣本體上合內外的一致性工夫，並無矛盾的存在。

綜合上述之論可以得到兩個新觀點。第一，宗羲的工夫論確實是自然現成與後天存養兩種工夫主張的同時存在，但此對立存在，並非表示宗羲思路的矛盾，而是就工夫立場言，二者是合內外的統一工夫；就氣本體立場言，二者又是作用於同一氣本體上的一致性工夫；即兩種工夫之間並無矛盾。第二，由於宗羲的工夫論是合內外一致性之工夫，再加上宗羲「工夫所至，即其本體」的重實踐之主張，於是「氣學」引導了理學走向重實、重行的「實學」立場，實際上是順其內在理路的自然發展，並非只是單純外在對宋明儒者空談心性之學的反動而已；而此觀點，筆者以為亦正好彌補了明末清初理學轉向實學的內緣因素。（參考本論文，第二章）對此，筆者便不得不分別討論宗羲的兩種工夫論內涵。

一、先天之學

宗羲有云：

> 〈太極圖說〉曰：「主靜立人極」。此之靜，與動靜之靜判然不同，
> 故自註云：「無欲故靜」。本是趙岐《論語》「仁者靜」之註，移之於

〔註123〕蔡家和：〈黃宗羲的工夫論及其現代意義〉，《鵝湖學誌》，第三十六期，2006
年6月，頁155。

此。然濂溪言無欲，而孟子言寡欲者，周子先天之學，動而有不動者存，著不得一欲字，孟子養心，是學者工夫，離不得欲字。〔註124〕

宗羲以爲周子以「無欲故靜」之「靜」爲本體，其因在於此「靜」本體乃是動無動相、靜無靜相的超越形下之動靜者，所以此本體超然形而上，當然「著不得一欲字」，即以神靜與神動〔註125〕的形式存在而不同於一般動靜之物。因此，宗羲進一步提出了對此「靜」本體下存養的工夫，以爲周子「主靜」的「先天之學」就是直接存養此未發之本體的工夫（至於「學者工夫」，容待下一小節討論），使之保持不受人僞安排或「欲」影響之前的本來面貌。不過，此處馬上產生一個疑問，就是宗羲既然贊同以「先天之學」的「主靜」爲存養未發本體之工夫，則此「靜」本體之具體之內容究竟爲何？且又爲何要「主」之呢？宗羲對此則云：

> 夫心體流行不息，靜而動，動而靜。未發，靜也，已發，動也。發上用功，固爲徇動；未發用功，亦爲徇靜，皆陷於一偏。而《中庸》以大本歸之未發者，蓋心體即天體也。周天三百六十五度四分度之一，而其中爲天樞，天無一息不運，至其樞紐處，實萬古常止，要不可不歸之靜。故心之主宰，雖不可以動靜言，而唯靜乃能存之。此濂溪以主靜立人極，龜山門下以體夫喜怒哀樂未發前氣象爲相傳口訣也。……蓋心體原是流行，而流行不失其則者，則終古如斯，乃所謂靜也、寂也。儒者存養之力，歸於此處，始不同夫釋氏耳。
> 〔註126〕

第一，首先討論宗羲「靜」之內涵。宗羲以爲「心體原是流行，而流行不失其則者，則終古如斯，乃所謂靜也、寂也。」明確指出「靜、寂」乃是心體流行不失其則者，即本體之發用能合乎其內在本然之理，就是「靜、寂」之作用。此觀點完全符合宗羲的氣本論思路，因爲宗羲主張「心即氣之聚於人者」，以心體之流行就是一氣之流行，其中「流行而不失其序，是即理也。」

〔註124〕（明）黃宗羲：《孟子師說》，卷七，〈養心莫善於寡欲章〉《黃宗羲全集》增訂版），冊一，頁164。

〔註125〕周敦頤：「動而無靜，靜而無動，物也。動而無動，靜而無靜，神也。」（《周子通書》，〈動靜〉第十六。上海：上海古籍出版社，2008年3月第1版第2次印刷，頁37。）

〔註126〕（明）黃宗羲：《明儒學案》，卷十七，〈江右王門學案二〉，「貞襄聶雙江先生豹」（《黃宗羲全集》增訂版），冊七，頁427。

〔註127〕明顯是以「氣之理」的立場來等同「靜、寂」之作用；再加上宗羲還認爲「造化只有一氣流行，流行之不失其則者，即爲主宰。非有一物以主宰夫流行。」〔註128〕即以主宰義來定義掌握氣化流行之序者；由此可見，對於氣本體與靜、寂之關係，透過氣本體發用流行而不失其則之聯結，馬上可以發現「靜、寂」不僅具有一氣流行不失其則的「氣之理」作用外，更居於至微樞紐處而具主宰義。因此，宗羲之「靜」可謂完全是「氣」本體概念的轉換，是本體義與作用能力具足；即是「寂然不動」又是「感而遂通」的形上之「靜」者。

第二，接著分析宗羲爲何要「主」其靜。承上述可知，宗羲的「靜、寂」之內涵等同「氣」本體之概念，故在氣化流行不失其則的基礎上，宗羲自然從氣本體立場出發，而必然產生先一步「主」其「靜、寂」之主張，即先存養靜、寂之本體以避免其流行發用而有脫序之情形。簡言之，宗羲以爲必先「主」其「靜」而後氣之流行才能自然合則而不紊。因此，宗羲直云：

> 周子主靜，靜則氣自流行，一不流行，則天地閉，賢人隱，平地而有山川之險矣。故懲忿如摧山，窒欲如填壑，非養之於初，則末流之難如此。〔註129〕

又

> 聖人以「靜」之一字，反本歸元，蓋造化、人事皆以收斂爲主，發散是不得已事。非以收斂爲靜，發散爲動也。一斂一發，自是造化流行不息之氣機，而必有所以樞紐乎是，運旋乎是，是則所謂靜也。故曰「主靜」。學者須要識得靜字分曉，不是不動是靜，不妄動方是靜。慨自學者都向二五上立腳，既不知所謂太極，則事功一切俱假，而二氏又以無能生有，于是誤認無極在太極之前，視太極爲一物，形上形下，判爲兩截。〔註130〕

筆者以爲宗羲此處明顯是從氣本論立場言「主靜」之工夫。因爲宗羲指出「靜」

〔註127〕（明）黃宗羲：《孟子師說》，卷二，〈浩然章〉（《黃宗羲全集》增訂版），冊一，頁 60。

〔註128〕（明）黃宗羲：《明儒學案》，卷十九，〈江右王門學案四〉，「同知劉師泉先生邦采」（《黃宗羲全集》增訂版），冊七，頁 505。

〔註129〕（明）黃宗羲：《孟子師說》，卷二，〈浩然章〉（《黃宗羲全集》增訂版），冊一，頁 66。

〔註130〕（明）黃宗羲：《宋元學案》，卷十二，〈濂溪學案下〉，附「梨洲太極圖講義」（《黃宗羲全集》增訂版），冊三，頁 609。

就是樞紐、運旋、造化流行不息之氣機即最初的原始點，故由「靜」而發的生命道德要如同氣本體之流行而不失序，就必須先要「主靜」。換言之，「主靜」的目的在於使「氣自流行」，即將氣運行的元亨利貞之自然流行，實落下貫爲人心的惻隱、羞惡、辭讓、是非之仁義禮智之流行，使本體所賦予道德價值能準確而精準的發用於人倫世界；所以宗義明確指出「主靜」就是要以懲忿、窒欲（無欲故靜）等手段工夫先「養之於初」，是「先天之學」，即先一步直接對「靜、寂」存養而「主」之，使其所發合乎一氣之自然流行。此不僅避免了只知追逐外在二五流行之氣而陷於死守禮教之束縛，即造化、人事其實仍皆本體之氣所發之流行，故要「反本歸元」之外；亦不至於誤入以「無能生有」的釋道之學，錯認無極在太極之前，視太極爲一物的實體存在，〔註131〕使「主靜」的「先天之學」成爲於形上本體之前再尋求一本體的錯誤工夫。

　　因此，綜合上述兩點，可以發現宗義之「靜」是本體與作用的同時具足，是得神靜神動超越相對動靜之本體；換言之，在宗義自身「盈天地皆氣」與「盈天地皆心」相互滲透之下，其「靜」不僅是心體（氣本體）之流行而具主宰義者，當下又是以氣之流行不失其則爲其內涵。由此可見，宗義已將「靜」定位爲「氣」本體概念之位階，而如同氣本體般成爲一自體自發者；故宗義主張「先天之學」的「主靜」工夫，其目的就是對此「靜」做先一步的存養，養之於最初，使「一氣之流行，誠通誠復，自然分爲喜怒哀樂。仁義禮智之名，因此而起者也，不待安排品節，自能不過其則，即中和也。此生而有之，人人如是，所以謂之性善，即不無過不及之差，而性體原自周流，不害其爲中和之德。」〔註132〕即透過「主靜」的「先天之學」存養此「本體之氣」，不過此氣本體之流行卻有愆陽伏陰以及過與不及的情形，所以「主靜」就是先存養此氣中的本然之理，使氣本體能依循內在本然之理而發爲合則的表現，並具體落實於人倫世界；即轉換形上氣本體及其氣之理，成爲具有道德價值

〔註131〕宗義曾云：「其曰無極者，初非別有一物依于氣而立，附于氣而行。或曰：因『《易》有太極』一言，遂疑陰陽之變易，類有一物主宰乎其間者，是不然矣，故不得不加『無極』二字。」（《宋元學案》，卷十二，〈濂溪學案下〉，附「梨洲太極圖講義」（《黃宗羲全集》增訂版），冊三，頁 609。）即以「無極」來形容「太極」乃無形無狀卻眞實存有之形上本體者。
〔註132〕（明）黃宗羲：《明儒學案》，卷六十二，〈蕺山學案〉，「忠端劉念臺先生宗周」（《黃宗羲全集》增訂版），冊八，頁 890。

賦予能力之天道，之後其自體自發道德流行而下貫爲人之善性及一切道德規範。總而言之，對於氣本體透過「元、亨、利、貞」之流行，具體將天道中的道德成分下貫於人身上的整體過程，其之所以能正確流行而不失其序的開展，其因就在於宗羲提出了「先天之學」的「主靜」工夫，即先一步的存養此氣本體的內在本然之理，使之能合則的正確流行且具體落實爲人倫理序。至此，明顯是由氣本體主場言「主靜」之工夫，是完全異於傳統與動察相對的主靜之學。宗羲有云：

> （余祐）以察識端倪爲最初下手處，未免闕却平時涵養一節工夫。……後來自悟其失，改定已發未發之論，然後體用不偏，動靜交致其力，功夫方得渾全。此其終身定見也。……《居業錄》云：「古人只言涵養，言操存，曷嘗言求見本體？」是即文公少年之見也。又云：「操存涵養是靜中工夫，思索省察是動上工夫，動靜二端時節界限甚明，工夫所施，各有所當，不可混雜。」是即文公動靜交致其力，方得渾全，而以單提涵養者爲不全也。雖然，動靜者時也，吾心之體不著於時者也。分工夫爲兩節，則靜不能該動，動不能攝靜，豈得爲無弊哉！〔註133〕

宗羲指出傳統的靜中涵養與動上省察，不僅分工夫爲兩截，而且涵養工夫不能該省察，省察工夫亦不能攝涵養。因此，未發固要存養，已發亦要省察，即時時存養又要事事省察，直至「動靜交致其力，方得渾全。」因此，宗羲認爲傳統的靜存涵養，只是在未發用功，是爲徇靜，至於發上用功，則是徇動，皆陷於一偏；所以宗羲並不贊同此種動靜相對的靜存與動察的工夫。不過，其中對於靜存的反對，彷彿與上述宗羲所主張「主靜」的思路矛盾；其實不然。因爲此處的「靜中涵養」明顯是與「動上省察」相對之「靜」，並不同於宗羲「主靜」之學乃是在氣本體處存養其內在本然之理，而後發爲不失其則之流行，即由氣本體立場言「主靜」的工夫。至於傳統動靜相對之「靜存」，其實是指喜怒哀樂未發之前的存養工夫。對此，伊川曾云：

> 「若言存養於喜怒哀樂未發之時，則可；若言求中於喜怒哀樂未發之前，則不可。」又問：「學者於喜怒哀樂發時固當勉強裁抑，於未發之前如何用功？」曰：「於喜怒哀樂未發之前，更怎生求？只平日

〔註133〕（明）黃宗羲：《明儒學案》，卷三，〈崇仁學案三〉，「侍郎余訒齋先生祐」(《黃宗羲全集》增訂版)，冊七，頁61。

涵養便是。涵養久，則喜怒哀樂發自中節。」〔註134〕

朱子亦云：

> 喜怒哀樂未發之中，未是論聖人，只是泛論眾人亦有此，與聖人都一般。……若論原頭，未發都一般。只論聖人動靜，則全別；動亦定，靜亦定。自其未感，全是未發之中；自其感物而動，全是中節之和。眾人有未發時，只是他不曾主靜看，不曾知得。〔註135〕

無論是伊川或是朱子，皆主張存養於未發之前，待得涵養工夫久之，則喜怒哀樂之發自然中節。據此，朱子更指出聖人與眾人在未發之前的氣象皆相同，但聖人卻能「主靜」於未發之中，而眾人「不曾主靜看」；故聖人涵養那寂然不動毫無私欲之中者，其後感通之物自然全是中節之和。簡言之，涵養於喜怒哀樂未發之前，則發自中節矣，此即傳統「主靜」之論。討論至此，筆者以為馬上產生一個有趣的對比，就是宗羲的「主靜」是針對氣本體立場而言，即先存養本體之氣，使之能流行而不失其則；而朱子的「主靜」則是涵養喜怒哀樂之未發，使其能發而皆中節。明顯可以發現二人「主靜」的作用是相同的，即皆相同認為先一步存養本體或念慮情欲於未萌處，其後的發用流行必然能夠合則而中節。雖然如此，但是宗羲卻為何一再反對朱子動靜相對的「主靜」之論呢？宗羲云：

> 所謂性命兼修，立體之功，即宋儒之涵養；致用之功，即宋儒之省察。涵養即是致中，省察即是致和，立本致用，特異其名耳。然工夫終是兩用，兩用則支離，未免有顧彼失此之病，非純一之學也，總緣認理氣為二。造化只有一氣流行，流行之不失其則者，即為主宰。非有一物以主宰夫流行。然流行無可用功，體當其不失則者而已矣。〔註136〕

宗羲指出宋儒的涵養與省察雖各有其作用，但工夫畢竟兩用而失之支離，其根本之因在於宋儒的修養工夫基礎是根據理氣二分而來，故就朱子與其學生正淳的對話記載：

> 正淳又曰：「平日無涵養者，臨事必不能強勉省察。」曰：「有涵養

〔註134〕 （宋）程顥、程頤：《河南程氏遺書》，卷十八，「伊川先生語四」（《二程集》），冊上，頁200。

〔註135〕 （宋）黎靖德編：《朱子語類》，卷六十二，〈中庸一〉，冊四，頁1508。

〔註136〕 （明）黃宗羲：《明儒學案》，卷十九，〈江右王門學案四〉，「同知劉師泉先生邦采」（《黃宗羲全集》增訂版），冊七，頁505。

者固要省察，不曾涵養者亦當省察。不可道我無涵養工夫後，於已
發處更不管他。若於發處能點檢，亦可知得是與不是。今言涵養，
則曰不先知理義底涵養不得；言省察，則曰無涵養，省察不得。二
者相挭，却成擔閣。」又曰：「如涵養熟者，固是自然中節。便做聖
賢，於發處亦須審其是非而行。涵養不熟底，雖未必能中節，亦須
直要中節可也。要知二者可以交相助，不可交相待。」〔註137〕
至此，可以發現朱子雖以「已發未發，不必大泥。只是既涵養，又省察，無
時不涵養省察。」〔註138〕即涵養與省察是交相助的一件工夫；不過朱子此處
卻欲蓋彌彰的指出「不可道我無涵養工夫後，於已發處更不管他。」不僅凸
顯了理氣二分所造成其工夫論有於未發處無涵養而後於已發再省察的情形，
使其修養工夫斷為兩截產生了漏洞，尤其是「不可道已發處更不管他」而以
省察補救之，更是易陷落於「理管不住氣」的缺失，就算是「無時不存養，
無事不省察。」〔註139〕也已是支離之工夫。因此，可以發現朱子靜存與動察
的根本問題，在於其根據理氣為二的思想來立論。不過，宗羲此處明確對朱
子的修養工夫做了進一步的修正與擇取；首先，其轉向了「氣本體」立場，
將「心體原是流行，而流行不失其則者，則終古如斯，乃所謂靜也、寂也。」
〔註140〕轉化為「造化只有一氣流行，流行之不失其則者，即為主宰。」之後，
對於朱子理氣二分的靜存與動察，雖在修養工夫上主張「既涵養、又省察」，
但本質上卻還是兩用工夫，故宗羲修正為理氣是一之下，靜存與動察二者作
用是一項工夫，使靜存之中有動察作用，動察作用即靜中涵養工夫，是一致
性的作用而為宗羲「主靜」之內涵；故就氣本體的「主靜」工夫而言，宗羲
確實擇取了朱子「既涵養，又省察」的思路，所以在「氣本一也」基礎下，
本體之氣當下是已未發具足，其工夫當然只須直截對氣本體用功即可。由此
可見，宗羲實質上是吸收了朱子此種守住未發處用功的思路，並以具體之工
夫來存養氣本體及其內在氣之理，使其流行莫不合則中節。

　　綜合上述，筆者認為宗羲以本體立場的「主靜」工夫，是結合了心學與
理學的優點並超越二者。其採用了心學「心即理」的架構，以為直截對良知

〔註137〕（宋）黎靖德編：《朱子語類》，卷六十二，〈中庸一〉，冊四，頁1515。
〔註138〕（宋）黎靖德編：《朱子語類》，卷六十二，〈中庸一〉，冊四，頁1514。
〔註139〕（宋）黎靖德編：《朱子語類》，卷六十二，〈中庸一〉，冊四，頁1511。
〔註140〕（明）黃宗羲：《明儒學案》，卷十七，〈江右王門學案二〉，「貞襄聶雙江先生
　　　豹」（《黃宗羲全集》增訂版），冊七，頁428。

本體下工夫即可，是重本體的存在，故相對而言，其工夫是易知易行的；所以宗羲直接轉換其理路而就氣本體做直截的存養工夫，反對透過外在格致手段來復歸本體。此外，宗羲亦吸收了朱學於未發處用功的思路，並將其轉化為氣本體之「流行無可用功，體當其不失則者而已。」即如同上述復歸於本體上用功，但卻更進一步擇取朱子守住未發之中的優點，並具體將涵養與省察合一為「主靜」工夫之內涵，明確以實有的「主靜」工夫實踐於本體處，避免了王學末流以良知本體見在現成，所產生「虛懸而蕩」、「識情而肆」的弊病。由此可知，宗羲的「主靜」之論，明確主張從本體立場下工夫，但卻異於王學的現成良知之說；又其確實具有「涵養」與「省察」合一的實質工夫內涵，不過卻也不同於朱學動靜相對的「靜存」之學。可見宗羲的「主靜」是先一步就氣本體上用功的「先天之學」，其實質的工夫就在「主靜」之中，是氣學立場上的修養工夫論，絕非心學或理學修養論的延伸發展。而且，再根據上述宗羲「主靜」的理路，可以發現宗羲主張「姚江之學，惟江右為得其傳。」〔註141〕其實是有其內在的因素。不過對此，侯外廬等三位先生早已提出了兩個觀點，〔註142〕但在此兩個觀點之外，筆者以為尚可再加入兩個角

〔註141〕黃宗羲：「姚江之學，惟江右為得其傳，東廓、念菴、兩峰、雙江其選也。再傳而為塘南、思默，皆能推原陽明未盡之旨。是時越中流弊錯出，挾師說以杜學者之口，而江右獨能破之，陽明之道賴以不墜。蓋陽明一生精神，俱在江右，亦其感應之理宜也。」（《明儒學案》，卷十六，〈江右王門學案序〉。《黃宗羲全集》增訂版，冊七，頁377。）

〔註142〕侯外廬、邱漢生、張豈之三位先生以為宗羲視「陽明一生精神，俱在江右」之因大致有二。第一，江右王門諸子具體以「致良知」的復歸本體之工夫，來針對「是時越中流弊錯出」而起了補偏救弊的作用，即宗羲所言：「陽明以致良知為宗旨，門人漸失其傳，總以未發之中，認作已發之和，故工夫只在致知上，甚之而輕浮淺露，待其善惡之形而為克治之事，已不勝其艱難雜糅矣。故雙江、念菴以歸寂救之，自是延平一路上人。」（《明儒學案》，卷十九，〈江右王門學案四〉，「郎中陳明水先生九川」。《黃宗羲全集》增訂版，冊七，頁528。）而維繫了陽明學脈使之不失其傳。第二，江右王門諸子在陽明思想上，「皆能推原陽明未盡之旨」，而發展其師之說，故「宗羲指出，王守仁謂『良知是未發之中』，『謹獨即是致良知』，『則未嘗不以收斂為主也』，故鄒守益之『戒懼』，羅洪先之『主靜』，聶豹之『歸寂』，劉文敏之『競業存存』，王時槐之『惟寂而常照』，萬廷言之『學以收放心為主』等等，都是對『致良知』說的具體發揮。顯然，他們弘揚師說的重點，是放在『致良知』的『工夫』上面。」即說明江右諸子是唯一能傳陽明之致良知學。（參考《宋明理學史》，第三編，第二十八章，《明儒學案》及其對明代理學的總結）。北京：人民出版社，1987年6月第1版第1次印刷，頁797～799。）由上述兩點可

度來分析。

第一，由此宗羲「主靜」之學的角度來分析；因爲宗羲的先天「主靜」之學，是先一步的存養本體，使本體湛然而後發用流行皆能中節，明顯是在氣本體上做涵養之工夫，其思路與江右王學的鄒守益之「戒愼恐懼」、聶豹之「歸寂」與羅洪先之「守靜」等人在本體上用功的思路相當契合；並非只是單純因爲江右之學主張「致良知」乃眞實復見本體之明的修養工夫，故能救弊起興王學，以使「陽明之道賴以不墜」而已；更重要的內在之因，在於宗羲氣本體上的「主靜」工夫，與江右之學重本體上的修持工夫，在概念上其實是相通的，故宗羲根據此內在理路的相通性，自然視江右之學能得陽明之眞傳。

第二，侯外廬等三位先生還提出一點，即「在江右王門諸子中已出現一種新的學術傾向，這就是：以宋儒周、程諸子之義理來解釋王學，試圖和會宋明學術之異同。」〔註 143〕而此融和宋、明儒學說異同的論點，正可與前述論點相互支持，因爲宗羲的「主靜」之學，雖是氣本論上的修養工夫，但其內涵卻也是含括了理學與心理的優點，故在此立場上，宗羲當然視和會理學與心學的江右之學爲陽明之眞傳。

最後，可以得到一個結論，宗羲「先天之學」的「主靜」工夫，是針對「造化流行不息之氣機，而必有所以樞紐乎是、運旋乎是，是則所謂靜也。」的本體義立場，以及「心體原是流行，而流行不失其則者，則終古如斯，乃所謂靜也、寂也。」的本體發用立場，同時所做的工夫；但爲何「主靜」的工夫可以同時涵養本體及其本體之流行呢？其因在於宗羲「主靜」之工夫是超越動靜相對層次的靜存工夫，其早已將靜中涵養與動上省察結合爲其修養工夫之實質內涵，故宗羲的「主靜」僅需就寂然不動之根本處用功即可。因此，只需先一步涵養此本體本源處，其透過元、亨、利、貞之天道流行，自然發爲合則的惻隱、羞惡、辭讓、是非之人道。簡言之，「主靜」的工夫就是一種內向的修養工夫，即直截就本體上用功。對此，宗羲反覆以周子之學爲例：

> 周子之學以誠爲本，從寂然不動處握誠之本，故曰：「主靜立極」。
> 本立而道生，千變萬化皆從此出，化吉凶悔吝之途，而反覆其不善

知，宗羲之所以主張「惟江右爲得其傳」，在於江右諸子不僅確認了「致良知」的具體工夫內涵，更以實質工夫補救了王學「漸失其傳」。

〔註 143〕侯外廬、邱漢生、張豈之：《宋明理學史》，頁 799。

之動，是主靜眞得力處。靜妙于動，動即是靜，無動無靜，神也，
一之至也，天之道也。千載不傳之秘，固在是矣。〔註144〕

宗羲明確指出「主靜」之眞得力處，即「從寂然不動處握誠之本」，明顯是內
向的修養工夫，但此內向修養工夫並非心學現成良知思路的延伸，而是透過
具體實質的「涵養」與「省察」結合的「主靜」工夫爲之；所以宗羲之修養
工夫並非無實質之工夫，而是實質之工夫即在「主靜」中。不過，宗羲除了
「先天之學」的內向「主靜」工夫之外，還提出另一種外在的「學者工夫」
來與之搭配，以達到體證工夫與實踐工夫的合一。故再轉由下一小節討論「學
者工夫」。

二、學者工夫

宗羲云：

> 然濂溪言無欲，而孟子言寡欲者，周子先天之學，動而有不動者存，
> 著不得一欲字，孟子養心，是學者工夫，離不得欲字。心之所向謂
> 之欲，如欲正欲忘欲助長，皆是多欲，但以誠敬存之，便是寡欲。
> 蓋誠敬亦是欲也，在學者善觀之而已。〔註145〕

宗羲以爲周子無欲主靜的「先天之學」，是超越動靜層面的先一步就氣本體的
存養工夫；不過，宗羲此處卻又提出了後天「欲正欲忘欲助長」的「學者工
夫」與之相對。然此並非是宗羲工夫修養論的矛盾，其目的是爲了避免學者
藉由錯誤的工夫操持，以爲停止一切感官心智的活動，便是「主靜」以反觀
內在湛然之本體。其云：

> 先儒之求放心者，大概捐耳目，去心智，反觀此澄湛之本體。澄湛
> 之體，墮於空寂，其應事接物，仍俟夫念頭起處，辨其善惡而出之，
> 則是求放心大段無益也。且守此空寂，商賈不行，后不省方，孟子
> 何必又言「義，人路」乎！蓋此心當惻隱時自能惻隱，當羞惡時自
> 能羞惡，渾然不著，於人爲惺惺獨知，旋乾轉坤，俱不出此自然之
> 流動，纔是心存而不放，稍有起爐作竈，便是放心。〔註146〕

〔註144〕（明）黃宗羲：《宋元學案》，卷十二，〈濂溪學案下〉，案語（《黃宗羲全集》
　　　　增訂版），冊三，頁636。

〔註145〕（明）黃宗羲：《孟子師說》，卷七，〈養心莫善於寡欲章〉（《黃宗羲全集》增
　　　　訂版），冊一，頁164。

〔註146〕（明）黃宗羲：《孟子師說》，卷六，〈仁人心也章〉（《黃宗羲全集》增訂版），

宗羲首先指出「捐耳目，去心智」雖可維持本體之澄湛清明，但卻是使其陷入「空寂」的錯誤工夫，故一旦與事物接應，此空寂本體不僅毫無自覺省察之能力，反而必須依循外在之善惡來判定其是非，於是孟子「求放心」的工夫成爲無用多餘之論。不僅如此，宗羲更認爲「蓋人之爲人，除惻隱、羞惡、辭讓、是非之外，更無別心，其憧憧往來，起滅萬變者，皆因外物而有，於心無與也。」〔註147〕以爲本體雖湛然澄明自能惻隱羞惡辭讓是非，但畢竟會受「外物」影響而起滅萬變，所以宗羲提出了孟子「義，人路也」的主張，正是要以後天「學者工夫」來補救捐耳目、去心智所造成本體「空寂」的錯誤結論，而改以「義」爲工夫的實質內涵，作爲人具體尋求本心的實際本源處，即宗羲所云：

> 「集義」者，應事接物，無非心體之流行。心不可見，見之於事，行所無事，則即事即義也。心之集於事者，是乃集於義矣。有源之水，有木之本，其氣生生不窮。「義襲」者，高下散殊，一物有一義，模倣迹象以求之，正朱子所謂「欲事事皆合於義」也。「襲裘」之襲，羊質虎皮，不相黏合。事實合義，一事不合，則伎倆全露，周章無措矣。〔註148〕

此處之言可以得到三個論點。第一，宗羲認爲心體若以「義」爲本，其應事接物自然能發爲流行合則之表現。第二，此心體流行合則之表現，即「其氣生生不窮」，明顯將「心」之流行轉化爲「氣」之流行。第三，再結合上述，可知求放心最直截之工夫，即是存養此心，使之能「自然之流動，纔是心存而不放。」因此，綜合此三點，可以發現宗羲以心體之流行不失其則的表現，即是本體之氣合則的呈現；其思路完全等同前一章節所論在氣本體立場上之「主靜」工夫的基本立場，即皆將心體流行轉化爲氣本體之流行。不過，宗羲此處卻提出了異於前面「先天之學」的「學者工夫」，以爲要存養本體，還須透過「養氣」之工夫才得以完成。其云：

> 心體流行，其流行而有條理者，即性也。猶四時之氣，⋯⋯流行而不失其序，是即理也。理不可見，見之於氣；性不可見，見之於心；

冊一，頁 141。

〔註147〕（明）黃宗羲：《孟子師說》，卷六，〈仁人心也章〉（《黃宗羲全集》增訂版），冊一，頁 141。。

〔註148〕（明）黃宗羲：《孟子師說》，卷二，〈浩然章〉（《黃宗羲全集》增訂版），冊一，頁 62。

心即氣也。心失其養，則狂瀾橫溢，流行而失其序矣。養氣即是養
心，然言養心猶覺難把捉，言養氣則動作威儀，旦晝呼吸，實可持
循也。佛氏「明心見性」，以爲無能生氣，故必推原於生氣之本，其
所謂「本來面目」，「父母未生前」，「語言道斷，心行路絕」，皆是也。
至於參話頭則壅遏其氣，使不流行。離氣以求心性，吾不知所明者
何心，所見者何性也。人身雖一氣之流行，流行之中，必有主宰。
主宰不在流行之外，即流行之有條理者。自其變者而觀之謂之流行，
自其不變者而觀之謂之主宰。養氣者使主宰常存，則血氣化爲義理；
失其主宰，則義理化爲血氣，所差在毫釐之間。〔註149〕

宗羲此處再次明確表示「心即氣也」，即以心乃有理之氣者，故可以藉此「流
行而不失其序」的表現來定義「心」之內涵，據此，宗羲提出了「養氣即是
養心」的具體實效工夫。不過，此論馬上產生一個疑問，就是既然養氣等同
養心之作用，則道德的修養工夫直接就心體本身執行即可，即如同前述的「主
靜」工夫，直截就心本體用功便可完成，所以「養氣即養心」，養心也就是養
氣，皆是直接就本體上用功，爲何要多此一舉轉由「養氣」工夫來立論呢？
因爲宗羲以爲一切現象界的道德理序，雖是由心體依其內在所以然之性而發
爲合理的言行舉止，但此心性合一所下貫呈現的人倫道德與禮儀規範，人們
卻不容易從其中的實質之流行求見此心本體的存在；所以宗羲在「氣本一也」
的立場上，認爲養心既然「難把捉」，不如直接就氣化流行上求得不變之主宰
以歸復本體來的簡單，於是轉以「養氣」取代「養心」，即從實質可見的氣化
實體來實踐操持工夫，免除了養心難以把捉的毛病；簡言之，「養氣」比「養
心」更「實可持循也」。因此，宗羲接著表示「孟子以爲義理即心，而是以心
之主宰而言曰『志』，有主宰則不患不流行。……志即氣之精明者是也，原是
合一，豈可分如何是志，如何是氣。『無暴其氣』，便是持志功夫，若離氣而
言持志，未免捉揑虛空，如何養得？」〔註150〕以爲「養心」就是要「持志」，
即持志之工夫在於存養義理之心勿使之暴其氣；乍見之下，彷彿「養心」有
了具體的工夫著手處，但事實上「志」原與「氣」合一，故一旦離氣以持志，

〔註149〕（明）黃宗羲：《孟子師說》，卷二，〈浩然章〉（《黃宗羲全集》增訂版），冊
　　　　一，頁60。
〔註150〕（明）黃宗羲：《孟子師說》，卷二，〈浩然章〉（《黃宗羲全集》增訂版），冊
　　　　一，頁61。

則所得本體必定虛空又將如何養得，於是又回到了「氣」的基本立場上，以「養氣」爲實效之工夫。故此處宗羲透過「持志」的存養來顯示「養氣」最大的優點，在於具體提出由氣化流行之中用功的實質方法，即從流行之中見得眞實主宰的氣本體，而避免了一時不愼所做的離氣以求心性之錯誤工夫，即防止了其所造成存養之對象乃一「空寂」之本體而淪爲釋道之說的誤差。換言之，宗羲之「養氣」就是具體的修養工夫，其一旦能通達本體，則人之心智血氣自然呈現爲道德義理，使天道成爲人道之內函，人道即天道之體現；反之，本體操持若失其理序，則義理即化爲血氣，而此亦正說明了存養本體的重要性。

據此，再進一步討論。宗羲無論言「養氣」或是「養心」，其實皆是歸復本體的操存工夫，其作用幾乎類似前述「先天之學」的「主靜」之論，即是對本體的存養；不過宗羲卻爲何將其視爲「學者工夫」呢？筆者以爲「養氣」與「養心」雖亦是對本體的存養，但其操持之過程卻是從實質的氣化流行中求得主宰，並非超越相對動靜層次的先一步以「主靜」工夫直截就本體「養之於初」的流程，二者在修養過程步驟上，明顯存有內外兩種不同方向的修養工夫進路。至此，其實已可隱約感受到宗羲的修養工夫是內外合一的存養工夫，並不是矛盾的存在。對於工夫的合一容待後面繼續討論。此處對於宗羲的「學者工夫」，除了「養氣」之外，亦可從「靜坐」來體認本體之湛然。宗羲云：

> 朱子曰：「羅先生（豫章）說，終恐有病，如明道亦說靜坐可以爲學，上蔡亦言多著靜不妨，此說終是少偏，才偏便做病。道理自有動時，自有靜時，學者只是『敬以直內，義以方外』，見得世間無處不是道理，不可專要去靜處求。所以伊川謂只用敬，不用靜，便說平也。」
> 案：羅豫章靜坐看未發氣象，此是明道以來，下及延平，一條血路也。蓋所謂靜坐者，不是道理只在靜處，以學者入手從喘汗未定之中，非冥心至靜，何處見此端倪？久久成熟，而後動靜爲一，若一向靜中擔閣，便爲有病。故豫章爲入手者指示頭路，不得不然，朱子則恐因藥生病，其言各有攸當也。〔註151〕

宗羲此處提出後天「靜坐」修養的論點，馬上與前述「先天之學」的「主靜」

〔註151〕（明）黃宗羲：《宋元學案》，卷三十九，〈豫章學案〉，「文質羅豫章先生從彥」案語（《黃宗羲全集》增訂版），冊四，頁567。

工夫產生衝突。因為宗羲的「主靜」是「從寂然不動處握誠之本」，〔註152〕是超越相對動靜層面，其以為「動靜者時也，吾心之體不著於時者也。分工夫為兩節，則靜不能該動，動不能攝靜，豈得為無弊哉！」〔註153〕所以主張工夫只有一個，即「一斂一發，自是造化流行不息之氣機，而必有所以樞紐乎是、運旋乎是，是則所謂靜也。故曰：『主靜』。」〔註154〕此思路明顯是反對「靜坐」之論，因為靜坐是相對於動相之靜相，是不符合宗羲主靜之學乃為動靜卻無動靜相的根本立論點。所以宗羲曾藉周瑛之口表示「今乃塊然靜坐，求畢體用之學，是釋氏之虛空也。」〔註155〕即反對靜坐的修養工夫。

　　既然如此，為何宗羲還要提出自相矛盾的「靜坐」主張呢？其因有二。第一，宗羲此處明白表示所謂「靜坐」者，並「不是道理只在靜處」，而誤以為須要求學者透過靜坐來與外界絕對隔離並脫離塵世，才能進一步滌盡一切心中世俗情欲意念，最後在排除雜慮念動之「靜」中見得道理。所以宗羲以為道理既然不是在靜處，這就說明了此道理是超越相對動靜的存在，是存於無動靜判然的「靜」之中，其思路並未違反宗羲「主靜」之學對「靜」的基本立場。因此，宗羲此處「靜坐」的主張，其重點並非是在形式上的靜坐樣態，而是在於靜坐的「修養工夫」意涵之上；故其提出靜坐的目的，只是一種要求自我覺醒以收攝心智的內省方法，其作等同「舜之好問，禹之克艱，孔之發憤」，〔註156〕皆是為了澄清本體之湛然，使之能流行而合則之表現，當然不可拘泥於「靜坐」、「好問」、「克艱」與「發憤」等形式工夫之上，而誤認這些修養工夫是現實世界中的實質工夫手段。

　　第二，宗羲接著指出以「靜坐」為學者入手之工夫，是「不得不然」的手段。因為「先天之學」的「主靜」工夫，雖是具有實質的工夫內涵，而異於現成良知之論；但其工夫畢竟從超越層的形上本體位階之「靜」著手，確

〔註152〕　（明）黃宗羲：《宋元學案》，卷十二，〈濂溪學案下〉案語（《黃宗羲全集》增訂版），冊三，頁636。

〔註153〕　（明）黃宗羲：《明儒學案》，卷三，〈崇仁學案三〉，「侍郎余訒齋先生祐」（《黃宗羲全集》增訂版），冊七，頁62。

〔註154〕　（明）黃宗羲：《宋元學案》，卷十二，〈濂溪學案下〉，附「梨洲太極圖講義」（《黃宗羲全集》增訂版），冊三，頁609。

〔註155〕　（明）黃宗羲：《明儒學案》，卷四十六，〈諸儒學案上四〉，「方伯周翠渠先生瑛」（《黃宗羲全集》增訂版），冊八，頁393。

〔註156〕　（明）黃宗羲：《孟子師說》，卷四，〈君子深造章〉（《黃宗羲全集》增訂版），冊一，頁109。

實難免有虛玄不易把捉掌握的缺失；所以宗羲的「靜坐」主張，即具體提出自覺收攝心智的方法，使一般人皆容易實踐道德修養，其實這是「不得不然」的做法，並不是眞要學者死守「靜坐」這一工夫模式；否則宗羲爲何在「主靜」工夫之中反對相對動靜之外，又在此處指出執著「靜坐」形式只向靜中求道理，「便爲有病」。簡言之，學者只要能細分宗羲「主靜」之「靜」乃直截就超越相對立之本體的存養工夫，以及「靜坐」之義在於透過外在修養工夫以歸復本體二者之間的差異，使可了解宗羲的修養工夫其實不僅沒有矛盾，反而是內外兼論的工夫主張。

綜合上述可知，宗羲的「養氣」、「養心」或是「靜坐」的主張，不是透過實質的氣化流行中求得主宰，就是泯除現象界的相對價值意識而歸復本體，其過程完全異於「先天之學」的先一步直接就本體做「主靜」之工夫。所以，對於此「養氣」、「養心」、「靜坐」，甚至是「好問」、「克艱」等不得不然的操存涵養工夫，究竟要如何衡量拿揑才是適當中庸是修養工夫呢？對此，宗羲有云：

> 「必有事焉」，正是存養工夫，不出於敬。伊川云：「有物始言養，無物又養箇甚麼？浩然之氣，須是見一箇物，如卓爾躍如是也。」此與明道〈識仁〉之意相合，「正」是把握之病，「忘」是間斷之病，「助」是急迫之病，故曰「不須防檢，不須窮索」，「未嘗致纖毫之力」。蓋存得好就是誠敬，誠敬就是存也。存正是防檢，克己是也；存正是窮索，擇善是也；若外此而爲防檢窮索，便是人僞，未有不犯三者之病也。〔註157〕

在這裏明顯可以看到宗羲同時並舉「必有事焉」與「勿正、勿忘、勿助長」兩種不同的工夫進路。宗羲以爲孟子的「必有事焉」便是存養本體的工夫，是類似宗羲本身「先天之學」的先一步存養本體的主靜之論；但仍要注意的是宗羲「主靜」之工夫，本具實質的存養審察之內涵，是反對自然現成本體之工夫，而主張「必須工夫，纔還本體，此念菴所以惡現成良知也。」〔註158〕簡言之，宗羲的「必有事焉」之作用是等同「先天之學」的概念，即直截的

〔註157〕（明）黃宗羲：《孟子師說》，卷六，〈浩然章〉（《黃宗羲全集》增訂版），冊一，頁63。

〔註158〕（明）黃宗羲：《孟子師說》，卷六，〈牛山之木章〉（《黃宗羲全集》增訂版），冊一，頁139。

對本體存養之工夫。此外，宗羲接著表示在「必有事焉」之後，尚有「勿正、勿忘、勿助長」的「學者工夫」；因為宗羲以為無論是「先天之學」或是養氣、養心、靜坐、好問、克艱等內（直截就本體著手）或外（由本體流行合則處著手）的涵養工夫，其依循的標準就是「勿正、勿忘、勿助長」，即持養的工夫不可把捉、不可間斷、亦不可急迫，而是要做到不思而誠，不勉而中的恰到好處。舉例而言，如同上述「靜坐」的工夫理論一樣，不可只拘泥在靜坐形式上的把捉，即是要跳脫形式上的約束，但此卻又是「不得不然」的入手處，故其中的標準就在於勿正、勿忘以及勿助長之上。

　　然而此論又產生一個新問題，就是修養工夫既然以勿正、勿忘以及勿助長為標準，而能正確精準的操持涵養而恰到好處，則此恰好處的根據又是以何為內容呢？宗羲以為此即明道識仁之內容，明道曾云：

> 學者須先識仁。仁者，渾然與物同體。義、禮、知、信皆仁也。識得此理，以誠敬存之而已，不須防檢，不須窮索。若心懈則有防，心苟不懈，何防之有？理有未得，故須窮索。存久自明，安待窮索？此道與物無對，大不足以名之，天地之用皆我之用。孟子言「萬物皆備於我」，須反身而誠，乃為大樂。若反身未誠，則猶是二物有對，以己合彼，終未有之，又安得樂？〈訂頑〉意思，乃備言此體。以此意存之，更有何事？「必有事焉而勿正、心勿忘、勿助長」，未嘗致纖毫之力，此其存之之道。〔註159〕

宗羲根據明道識得本體之理（仁體）只須以「誠敬存之」的思路，提出「存得好就是誠敬，誠敬就是存也」的主張，以為工夫只要以誠敬存之，則無論是「必有事焉」或是「勿正、勿忘、勿助長」之中，即存有一個可以作為標準的判然準則，如此便不會產生過與不及的「正」、「忘」、「助長」之偏於一隅的狀況。簡言之，以誠敬存之的修養工夫來操持涵養道德本體，即是「不須防檢，不須窮索」便能克己復禮、擇善固執，是「未嘗致纖毫之力」的人為影響。

　　不過，此論馬上轉出一個邏輯性的思辨問題，就是針對「勿正、勿忘、勿助長」乃「未嘗致纖毫之力」人為影響的過程而言。其勿正、勿忘、勿助長以誠敬存之為其標準的過程，本身仍是一人為擇取誠敬來做為三項工夫的

〔註159〕（宋）程顥、程頤：《河南程氏遺書》，卷第二上，「二先生語二上」（《二程集》），冊上，頁16。

判斷準則，此過程不也是一種人為擇取的工夫嗎？

　　對此，宗羲即明白表示：「孟子養心，是學者工夫，離不得欲字，心之所向謂之欲，如欲正欲忘欲助長，皆是多欲，但以誠敬存之，便是寡欲。蓋誠敬亦是欲也，在學者善觀之而已。」其以為欲正、忘、助長雖是多欲，但只要以誠敬存之，便是寡欲，至此仍符合上述以誠敬存之的修養工夫論。不過，宗羲此處並沒有忽略這邏輯性思辨，其明白指出「誠敬亦是欲也」，故欲以誠敬存之於修養工夫，則是「正」的毛病，然而為了避免把捉之病而有意的避免之，反而又易於陷入「忘」與「助長」之中，最後還是落在正、忘、助長的周流之中無法自拔。因此，宗羲特別要求「學者善觀之」，即是要學者明瞭後天的寡欲雖以誠敬存之，但誠敬本身仍是不同形式上之「欲」，故最後還是必須將此誠敬昇華忘卻，否則又會「犯三者之病也」。然此思辨的理路，頗近似佛學不執著於「空」的理論，即為了不執著於「空」反而陷入了另一個執著之中，最後只好再不執著這個「不執著於空」的「執著」，即再「空『空』」的破執之說；換言之，宗羲此處所言就是一種破執著的理路。所以，宗羲的「學者工夫」是具善氣、養心、靜坐、寡欲等實質的修養工夫，但其又是一種不執著形式上的工夫修養論；其目的是為了以後天存養操持來歸復先天之本體，而又不會陷落於形式工夫上的執著。故根據上述的結論，便可以發現宗羲的修養工夫，其實是隨時以勿正、勿忘、勿助長為其標準而立論的，故以下可以由此三部分來看。首先，由「勿正」之角度，即無「把捉之病」而言：

> 有事不論動靜語默，只此一事也。明道曰：「某寫字時甚敬，非是要字好，即此是學。」雖然，當寫字時，橫一為學之心在內，則事與理二，便犯「正」之為病，更轉一語曰：「正是要字好。」〔註160〕

宗羲以明道寫字為例，指出寫字時以誠敬存之則當下即是體證與實踐合一，自然不會有現成良知的問題；但是若為了將字寫好才專心去寫字，便犯了「正」的把捉之病，而分事與理為二。所以宗羲進一步指出以誠敬存之的修養工夫，其實踐的當下便是誠敬之發用，故不需執著於防險、窮索等工夫上。因此，宗羲轉一語表示寫字時甚敬，「正是要字好」，即是本心誠敬則字自然由誠敬而發；故此「正是要字好」並非與明道之意相違背，其實此處二人皆是主張以誠敬存之的修養工夫，只是其立論的角度並不相同，學者萬不可陷入此文

〔註160〕（明）黃宗羲：《孟子師說》，卷二，〈浩然章〉（《黃宗羲全集》增訂版），冊
　　　　　一，頁63。

字障之中。

接著，再由「勿忘」之角度，即無有「閒斷之病」而言：

> 堯舜猶病祁寒暑雨，民之呻吟未有一日息也。文王如傷之心，亦豈
> 能一日已乎！道無窮盡，吾之工夫亦日進無疆，纔操已至之心便去
> 道日遠。〔註161〕

又

> 世人多以一節概人生平，人亦多以一節自恃。夫仁義豈有常所！蹈
> 之則爲君子，背之則爲小人，故爲善者不可自恃，爲惡者不可自棄，
> 所爭在一念之間耳。纔提起便是天理，纔放下便是人欲。〔註162〕

宗羲以爲道德修養工夫乃在復人之湛然本性，使其發爲流行之時，其言行舉
止皆能合於湛然本性。因此，宗羲指出此道德修養工夫並不可間斷暫歇，其
因有二。一，宗羲認爲人之道德本性原來具足，但學者若因此而自認本身已
是道德圓滿，而暫放其道德操持之工夫，則此湛然之本性並不保證可以永遠
不受外在習染而有所放失，所以宗羲表示「仁義禮智，本體自廣大，原不待
於擴充。所謂擴充者，蓋言接續之使不息耳。」〔註163〕明確提出操存涵養的
工夫是接續不斷的過程；若以爲道德修養是有終點的工夫，則「纔操已至之
心便去道日遠」。二、承上述，宗羲既然表示人的湛然本性並不保證不會受外
在習染而放失，所以人並不可以此爲藉口而自棄其道德修養，因此宗羲特別
指出「蹈之則爲君子，背之則爲小人」，確實說明人只要不放棄道德修養工夫，
於是「纔提起便是天理，纔放下便是人欲」，即重視道德實踐之工夫，故無論
人之本性爲何，只要實踐道德便是君子。簡言之，道德修養的工夫不僅無有
工夫之終點處，亦不可暫歇放下，反而更要接續不斷的努力。

最後，從「勿助長」之角度，即無有「急迫之病」而言：

> 夫格物爲初下手工夫，學者未識本體，而先事於防欲，猶無主人而
> 遂賊也。克己之主腦在復禮，寡欲之主腦在養心，格物即識仁也，

〔註161〕（明）黃宗羲：《孟子師說》，卷四，〈禹惡旨酒章〉《黃宗羲全集》增訂版），
冊一，頁113。
〔註162〕（明）黃宗羲：《孟子師說》，卷四，〈西子章〉《黃宗羲全集》增訂版），冊
一，頁116。
〔註163〕（明）黃宗羲：《明儒學案》，卷四，〈崇仁學案四〉，「太僕夏東巖先生尚樸」
案語《黃宗羲全集》增訂版），冊七，頁70。

即是主腦，不可與克己寡欲相例耳。〔註164〕

又

察識此心，而後操存，善觀之，亦與明道識仁無異；不善觀之，則
不知存養之熟，自識仁體。〔註165〕

宗羲此處明確指出識得道德本體是實踐道德工夫的第一要務，若急於在事之前行防欲之工夫，而不識道德本體之所在，則如無主人而逐賊，又如何能夠完成操持涵養道德本體呢？因此，宗羲主張道德實踐工夫要以「察識此心，而後操存」的知先行後次序爲其依據，不可急迫於未識仁體之前，便先行克己、寡欲之工夫；因爲此種未識仁體的克己、寡欲工夫，其所求得之體往往是私欲未必淨盡者，卻因一時克己、寡欲工夫之強矯修治，雖去其私欲之外表，但其私欲未淨盡的本質並無更改，所以「矯強一時，好名起見，則好利之見埋藏於內，不知不覺，從不及簡點處，忽然發露出來。猶如見獵心動，數十年之心，不知伏在何所，未易削除也。」〔註166〕至此，明顯可見未識本體的急迫工夫，其所求之體或偶然暫顯其湛然之面，但畢竟是曇花一現而無法成爲永恆普遍之道德本體；因此，昧卻本體而急於事前的修養操持，將是無效益的道德實踐之工夫。

綜合前述所言，可以得到兩點結論。第一，宗羲的「學者工夫」是以後天存養工夫還復先天本體，是異於「先天之學」的直截就本體的修養工夫；即二者雖同時皆以持養本體爲目的，但學者工夫是透過「養氣」、「養心」的過程，從本體所發的合則之流行中歸復本體，與先天之學直接以「主靜」工夫識得本體，明顯修養工夫上有內外兩種不同的進路。但這並不表示宗羲思路上有所矛盾，其實是宗羲的修養工夫論本身就是內外兼備的操持工夫，是需合一而論的。

第二，宗羲的學者工夫既然是從氣化流行上求得本體，其勢必不得不以「靜坐」、「持志」等具體的「把捉」工夫形式來識得本體；換言之，宗羲以具體實質的修養工夫來歸復本體原來具足的善性，使之能充份下貫爲現象界

〔註164〕（明）黃宗羲：《明儒學案》，卷五十三，〈諸儒學案下一〉，「徵君來瞿塘先生知德」（《黃宗羲全集》增訂版），冊八，頁621。

〔註165〕（明）黃宗羲：《宋元學案》，卷四十二，〈五峯學案〉，「承務胡五峯先生宏」案語（《黃宗羲全集》增訂版），冊四，頁683。

〔註166〕（明）黃宗羲：《孟子師說》，卷七，〈好名之人章〉（《黃宗羲全集》增訂版），冊一，頁160。

中具體的善之行爲。〔註167〕不過，一旦言具體實質的修養工夫，則難免不陷落於工夫執著的問題中；因此，宗羲對此疑慮曾直言此乃「起手工夫，不得不把捉，久之而熟，自然鳶飛魚躍，無非不忍之流行矣。蓋忽然之感，常人不能知及，學者之把捉，亦是仁守工夫，逮夫把持既去，斯有諸己之爲信耳。」〔註168〕其中更以「勿正、勿忘、勿助長」爲學者工夫的依據，「逮夫把持即去」，便成爲不執著於工夫形式的修養工夫，即表明「學者工夫」是不得不然的工夫，雖有各式的修養操持進路，卻無有一定的形式、步驟。故其又云：

> 道無形體。精義入神，即在灑掃應對之內，巧即在規矩之中，上達即在下學，不容言説，一經道破，便作光景玩弄，根本便不帖帖地。
> 〔註169〕

又

> 規矩熟而巧生，巧即在規矩之中，猶上達即在下學之中。學者離卻人倫日用，求之人以上，是離規矩以求巧也。〔註170〕

宗羲以爲上達即在下學的工夫之中，故其明確指出道德本體的修養就在人倫日用上，但卻不容説，因爲「一經道破」便有了具體的修治工夫形式，而成

〔註167〕宗羲曾云：「仁之於心，如穀種之生意流動，充滿於中，然必加藝植灌漑之功，而後始成熟。……『繼之』即戒懼愼獨之事，『成之』即中和位育之能。在孟子則居仁由義，『有事勿忘』者，『繼之』之功，『反身而誠』、『萬物皆備』者，『成之』之候。『繼之』者，繼此一陰一陽之道，則剛柔不偏，而粹然至善矣。如曰『惻隱之心，仁之端也』，雖然，未可以爲善也，從而繼之，有惻隱，隨有羞惡，有辭讓，有是非之心焉，且無念非惻隱，無念非羞惡、辭讓、是非之心，而時出靡窮焉，斯善矣。『成之』者，成此『繼之』之功，即《中庸》『成己仁也，成物知也』之謂。向非成之，則無以見天降之全，到得成之，方可謂之熟，不然，苗而不秀，秀而不實，終歸無用。」(《孟子師説》，卷六，〈五穀者章〉。《黃宗羲全集》增訂版，冊一，頁143。) 宗羲以爲人之本性原本具足，故僅需依其內在本然之理以行，自然發爲人倫日用的合理道德行爲；但是爲了保證此本性之善能不受損害而正確體現於道德世界之中，「然必加藝植灌漑之功，而後始成熟」，即透過修養操持的工夫涵養人之本性，使能發爲皆中節而非潛隱不現。故此説明了學者工夫確實是可以維持本體湛然面貌，並使之發爲流行而不失其序，是具體存有的道德修養工夫。

〔註168〕(明) 黃宗羲：《孟子師説》，卷二，〈人皆有不忍人之心章〉(《黃宗羲全集》增訂版)，冊一，頁70。

〔註169〕(明) 黃宗羲：《孟子師説》，卷七，〈道則高矣章〉(《黃宗羲全集》增訂版)，冊一，頁158。

〔註170〕(明) 黃宗羲：《孟子師説》，〈梓匠輪輿章〉(《黃宗羲全集》增訂版)，冊一，頁159。

爲相對待的修養工夫；此時學者不僅於人性事勢物理上工夫不敢放過，更陷於工夫實踐的執著而不知還復本體之湛然。總而言之，宗羲的「學者工夫」是確實存有實質內容，但卻無固定形式的修養工夫論。

三、先天之學與學者工夫之合一

從前面兩節的結論可知，宗羲既主張「先天之學」，又承認「學者工夫」，其間的矛盾則要如何化解呢？首先，先就宗羲先天之學的內容來分析。其曾云：

> 心之主宰，雖不可以動靜言，而唯靜乃能存之。此濂溪以主靜立人極，龜山門下以體夫喜怒哀樂未發前氣象爲相傳口訣也。……蓋心體原是流行，而流行不失其則者，則終古如斯，乃所謂靜也、寂也。儒者存養之力，歸於此處，始不同夫釋氏耳。〔註171〕

宗羲以爲心之主宰，雖不在相對動靜之中，但卻是存於未發前之「靜」的本體概念上；又宗羲還指出心體之流行不失其則者，即所謂「靜」、「寂」之處，所以此「靜」、「寂」之處便是此心本體發用流行合則之作用的結果。因此，宗羲提出先天「主靜」之學，明顯是針對心之主宰心體流行不失其則的根本處所持的存養工夫。不過，宗羲在「氣本一也」的立場上，除了表明「心即氣之聚於人者」〔註172〕之外，更直接表示「造化只有一氣流行，流行之不失其則者，即爲主宰。非有一物以主宰夫流行。然流行無可用功，體當其不失則者而已矣。」〔註173〕即將心之主宰及心本體之流行直接轉化爲氣本體之流行不失其則者，於是宗羲先天之學的「主靜」工夫，便成爲直截就氣本體的存養之工夫，其超越了相對動靜層面，是完全就氣本體立場而言的存養工夫，故宗羲直云：「周子主靜，靜則氣自流行，一不流行，則天地閉，賢人隱，平地而有山川之險矣。故懲忿如摧山，窒欲如填壑，非養之於初，則末流之難如此。」〔註174〕

〔註171〕（明）黃宗羲：《明儒學案》，卷十七，〈江右王門學案二〉，「貞襄聶雙江先生豹」（《黃宗羲全集》增訂版），冊七，頁428。

〔註172〕（明）黃宗羲：《明儒學案》，師說，〈羅整菴欽順〉（《黃宗羲全集》增訂版），冊七，頁18。

〔註173〕（明）黃宗羲：《明儒學案》，卷十九，〈江右王門學案四〉，「同知劉師泉先生邦采」（《黃宗羲全集》增訂版），冊七，頁505。

〔註174〕（明）黃宗羲：《孟子師說》，卷二，〈浩然章〉（《黃宗羲全集》增訂版），冊

　　接著，宗羲卻又提出異於上述超越相對動靜層面的具體實修之「學者工夫」。宗羲以爲「蓋所謂靜坐者，不是道理只在靜處，以學者入手從喘汗未定之中，非冥心至靜，何處見此端倪？久久成熟，而後動靜爲一，若一向靜中擔閣，便爲有病。故豫章爲入手者指示頭路，不得不然。」〔註175〕宗羲此處雖具體提出「靜坐」的修養工夫，明顯與上述不以相對動靜論工夫的立場相違背，但宗羲卻明確指出此乃「不得不然」的入手處；由此可見，宗羲以爲「先天之學」的「主靜」工夫，雖可直截就本體做存養工夫，但本體畢竟不易掌握，所以宗羲爲了解決本體不易掌握操持的困難，並避免誤入現成良知之說中，其提出以「養氣」取代「養心」之論，以爲「心即氣也。心失其養，則狂瀾橫溢，流行而失其序矣。養氣即是養心，然言養心猶覺難把捉，言養氣則動作威儀，且晝呼吸，實可持循也。」〔註176〕即透過對「實可持循」之「氣」存養操持以歸復本體之湛然。因此，具體之操持可以是「寡欲」、「好問」、「克艱」、「發憤」等實質工夫，如此便有具體道德修養入門途徑；不過宗羲明白道德修養並無有固定的形式工夫，因爲一旦有固定形式的修養工夫、步驟，便是落於形下工夫的執著，故宗羲提出「勿正、勿忘、勿助長」的標準爲學者工夫的依據，以爲具體的修養工夫雖是不得不然之工夫，但卻不可把捉、閒斷以及急迫，即明白表示實質的道德修養工夫，只是方便之門，並無一定形式、步驟可執；即宗羲所言：「夫因人變化者，言從入之工夫也。良知是言本體，本體無人不同，豈得而變化耶？」〔註177〕

　　由上述可知，宗羲的「先天之學」以及「學者工夫」雖是不同進路的道德修養工夫而看似矛盾；但就氣本體立場而言，其實是同一氣本體的合一修養工夫論。因爲先天之學乃是直截就氣本體的操持涵養，即內向的修持工夫；而後天之學則是透過不得不然的具體實質形式之修養以歸復本體，即由外而內的操持工夫。至此明顯可知，無論是直截內向的修持或由外而內的操持，其實皆是針對「氣本體」的修養工夫；而此對氣本體上的修養工夫，正是結

一，頁66。
〔註175〕（明）黃宗羲：《宋元學案》，卷三十九，〈豫章學案〉，「文質羅豫章先生從彥」案語（《黃宗羲全集》增訂版），冊四，頁567。
〔註176〕（明）黃宗羲：《孟子師說》，卷二，〈浩然章〉（《黃宗羲全集》增訂版），冊一，頁60。
〔註177〕（明）黃宗羲：《明儒學案》，卷八，〈河東學案下〉，「文簡呂涇野先生柟」（《黃宗羲全集》增訂版），冊七，頁151。

合了心學與理學的優點，其有心學直截就本體涵養的易知易行的成份，亦有理學具體的修持操存工夫，以及將理學「即涵養、即省察」的作用昇華爲「主靜」工夫之內涵，避免了現成良知的困境。可見宗羲的修養工夫不僅是內外合一的工夫，更是氣本體立場上的修養工夫，絕不是心學或理學工夫論的延伸。

不僅如此，宗羲此種內外合一的修養工夫進路，其實是類似孟子「必有事焉」與「勿正勿忘勿助長」的思路；即以「『必有事焉』，正是存養工夫，不出於敬。」〔註178〕而等同於就本體的主靜立人極之靜存工夫概念；至於「孟子養心，是學者工夫，離不得欲字。心之所向謂之欲，如欲正欲忘欲助長，皆是多欲，但以誠敬存之，便是寡欲。」〔註179〕以後天「寡欲」的修養工夫來歸復本體，卻又無有人爲的正、忘以及助長之執著。因此，孟子的修養工夫沒有矛盾，相對而言，宗羲的修養工夫亦無矛盾可言。甚至進一步來看，宗羲的修養工夫識得本體之湛然澄清，而本體透過修養工夫的操持而得以依其內在本然之理以體現；因此，宗羲的修養工夫除內外合一之論外，亦符合其自身「工夫所至，即其本體」的思路。對此，陳文章先生曾表示：

> 他（宗羲）的「一本論」在於工夫與本體的融合爲一，而達到體用一貫之境界，這也是梨洲一貫重整合的精神，他的「氣一元論」在於以「氣」整合心性理而爲一。……所以以梨洲觀點言，工夫之目的在於本體證爲一本，工夫之優劣在於是否能有效的與本體融合，工夫當然是艱困繁瑣，「舜之好問，禹之克艱，孔之發憤」，除非天縱聖賢，否則從艱辛中磨練是必要的，這是梨洲心目中認爲的「聖學大略」。因此事上磨練，物上窮理才是眞工夫，才是儒學所講求的務實工夫，至於靜坐觀心或默坐澄心，梨洲都認爲只是釋氏蹈空之學，非儒者之道。……衡之梨洲心學架構，其工夫進路首要在求「靜」，以「靜」爲主宰爲本體故，但反對「靜坐」，因爲靜坐乃相對於動相之靜相，是靜中求靜，梨洲主張的是動靜中求「靜」，唯有如此才能返證本體而不流於偏執蹈空之靜。〔註180〕

〔註178〕（明）黃宗羲：《孟子師說》，卷二，〈浩然章〉（《黃宗羲全集》增訂版），冊一，頁63。

〔註179〕（明）黃宗羲：《孟子師說》，卷七，〈養心莫善於寡欲章〉（《黃宗羲全集》增訂版），冊一，頁164。

〔註180〕陳文章：《黃宗羲內聖外王思想之研究》，頁126。

陳先生此段評論，筆者以為可分兩部分討論。第一，其以為宗羲在氣一元論
立場下，以「氣」來整合工夫與本體合一，並明確指出宗羲修養工夫是包括
在「事上磨練，物上窮理」的艱困工夫，以及非動靜相對待的「主靜」之學。
換言之，陳先生指出無論是「好問、克艱、發憤」等艱困的實質工夫，或超
越相對動靜的「主靜」以存養本體之工夫，其實皆是「務實工夫」；因此細究
這「務實工夫」，可以發現當中包含了「先天之學」與「學者工夫」兩種修養
論；此即說明了陳先生亦認同宗羲的修養工夫確實存有兩種不同之修養進
路，但卻是合一的「務實工夫」。不過此處要特別說明一，這裏的「務實工夫」
指的是具有實質操存涵養之工夫，並非泛指具修養形式樣態的外在工夫。

　　第二，陳先生雖贊同「好問、克艱、發憤」等事上磨練，物上窮理的操
持工夫，反對「靜坐」形式的操持涵養，以為「靜坐」是落於相對動靜中的
工夫，故其明確反對宗羲的「靜坐」主張；不過就宗羲工夫形式而言，此明
顯是矛盾的論點。其實宗羲雖主張先天「主靜」之學而反對相對動靜，但其
早已說明「靜坐」等具體形式的修養工夫，是「起手工夫，不得不把捉，久
之而熟，自然鳶飛魚躍，無非不忍之流行矣。」〔註181〕最後仍要「勿正、勿
忘、勿助長」的不執著於工夫形式上。因此，在陳先生此矛盾論點的基礎上，
反而凸顯了宗羲其實對「先天之學」與「學者工夫」早有完整的理論架構，
並圓融合一於自身的修養工夫上。宗羲曾表示：

> 滿腔子是惻隱之心，此意周流而無間斷，即未發之喜怒哀樂是也。
> 遇有感觸，忽然迸出來，無內外之可言也。先儒言惻隱之有根源，
> 未嘗不是，但不可言發者是情，存者是性耳。擴充之道，存養此心，
> 使之周流不息，則發政施仁，無一非不忍人之心矣。〔註182〕

又

> 赤子之心，只知一箇父母，其視聽言動，與心為一。視聽言動在此，
> 心便在此，無有外來攪和，雖一無所知，一無所能，卻是知能本然
> 之體。逮其後來，世故日深，將習俗之知能，換了本然之知能，便
> 失赤子之心。大人無所不知，無所不能，不過將本然之知能，擴充

〔註181〕（明）黃宗羲：《孟子師說》，卷二，〈人皆有不忍人之心章〉（《黃宗羲全集》
　　　　增訂版），冊一，頁70。
〔註182〕（明）黃宗羲：《孟子師說》，卷二，〈人皆有不忍人之心章〉（《黃宗羲全集》
　　　　增訂版），冊一，頁69。

至乎其極，其體仍然不動，故爲不失。〔註183〕

又

孟子所謂擴充、動心忍性、強恕而行，皆是所以盡心。性是空虛無可
相像，心之在人，惻隱、羞惡、辭讓、是非，可以認取。將此可以認
取者推致其極，則空虛之中，脈絡分明，見性而不見心矣。〔註184〕

又

仁義禮智，本體自廣大，原不待於擴充。所謂擴充者，蓋言接續之
使不息耳。〔註185〕

以上四條引文雖皆是宗羲言擴充的修養工夫，但卻明顯從四個不同修養工夫
立場來立論第。第一條，宗羲以爲心之本體及其所發之流行並無內外、已未
發、性情之分，即以此心之本體乃非動靜相對待之「靜」者，故「擴充之道，
存養此心」即涵養此未發之中，是先「主靜」的存養工夫。第二條，其指出
良知良能乃本然之體，但後來隨世故日深，習俗之知能習染了本然之體，故
宗羲以「擴充至乎其極，其體仍然不動」的操持涵養工夫，一方面存養本然
之良知良能，一方面又修治習俗之知能以復本體之本然面貌；即同時以「先
天之學」的直截存養本體，又以「學者工夫」來歸復本體，是二者合一的修
養工夫。第三條，其在性不可見，見之於心的立場，以心之體現即惻隱、羞
惡、辭讓、是非四者，故宗羲透過「動心忍性、強恕而行」的擴充修養工夫，
將心之體現者「推致其極」以復本體之性，此明顯是由外而內的操持涵養。
第四條，宗羲直言本體原本具足，其擴充不間斷的修養工夫，即是使其本體
永保湛然而不受增損；此明確是由「勿正、勿忘、勿助長」的立場言修養之
工夫。

　　透過上述的分析，可以得到一個結論，就是宗羲的修養工夫明顯有從「先
天之學」角度立論，有從「學者工夫」著手，還有二者合一觀點的修養工夫。
然此正說明了宗羲的修養工夫內涵，事實上已是將「先天之學」與「學者工
夫」圓融合一於自身的修養論之中，故當宗羲討論操持涵養工夫之時，並不

〔註183〕　（明）黃宗羲：《孟子師說》，卷四，〈不失赤子之心章〉（《黃宗羲全集》增訂
　　　　　版），冊一，頁108。
〔註184〕　（明）黃宗羲：《孟子師說》，卷七，〈盡其心者章〉（《黃宗羲全集》增訂版），
　　　　　冊一，頁148。
〔註185〕　（明）黃宗羲：《明儒學案》，卷四，〈崇仁學案四〉，「太僕夏東巖先生尚朴」
　　　　　案語（《黃宗羲全集》增訂版），冊七，頁70。

須要分條逐列的衡量修養對象，才能著手下工夫，而是任何人只要願意實踐道德修養，當下便是體證與實踐的合一，並不會落下內外任何一邊，反而更易於完成道德之踐履。不過，此處馬上產一個新問題，就是既然宗義的修養工夫是「先天之學」與「學者工夫」的合一之論，則此二者的關係究竟是平行對等呢？還是有主輔之別？對此，宗義有云：

> 「必有事焉」，正是存養工夫，不出於敬。……必有事雖不出於敬，然不曰「敬」，而曰「有事」者，程子曰：「若只守一箇敬，不知集義，卻是都無事也。」且如欲爲孝，不成只守著一箇孝字？須是知所以爲孝之道，所以侍養當如何，溫清當如何，然後能盡孝道也。蓋有事而始完得一敬，誠中形外，敬是空明之體，若不能事事，則昏暗仍屬不敬。〔註186〕

又

> 侯師聖説：「『必有事焉而勿正心』，伊川舉禪語爲况曰『事則不無擬心則差』。朱子不以爲然。」然朱子言略綽提撕，又何其與斯言相合也。此處著力不得，放倒不得，此之謂「勿忘」、「勿助」。勿忘勿助間，心中絕無一事，此之謂「有事」也，此即是義。若知有一義，以勿忘勿助集之，渣滓未化便是外義。……有問：「浩然之氣塞乎天地，何處見得？」海門曰：「何處見不得？此即『鳶飛魚躍，察乎上下』之意。」然非勿忘勿助，活潑潑地，如何見之？……人心不能無所著，忘則著於空，助則著於境，勿忘勿助，則一無所著，不墮有無二邊。〔註187〕

宗義此處藉由詮釋孟子的修養工夫，用以說明自身「先天之學」與「學者工夫」間的關係。宗義以爲「必有事焉」，雖是以「敬」存養，卻不可以「必有事焉」爲「敬」而執著於「敬」字之上，所以此「必有事焉」本身不可以固定的修養形式、步驟來界定，因爲其實質的修養工夫，是著力不得亦放倒不下，即涵養本體的工夫是無有具體形式之工夫卻又眞實存有。因此，宗義才會表示此工夫在「勿忘勿助間，心中絕無一事，此之謂『有事』也，此即是

〔註186〕（明）黃宗義：《孟子師說》，卷二，〈浩然章〉（《黃宗義全集》增訂版），冊一，頁63。
〔註187〕（明）黃宗義：《孟子師說》，卷二，〈浩然章〉（《黃宗義全集》增訂版），冊一，頁65。

義。」然此結論正說明了「勿忘勿助」的作用，在於指導「有事」避免落入制式化的操持涵養工夫形式中，而要使本體的修養工夫「絕無一事」，如此才是眞正「必有事焉」。

據此，有了上述的基礎，可以發現到「學者工夫」的勿忘勿助之作用，不僅是針對形下具體的靜坐、好問、克艱等形式修養工夫，提供了不執著的依據之外；其亦可作爲「必有事焉」之直截涵養本體而不墮於有無兩邊的標準。所以此處可以得到一個結論，就是「先天之學」乃是直截的本體修養工夫；而「學者工夫」則是由後天復先天的操持，並以「勿正勿忘勿助長」爲形下具體形式工夫與「先天之學」專注本體修養而不偏倚的標準。因此，二者在作用上各有其功能，缺一不可，是並重且合一的平行式存在。不過宗羲又云：

> 天地間道理平鋪，夫婦可以與知，誰能出不由戶？孩提知愛知敬，率性而行，道不可離，說是無工夫，未嘗無工夫，說是無戒懼，未嘗無戒懼。人人如此，個個圓成，只爲妄動手腳。凡人動於利欲，未免倒行逆施，學人不肯安於本分，求「著」求「察」，去之所以更遠。昔許敬菴言「童僕之服役中節者，皆道心也」，高忠憲初甚疑之，其後體認之久，忽覺平日所謂惺然常明之心，還是把捉之意，而蚩蚩之民，有如鳶飛魚躍，出於任天之便者，反有合於不識不知之帝則耳。〔註 188〕

宗羲以爲人的道德本性圓滿具足，故只須率性而行，道便在其中，是不須再「求著求察」，如此反而離道更遠。不過宗羲之意，學者千萬不可錯會宗羲此處贊同良知本體現成之論，而誤以爲「一著功夫，則未免有礙虛無之體。」〔註 189〕而主張「以無工夫爲工夫」的觀點。事實上，宗羲所主張的是「說是無功夫，未嘗無工夫；說是無戒懼，未嘗無戒懼」的思路，明顯表示操持涵養的工夫乃實質存在，只是此操持涵養的修養工夫並無固定形式、步驟可循，所以表面上彷彿是「無工夫，無戒懼」的存在。因此，再進一步討論，爲何宗羲要主張「說是無工夫，未嘗無工夫；說是無戒懼，未嘗無戒懼」的思路呢？

〔註 188〕 （明）黃宗羲：《孟子師說》，卷七，〈行之而不著章〉《黃宗羲全集》增訂版），冊一，頁 150。
〔註 189〕 （明）黃宗羲：《明儒學案》，卷十二，〈浙中王門學案二〉，「郎中王龍溪先生畿」（《黃宗羲全集》增訂版），冊七，頁 270。

因爲宗羲深知一旦有具體的修養工夫形式，則學者便易執著形式上的操持，而忽略本體的涵養，嚴重者甚至「從事於格物致知之學，於人情事勢物理上工夫不敢放過」，「苟一事一物精神之不到，則此心危殆，不能自安」，「故陽明學之而致病，君（陳錫嘏）學之而致死，皆爲格物之說所誤也。」〔註190〕即執著於外在格致之工夫。所以宗羲提出學者工夫的勿正、勿忘、勿助長以救之。

因此，宗羲主張先天之學的主靜工夫乃直截就本體存養，但又爲了避免陷入現成良知本體，於是特將「即涵養、即省察」昇華爲「主靜」工夫之實質內涵，使無形的主靜工夫存有實際的內容。所以宗羲爲了說明此無形主靜之論有實際工夫內容，又要指出修養工夫確實存有「先天之學」與「學者工夫」兩種進路，卻又不可陷入執著工夫修養的形式上；於是宗羲提出「說是無工夫，未嘗無工夫」的主張，其實都是爲了說明修養工夫的確實存在，但又不可執著於修養工夫上，只好以此種破執著相之遮詮用語，來詮釋修養論既是實有卻又無形的兩面內涵。〔註191〕

不過，上述之論尙存有一個疑問；就是宗羲的操持涵養是確實存有的修養工夫，但卻無修養工夫的實相。因此，既然無修養工夫的實相，則先前所提及的靜坐、好問等學者工夫不就是與之衝突的矛盾存在嗎？對此，宗羲還

〔註190〕（明）黃宗羲：《南雷文定》後集，卷三，〈翰林院編修怡庭陳君墓誌銘〉(《黃宗羲全集》增訂版)，冊十，頁446。

〔註191〕筆者此處以爲宗羲透過遮詮的方法，說明了修養工夫不僅具有直截對本體的主靜存養，又避免陷落於形式上的工夫。對此觀點，蔡家和先生亦有類似的主張；不過，蔡先生的推論則是由宗羲對羅近溪評論的分析著手，並不同於筆者從宗羲本身修養工夫立場推論。其以爲宗羲「對於近溪之學有抑有揚，揚的部分，認爲用近溪學來反對朱子學是很能受用的，因爲朱子學求個未發之中，又要格物窮理，而不知良知即知即行，且就在當下的切近處實踐。但黃宗羲對近溪學卻非完全同意，如『先生眞得祖師禪之精者』、『一間之未達』等語即是。……黃宗羲評近溪之學時，則認爲近溪只談到陰陽邊上事，而悟不及太極本身，這是一種缺失。亦是說一旦要反對只在流行之氣上自然放任的工夫時，黃宗羲便舉朱子學的氣之上還有一個主宰來反對近溪，然不同於朱子學的是，此一主宰必是流行中的主宰，非在流行之外能有一個主宰。於此，則黃宗羲遮撥兩邊的工夫論之輪廓便已大略地勾劃出來。」(參考蔡家和：〈黃宗羲的工夫論及其現代意義〉，《鵝湖學誌》，第三十六期，2006年6月，頁164～166。) 由此可見，蔡先生與筆者雖從不同的進路分析宗羲的修養工夫，但卻得到相同的結論，此即證明了宗羲的修養工夫確實是具有「先天之學」與「學者工夫」合一的表現。

是表示「爲入手者指示頭路，不得不然」，〔註192〕「起手工夫，不得不把捉」，
〔註193〕即說明了形式上的修養工夫，其實只是「暫時」的方便之門，久之而
識，仍是要回歸於無動靜相對待的修養工夫上；換個角度而言，此「不得不
然」「不得不把捉」之語的背後，正好反顯了宗羲的思想中，隱約仍是偏重於
內向的修治工夫。因此，筆者以爲若就工夫之作用而言，「先天之學」與「學
者工夫」是各有其作用，故是平行式的並重合一；但若就工夫之形式而言，
則「學者工夫」的作用，轉變成以遮詮的手段來形容「先天之學」的存在，
使二者明顯成爲具有主輔之關係。

然而，宗羲此種約略偏重內向修治工夫的結論，其實正可以佐證前述宗
羲爲何認爲「姚江之學，惟江右爲得其傳」，其因在於宗羲的先天「主靜」之
學吸收了朱學優點以「涵養、省察」爲內涵，而異於現成良知學之外；其更
以遮詮方式說明了道德修養工夫，其實是確實存在但卻無形。然此思路明顯
接近江右王學的主張，對此，宗羲又云：

> 先生（季本）最著者爲《龍惕》一書，謂「今之論心者，當以龍而
> 不以鏡，龍之爲物，以警惕而主變化者也。理自內出，鏡之照自外
> 來，無所裁制，一歸自然，自然是主宰之無滯，曷常以此爲先哉？」
> 龍溪云：「學當以自然爲宗，警惕者，自然之用，戒慎恐懼，未嘗致
> 纖毫之力，有所恐懼，便不得其正矣。」東廓云：「警惕變化，自然
> 變化，其旨初無不同者。不警惕，不足以言自然；不自然，不足以
> 言警惕。警惕而不自然，其失也滯；自然而不警惕，其失也蕩。」

〔註194〕

宗羲此處並未對以上三人的論述做一評論，但卻可從宗羲站在江右王學的立
場發現，其實宗羲是以鄒守益（東廓）爲立論中心來評論季本與王畿（龍溪）
二人，以爲季本只知警惕戒懼工夫而不識自然本體之主宰，即執於工夫之上
故「其失也滯」；而王畿雖識得本體之主宰卻無實際戒懼工夫，將如同現成良
知之學「其失也蕩」。由此可知，宗羲的修養工夫是既有「警惕戒懼」的操持

〔註192〕（明）黃宗羲：《宋元學案》，卷三十九，〈豫章學案〉，「文質羅豫章先生從彥」
　　　　　案語（《黃宗羲全集》增訂版），冊四，頁568。
〔註193〕（明）黃宗羲：《孟子師說》，卷二，〈人皆有不忍人之心章〉（《黃宗羲全集》
　　　　　增訂版），冊一，頁70。
〔註194〕（明）黃宗羲：《明儒學案》，卷十三，〈浙中王門學案三〉，「知府季彭山先生
　　　　　本」（《黃宗羲全集》增訂版），冊七，頁308。

內涵，又有「識得本體」的靜存工夫，明顯是「不警惕，不足以言自然；不自然，不足以言警惕」的兩種工夫的合一。所以，宗羲又進一步表示：

> 明道之學，以識仁爲主。渾然太和元氣之流行，其披拂于人也，亦無所不入，庶乎所過者化矣。故其語言流轉如彈丸，說「誠敬存之」，便說「不須防檢，不須窮索」；說執事須敬，便說不可矜持太過，惟恐稍有留滯，則與天不相似。此即孟子說「勿忘」，隨以「勿助長」救之，同一埽跡法也。鳶飛魚躍，千載旦暮。朱子謂「明道說話渾淪，然太高，學者難看」。又謂「程門高弟，如謝上蔡、游定夫、楊龜山下，稍皆入禪學去，必是程先生當初說得高了，他們只目卓見上一截，少下面著實工夫，故流弊至此」。此所謂程先生者，單指明道而言，其實不然。引而不發以俟能者，若必魚筌兔跡以俟學人，則匠、羿有時而改變繩墨彀率矣。朱子得力于伊川，故于明道之學未必盡其傳也。〔註195〕

宗羲此處再次透過對明道之識仁與孟子之勿忘勿助來說明修養工夫的合一；此可謂與前述宗羲在《孟子師說》解〈浩然章〉〔註196〕之內容相互立論。其皆以爲先天「主靜」之學以誠敬存之，自然不須再防檢、窮索；但恐其矜持太過而有留滯，則又以「學者工夫」的勿忘勿助救之，明顯是兩種工夫的並用。而且宗羲此處還說明了操存涵養仍是必須有「著實工夫」，才不至於入佛學禪境，不過此「著實工夫」卻會「因人變化者，言從入之工夫也。」〔註197〕即無固定之形式工夫。可見此處宗羲仍是繼續說明先天與學者工夫的合一。

最後，再從此合一處來討論宗羲氣本體的修養工夫，其云：

> 「平旦之氣，其好惡與人相近也者幾希」，此即喜怒哀樂未發之體，未嘗不與聖人同，卻是靠他不得，蓋未經鍛鍊，一逢事物，便霍然而散，雖非假銀，卻不可入火，爲其平日根株久禪宗席。平旦之氣，乃是暫來之客，終須避去。明道之獵心，陽明之隔瘧，或遠或近，

〔註195〕（明）黃宗羲：《宋元學案》，卷十三，〈明道學案上〉，「純公程明道先生顥」案語（《黃宗羲全集》增訂版），冊三，頁659。

〔註196〕黃宗羲：「『必有事焉』，正是存養工夫，不出於敬。……此與明道〈識仁〉之意相合，『正』是把捉之病，『忘』是閒斷之病，『助』是急迫之病，故曰『不須防檢，不須窮索』，『未嘗緻纖毫之力』。蓋存得好就是誠敬，誠敬就是存也。」（《孟子師說》，卷二，〈浩然章〉。《黃宗羲全集》增訂版，冊一，頁63。）

〔註197〕（明）黃宗羲：《明儒學案》，卷八，〈河東學案下〉，「文簡呂涇野先生柟」（《黃宗羲全集》增訂版），冊七，頁151。

難免發露，故必須工夫，纔還本體，此念菴所以惡現成良知也。……
「好惡與人相近」，正形容「平旦之氣」。此氣即是良心，不是良心
發見於此氣也。但使此氣虛靈不昧，以之應事接物，則旦晝自然合
節。朱子郤言「夜氣上未有工夫，只是去旦晝理會」，未免倒說了。
「平旦之氣」，即是寂然不動之體，乍見孺蹴，即是感而遂通。「好
惡與人相近」，即是喜怒哀樂之未發。感而遂通，即是發而中節。孟
子指點出來，使人人可認，不墮於有無二邊。〔註198〕

本段引文必須分兩部份來討論。第一，首先就「平旦之氣」的定位來分析。
古清美先生曾表示：

這裏的問題，很容易看出來。「平旦之氣」既然是「體」，何以會消
散而不可靠？未經鍛鍊，會散會亡的「暫來之客」可以看作是「未
發之體」嗎？如礦與金，雖金在礦中，但終不可以指礦爲金。與人
相近的「好惡」，怎麼又是「未發」呢？……於此，我們也大概看得
出來，梨洲只是爲了要合體用爲一，所以強調孟子有意以落於跡象
的平旦之氣講良心，即流行之命，又謂「此氣即是良心，不是良心
發見於此氣」，以表示這樣的體用合一才合乎《孟子》「舍情無以見
性」的真意。但是，「合體用」並不能泯滅其分際而硬合。……故「即
本體即流行」並不是不能説，但不當因此將「理」等同於「氣」、無
分辨的「心」等同於「理」；將本體的超越性硬拉下，以等同於變化
不定、以及有偏有限的事相，將變化好惡的心等同於應然的本心；
這是淆亂分際的。〔註199〕

首先不得不處理有關氣本體的定位問題。古先生以爲宗羲此處明顯有強矯體
用合一的矛盾。不過筆者認爲從孟子原文可知，平旦之氣其實是未達到本體
之氣的境界，只是經日夜的生息而產生接近本體之氣的清明狀態，其實仍是
須要繼續操存涵養。換言之，平旦之氣中，確實存有極少部分「好惡與人相
近」的未發之良心，但卻非平旦之氣的全部；故此時平旦之氣仍屬暫來之客
還必須「鍛鍊」，將其極少部分的未發良心擴充至全體，即「孟子所謂擴充、

〔註198〕（明）黃宗羲：《孟子師說》，卷六，〈牛山之木章〉（《黃宗羲全集》增訂版），
冊一，頁138。
〔註199〕古清美：〈黃宗羲的《孟子師說》試探〉。《明代經學國際研討會論文集》，（臺
北：中央研究院中國文哲研究所，2002年3月，修定1版2刷），頁253。

動心忍性、強恕而行，皆是所以盡心。……如孺子入井而有惻隱之心，不盡則石火電光，盡之則滿腔惻隱，無非性體也。」〔註200〕如此經鍛鍊擴充工夫的平旦之氣，才能成爲全善之氣者，其過程就是「必須工夫，纔還本體。」否則依舊是暫來之客。所以對於古先生以爲平旦之氣既是未發之「體」，又何以會是消散不可靠的暫來之客的疑問，其實轉由「氣」學立場便容易解決。而且從引文上下文意中可知，平旦之氣中確實存有良心的成分，故一經鍛鍊擴充便是全善之氣，自然能發而中節；所以此經鍛鍊的平旦之氣自然等同於良心之概念，但非指良心由平旦之氣所生。因此宗羲所直言「好惡與人相近，正形容平旦之氣。此氣即是良心，不是良心發見於此氣。」將中間一段擴充工夫省略未言，確實有用語不妥之處而略顯躁進。對此，古先生以爲宗羲將「理」等同於「氣」，將無分辨之「心」等同於「理」的評論，事實上正好反顯了宗羲確實是以「氣」爲本體的理氣合一思路，所以筆者其實是贊同古先生此論的。

不過，古先生指出宗羲將本體的超越性硬拉下，筆者以爲似有斟酌之處。因爲站在氣本論的立場而言，形上氣本體即存有本體之理，是形上的理氣合一；其下貫爲形下氣質之流行時，形下之氣本身亦存有形下氣之理，仍是理氣合一的狀態。所以就本體立場來看，本體之氣不僅是形上的存在，而且仍保有形上超越義之理，即「氣即理」的思路；不可因爲宗羲的氣論強調「工夫所至，即其本體」的體用合一，以及「氣外無理」的主張，就認爲宗羲將本體的超越之義減煞。〔註201〕因此筆者以爲，第一，不可由理學或心學角度來討論本體之氣，因爲理學與心學的基本立場是視「氣」爲發用流行者，根本不承認「本體之氣」的存在，所以視此氣所體認的對象只是實然的氣化流行而已，故應回歸氣學立場討論。第二，氣學重實踐的目的，是爲了能將形上道德意識具體落實爲人倫五常及修正明末虛誇之心學，故其主張「理不可見，見之於氣」，即透過「氣」將形上之不可見「理」體現於日用倫常之上，即將天道的元亨利貞轉化爲人道的仁義禮智之後，更具體落實爲事親孝悌等道德行爲；並非只是單純藉由氣流行不失其序的規律來反證「理」的存在；〔註

〔註200〕　（明）黃宗羲：《孟子師說》，卷七，〈盡其心者章〉（《黃宗羲全集》增訂版），冊一，頁148。

〔註201〕　劉述先：《黃宗羲心學的定位》（臺北：允晨文化事業股份有限公司，1986年10月28日被版），頁118。

〔註202〕　參考牟宗三：〈黃宗羲對天命流行之體之誤解〉一文，其多次表宗羲是從氣化

202）其間推論的進路明顯不同。第三，本體之氣是形上下理氣是一，故其是超越義與實踐義並重，所以相對於理學或心學而言，其實踐義的增加，自然令人「相對地」感到超越義的減少；事實上本體的超越義並未減少，只是更加入了實踐義，故不可錯認本體的超越義下拉、減煞。簡言之，宗羲氣論的體用合一，是保有原來超越義的氣之理，更加入了氣的實踐義，是超越性與實踐性並重的存在，是較理學與心學更完整的理論學說。

　　接著，再回頭討論宗羲此處的修養工夫。宗羲以爲未發之體，若未經鍛鍊而發用流行必會霍然而散，故此「鍛鍊」的工夫明顯是先天的「主靜」之學，即先一步直截就本體存養，之後自能發而中節。不過，若是加入上述的結論，以宗羲的平旦之氣本身並非是未發之體的全部，故要擴充其中那「極希」的良心，其鍛鍊的工夫便須要後天的學者工夫，使平旦之氣透過操持修養工夫將其內在幾希的未發之體擴充至全體，即「必須工夫，纔還本體」。由此可見，宗羲此處言「鍛鍊」之工夫，其實已是「先天之學」與「學者工夫」的圓融混用之工夫。因此，在宗羲修養工夫之內外合一的結論下，可以進一步明瞭宗羲之所以能調和朱、陸「道學問」與「尊德性」的合一，並非只是單純在「氣本一也」的立場下，因爲理氣合一之故，所以「道問學」與「尊德性」即機械式的對比合一；而是宗羲氣學的修養工夫論本身就是「先天」與「學者」工夫的圓融，即內外合一的工夫進路，所以順此思路前進，自然是「道問學」與「尊德性」的合一，而消泯了傳統朱、陸修養工夫論上的分歧。換言之，宗羲將「道問學」與「尊德性」合一，是有其內在理路的根據，是氣學修養工夫論自然發展的結果。所以宗羲有云：

> 況玫二先先（陸九淵、朱熹）之生平自治，先生（陸九淵）之尊德性，何嘗不加功于學古篤行；紫陽之道問學，何嘗不致力于反身修德，特以示學者之入門各有先後，曰：「此其所以異耳。」然至晚年，二先生亦俱自悔其偏重。〔註203〕

之事上說，即待就事變之流行中見其有則，於變易中見其不易，須待於「流行」中見「主宰」。(《心體與性體》冊二，頁117～頁135。) 筆者以爲牟先生之論只是宗羲學說的一部分，並未深入討論宗羲「天地以生物爲心，仁也。其流行次序萬變而不紊者，義也。」(《孟子師說》，卷一，〈孟子見梁惠王章〉。《黃宗羲全集》增訂版，冊一，頁49。) 即由形上本體所下貫的道德意識層面，而是仍停留由實然氣化流行來識得主宰的層面。

〔註203〕　（明）黃宗羲：《宋元學案》，卷五十八，〈象山學案〉，「文安陸象山先生九淵」案語（《黃宗羲全集》增訂版），冊五，頁278。

對於宗羲由內外合一的修養工夫而發展爲「道問學」與「尊德性」合一的主張，余英時先生雖未從修養工夫的角度分析其形成之因，但其卻確實指出了二者合一的事實。余英時先生有云：

> 陽明之後，因王學末流虛言「良知」，盡廢學問，引起學者不滿，所以漸漸有人出來重新強調「道問學」的重要。黃宗羲在哲學立場上是屬於王學的修正派，但他在調和朱、陸異同時竟回到了「先後」的觀點上，顯與陽明不同。……王學內部的人肯公然承認「道問學」與「尊德性」同爲通向「聖學之全」的途徑，這最可看出當時「道問學」壓力之大。學術思想的風氣顯然正在逐漸轉變之中。〔註204〕

暫且不論宗羲是否爲王學的修正派，但余先生從宗羲對心學末流的反動立場言「道問學」與「尊德性」合一的結論，與筆者從氣學修養工夫論角度所得的結論相同；可見宗羲的修養工夫確是是「先天」與「後天」的內外合一之論。

　　最後，總結來看，宗羲的「先天之學」與「學者工夫」的合一，彷彿是在「氣本一也」的立場下，理氣心性是一，則修養工夫亦要合一。事實上，宗羲修養工夫的內外合一，是氣學自然的發展，因爲氣本論的架構是形上本體之氣與本體氣之理的合一，並下貫爲形下之氣及其氣之理的合一；故形上下不僅各自理氣合一而且透過「氣」之通貫亦可上下相通。因此，直截就氣本體的主靜修養，自可使其發而中節；而透過後天靜坐、好問等操持工夫，亦可歸復本體。所以就氣學立場而言，其修養工夫論超越了理學與心學二者，即不僅有先天主靜的內向工夫，亦有後天復先天的由外而內之學者工夫，此明顯是氣學合內外的修養工夫論特色，非理學或心學所能超越。不過宗羲氣學上的修養工夫，仍是要「學者但當於自心欺瞞不得處提醒作主，便是聖賢路上人。」〔註205〕即要人回歸到最原始的善良本心之中，眞實的面對自己，才能走向聖賢的道路。至此可見，宗羲仍然是儒家一路上人。

〔註204〕　余英時：《中國思想傳統的現代詮釋・清代學術思想史重要觀念通釋》（臺北：聯經出版事業股份有限公司，2004 年 4 初版第 9 刷），頁 407。
〔註205〕　（明）黃宗羲：《孟子師說》，卷七，〈無爲其所不爲章〉（《黃宗羲全集》增訂版），冊一，頁 153。

第六章　黃宗羲理學思想的時代意義

第一節　明清氣學思想的開展

　　氣學的發展到明清時期，可謂與程朱理學與陸王心學各有其學術領域，其中在宗羲理學思想架構中，氣學成熟的理論體系明顯躍出，說明了氣學已非先秦、兩漢一條確實存有但卻潛隱的路線。所以在明清氣學結構的範圍下，其可分爲三大類型；一是以元氣爲本體，而欲擺脫理學與心學糾纏之「純粹氣本論」，如王廷相、吳廷翰等人；一是由對朱學理氣二分及近佛老的修正，轉爲「理氣是一」之論，如羅欽順、魏校等人；最後一類則由理氣是一推展到心性是一，其重心不僅強調了道德自覺與實踐動力，其較理學與心學更是接近先秦孔孟之學，即「我欲仁，斯仁至矣。」〔註1〕的本體原本具足，以及「君子恥其言而過其行。」〔註2〕的具體實踐作用的「知行合一」之思路，此類氣學即稱之爲「心理氣是一」（或「心性理氣是一」）之論，〔註3〕如黃宗羲、劉宗周、王船山等人。由此可見，在明清時期，「氣學」確實是主流思潮，故當時學者的思想架構，其實或多或少皆受到氣論的影響。故以下透過宗羲的同學陳確，以及未曾有義理交往的王船山與後世的戴震三人的分析，以凸顯

〔註1〕　（魏）何晏注，（宋）邢昺疏：《論語注疏》，卷七，〈述而〉（《十三經注疏》），頁9下。
〔註2〕　（魏）何晏注，（宋）邢昺疏：《論語注疏》，卷十四，〈憲問〉（《十三經注疏》），頁12上。
〔註3〕　參考王俊彥：《王廷相與明代氣學》，第貳編，〈明代之氣學思想〉，頁223。

當時代學術風氣與宗羲氣學的價值。

一、陳確的「工夫即本體」

　　陳確初名道永，字非玄，明亡後改名確，字乾初，浙江海寧人。四十歲時始受業劉宗周，〔註4〕與宗羲為同學，雖有書信往來，但僅往返論答一次，陳確便長辭人世，而宗羲對於同學的墓誌銘亦前後修改了四次，可見兩人在思想上必然有所差異的；故宗羲有云：「老兄（陳確）之學，可謂安且成矣，弟之所言，未必有當，然以同門之誼，稍呈管見，當不與隨聲者一例拒之也。」〔註5〕不過，先就相同的論點而言，陳確云：

> 雖斯人之耳聽目視，手持足行，何莫非受之于天者，而況才、情、氣質乎！知才、情、氣之本於天，則知所謂天命之性，即不越才、情、氣質而是，而无俟深求之玄穆之鄉矣。惟《中庸》言天命，仍不離乎日用倫常之間，故隨繼之以率性之道；尤不可忘戒懼慎獨之功，故又終之以脩道之教。〔註6〕

陳確此言可分從兩部分來討論；第一，就本體立場而言：陳確反對由「玄穆」的形上境界言「天命之性」，而是直接就才、情、氣質等具體形質層面言天命之性」，即否定形上本體的存在。第二，就工夫立場而言，陳確指出才、情、氣質雖本於天而發用於日用倫常間，但卻必須時時做「戒懼慎獨」工夫，即就已發處用功的主張。由此看來，陳確是偏重形下氣質發用處言工夫而不談本體者，加上陳確又表示云：

> 「本體」二字，不見經傳，此宋儒從佛氏脫胎來者。兄（劉伯繩—劉宗周之子）謂：「《商書》『維皇降衷』、《中庸》『天命之性』皆指本體言」，此誣之甚也。皇降、天命，特推本之詞，猶言人身則必本之親生云耳。其實孕育時，此親生之身，而少而壯而老，亦莫非親身之身，何嘗指此為本體，而過此以往，即屬氣質，非本體乎？……子曰「性相近」，則近是性之本體；孟子道性善，則善是性之本體。而此本體固无時不在，不止于人生而靜之時也。如曰「人皆有不忍

<hr>

〔註4〕　（清）陳敬璋：《乾初先生年表》，崇禎十六年（1643年）癸未條（《陳確集》，北京：中華書局，2009年3月第1版第2次印刷），冊上，頁26。

〔註5〕　（明）黃宗羲：《南雷文案》，卷三，〈與陳乾初論學書〉（《黃宗羲全集》增訂版），冊十，頁160。

〔註6〕　（明）陳確：《陳確集》，別集卷五，〈答朱康流書〉，冊下，頁472。

人之心」，乍見孺子之心，以至四端人皆有之心，皆指本體言也。曰
「平旦之氣」，則雖梏亡之後而吾性之本體亦未嘗不在也。曰「乞人
不屑，行道之人弗受」，則雖下流行乞之徒，而吾性之本體亦未始不
在也。則亦何時何處而非天命皇降之體乎？學者惟時時存察此心，
即時時是本體用事，工夫始有著落。今不思切實反求，而欲懸空想
個「人生而靜」之時，所謂天命而性之體段，愈求而愈遠矣。〔註7〕

陳確以為「本體」二字，乃受佛學影響而來，故反對就形上層面言本體。但
細究文意可以發現，陳確並非反對本體的存在，而是主張本體要在實然層面
討論，故本體的發見就在於「近」、「善」、「不忍人之心」、「平旦之氣」以及
「行乞之徒」中，所以陳確認為要體認本體，就必須時時做落實的存養工夫，
明顯是本體在工夫之中的思路。不過此處要特別注意一點，就是陳確本體在
工夫之中的思路，並非否定了形上層面本體之無限主體性及生生作用，而是
陳確將其轉化至「四端之心」等人倫日用之中，直接將儒家無限生生的道德
價值下貫至實然面，即「自然固指道體言，然舍却日用，亦無處更覓道體。
一言一動，無非道也。」〔註8〕其明確指出「道」（本體）即在人倫日用之中，
若捨人倫日用則無處尋覓道體。所以，既然本體存在實然的發用面，故學者
要體認本體只須就日用倫常中下工夫，便是主體；故陳確當然否定懸空想個
「人生而時」之虛玄主體的存在，認為追求那虛無本體只是離道益遠而已。

　　因此，筆者以為陳確反對的並不是本體的存在與否，而是針對後之學者
將本體形容的過於高妙虛玄，反而使學者陷於追求本體的過程，忘卻了當下
具體實踐工夫；事實上，陳確的本體即在工夫中之思想形成，可從兩方面來
看。首先，陳確云：

先生（劉宗周）云「繼善成性指人心說，非泛指造化事」，已一語道
破。心外豈復有工夫乎？知繼善成性為工夫，則雖謂「繼善成性是
本體」亦得。猶陽明云「戒謂戒慎恐懼是本體，亦得。」蓋工夫即
本體也，无工夫亦无本體矣。今弟以繼善成性為體道之功，責成人
心，字字著實，性體始不落虛。若謂是皇降之本體，泛指造化事說，
虛无宜邈，使人從何處體驗！細心推究，二說之是非邪正，不辨自

〔註7〕　（明）陳確：《陳確集》，別集卷五，〈與劉伯繩書〉，冊下，頁466。
〔註8〕　（明）陳確：《陳確集》，文集卷四，〈與祝開美書〉，冊上，頁135。

明矣。〔註9〕

陳確指出由工夫契入本體的主張，乃承其師劉宗周而來，以爲繼善成性之說，就是修養工夫在具體氣質之人身上的著實處，而非指形上本體而言。爲什麼呢？因爲劉宗周以「心無體，以意爲體；意無體，以知爲體；知無體，以物爲體。物無用，以知爲用；知無用，以意爲用；意爲用，以心爲用。此之謂『體用一原』，此之謂『顯微無閒』」〔註10〕故在體用一原的思路下，心只有人心〔註11〕是即體即用，所以本體亦是工夫所在；因此，陳確認爲繼善成性之說並非指形上本體，而是下貫於人、責成於人的。換言之，陳確並非不言本體，而是本體即在工夫中，工夫即本體，故確順著劉宗周「體用一原」的發展，「工夫即是本體」的說法當然爲陳確所接受，主張對本體的討論要從工夫著手。不過，此處馬上產生一個疑問，就是既然陳確認定「工夫即是本體」，則其爲何偏重由形下具體日用倫常實踐工夫以體認本體，而不由形上超越層言本體的即體即用呢？故此處轉由第二方面來討論，即陳確對宋儒先立本體的反對；陳確有云：

> 蓋孟子言性必言工夫，而宋儒必欲先求本體，不知非工夫則本體何由見？孟子即言性體，必指其切實可據者，而宋儒輒求之恍惚无何有之鄉。如所云平旦之氣，行道乞人之心，與夫孩少赤子之心，四端之心，是皆切實可據者。即欲求體，體莫著于斯矣。蓋孟子分明指出氣、才、情之善，以明性之無不善。而宋儒將氣、才、情一一說壞，甚至「人生而靜以上不容說，才說性，便已不是性矣」，則所謂性竟是何物？惑世誣民，無若此之甚者。〔註12〕

陳確此處表明「工夫即本體」而不由宋儒的超越層言本體之因，在於一則指出宋儒每欲求本體，便轉向「玄虛」、「恍惚」的超越層討論，即將本體虛化，而另造一似是而非的理論惑世誣民，反而使本體更不容易掌握。二則陳確以爲孟子言性必言工夫，則工夫著手處即日用倫常間的「平旦之氣」、「行道乞

〔註9〕　（明）陳確：《陳確集》，別集卷五，〈與劉伯繩書〉，冊下，頁467。

〔註10〕　（明）劉宗周：《學言下》（《劉宗周全集》），冊二，頁531。

〔註11〕　劉宗周以爲人只有一心，即是人心；而性亦只有一性，即氣質之性。其云：「性只是氣質之性，而義理者，氣質之本然，乃所以爲性也。心只是人心，而道者人之所當然，乃所以爲心也。人心道心，只是一心；氣質義理，只是一性，識得心一性一，則工夫亦一。」（《中庸首章說》《劉宗周全集》，冊二，頁353。）

〔註12〕　（明）陳確：《陳確集》，別集卷五，〈原教〉，冊下，頁457。

人之心」、「孩少赤子之心」以及「四端之心」等實然層之作用；並順孟子之意以氣、才、情皆善，則本體（性）無不善的思路前進，直指工夫發用處即真實之本體；簡言之，本體只有靠實踐的工夫才得以契入，並非宋儒空口言超越之心性者即為本體。

因此，綜合上述推論可以得到兩個論點；第一，陳確「工夫即本體」之論，可謂是繼承劉宗周「體用一原」的思路，以本體即體即用，故本體就在工夫中，而工夫又得以體顯本體；不過此「工夫即本體」的說法，其實亦可用於超越的形上層面，但陳確為何要轉入形下實然層言工夫即本體呢？一則因為對宋儒以虛無恍惚形容本體，而導致本體不易掌握外，另一則因為當時的重「氣」學風的影響；此即轉入第二論點，為什麼當時「氣學」思想會改變或影響陳確的工夫即本體的主張呢？因為就陳確的思想來分析，其始終主張本體即在實然面，故無論是「行乞之人」、「四端之心」以及「赤子之心」等形下發用處，本體未嘗不在其中，即「所謂道無定體，隨時而在也。」〔註13〕明確以道在人倫日用中，故求道（本體）即用功於人倫日用之上便可；故相對而言，人倫日用之所以能合乎天理以行，完全就是陳確思想中「雖下流行乞之徒，而吾性之本體亦未始不在」〔註14〕的思路發展，使形下人倫日用皆隨時依內在「未始不在」的「道體」發用流行，此理路內涵確實是當時「理在氣中」的主張，而且就工夫論立場批評宋儒先立一本體的說法，亦可視為對「理氣二分」的反對。所以筆者認為明末清初時期的「氣」學思想，必定在無形中影響了陳確。

於是進一步來討論「氣」觀念對陳確「工夫即本體」的影響。首先就師承關係來看，陳確與宗羲皆受業於劉宗周門下，故對劉宗周「歸顯於密」的主張必然明瞭，所以陳確在「心、意、知、物」一體的即體即用架構下，必然主張「工夫即本體」，然而問題就在於劉宗周「歸顯於密」的想法，落到陳確身上，其雖繼承了存發總是一機，中和渾是一性的歸結於意根獨體之論，但陳確的歸結處明顯異於劉宗周而具體落於實然層面的工夫作用上。然而，之所以造成歸結處所在位階層次的不同，在於陳確明言批評宋儒就形上本體的修養工夫，是恍惚不易把捉的，然此正反顯出陳確對理氣二分造成形上形下本體與工夫之分的不滿，於是自然走向當時「氣」學重實際之路，由形下

〔註13〕　（明）陳確：《陳確集》，文集卷四，〈與祝開美書〉，冊上，頁135。
〔註14〕　（明）陳確：《陳確集》，別集卷五，〈與劉伯繩書〉，冊下，頁467。

實然言「本體即工夫」，加上陳確始終以道即在日用人倫之中的主張，完全就是「理在氣中」的思路。因此，單就此點而言，陳確或許直覺的繼承劉宗周思想來立論，但其理路的轉向，改由形下層面務實的言「工夫即本體」，很難不讓人聯想到當時「氣」學對陳確的影響。

第二，在就陳確氣性善的主張來分析，陳確云：

> 資始、流形，言天之生物也；各正、葆合，言天之成物也。物成然後性正，人成然後性全。物之成以氣，人之成以學。……是故資始、流形之時，性非不具也，而必于各正、葆合見生物之性之全。孩提少長之時，性非不良也，而必于仁至義盡見生人之性之全。〔註15〕

陳確以為「非元始時無性而收藏時方有性也，謂性至是始足耳。」〔註16〕即當下肯定人性原本見在具足，而且同時肯定人身即本體，完全不討論性善之體的內涵由何而來，即如同前述的主張，以為本體即在實然面，故此實然面之本體中必有本體之理，所以為善；不過此處已涉及到「資始、流形」與「各正、葆全」的問題，若依陳確重實然層「工夫即本體」的思路，其「各正、葆全」可解釋為本體存於形質之中，故形質的完成，透過工夫必可見本體；但對於「資始、流形」而言，則陳確實然層的本體如何生化萬物與人，於是馬上產生一個有趣的問題，陳確此處指出「資始、流行，言天之生物。」應不能從自身實然層面解釋，因為若從形下立場言「資始、流行」的生化，雖可以解決物質的彼此相生，但問題在於這些相生物質最早的原始本體，又要從何而來？對此陳確並沒有回答，只是直接指出「資始、流行」以生物，由此可見，陳確不詳論形上本體的創生義，而直接言「資始、流行」的生化義，其實正是說明了「氣」本體的概念，已是普遍性被接受，故陳確不須為此多言，只需直指本體的生化義，而不需再言本體之理，因本體之理已見在具足，即「理在氣中」的轉化。而且在就其「各正、葆合」立場來看，無論是成人成物，皆能依內在本體之理以完成生化，亦是一種「流行不失其則」的「理在氣中」思路。由此又可見，陳確學說中確實已存有普遍性的氣學理論。

第三，再由宗羲的立場來討論。宗羲與陳確雖為同學，然兩人對學術義理的論辯卻僅有一次書信往來。筆者以為宗羲對陳確的批評，其主軸有三，一是理欲之辨（參考第三章、第二節），二是形上本體的存在與否，三是人性

〔註15〕 （明）陳確：《陳確集》，別集卷四，〈性解下〉，冊下，頁449。
〔註16〕 （明）陳確：《陳確集》，別集卷四，〈性解下〉，冊下，頁449。

之善是否須擴充盡才。〔註17〕其中第二點涉及到本體問題；對此，宗羲云：

> 大抵老兄不喜言未發，故于宋儒所言近于未發者，一切抹去，以爲
> 禪障，獨于居敬存養，不黜爲非。夫既離却未發，而爲居敬存養，
> 則所從事者當在發用處矣，于本源全體不加涵養之功也。老兄與伯
> 繩書，引朱子「初由察識端倪入，久之無所得，終歸涵養一路」，以
> 證察識端倪之非。弟細觀之，老兄之居敬存養，正是朱子之察識端
> 倪也。無乃自相矛盾乎？則知未發中和之體，不可謂之禪，而老兄
> 之一切從事爲立腳者，反是佛家作用見性之旨也。〔註18〕

宗羲明確從陳確以「工夫即本體」不由超越層討論，反而就形下實踐工夫契
入本體，是反對未發的主張；既然反對未發，則此時陳確所提的涵養工夫，
究竟是要涵養何者呢？陳確表示是在發用處居敬存養，而此論正是陳確自己
反對朱子察識端倪之非的矛盾處。不過，轉回陳確的立場，知其重實踐義與
反對宋儒將本體之理虛玄化，或是針對當時王學末流見在良知之弊而起，陳
確由具體工夫契入本體的務實途徑，其實並無不可。故古清美先生進一步表
示：

> 乾初所不滿的是宋儒在描述道體時所用的方式和言辭，並以爲這些
> 玄妙的理論使學者難以把握而忽略工夫。對於宋儒論本體時所賦的

〔註17〕宗羲反對陳確擴充盡才之論，其云：「老兄（陳確）云：『人性無不善，于擴
　　　　充盡才後見之，如五穀之性，不藝植，不耘籽，何以知其種之美?惻隱之心，
　　　　仁之端也，雖然，未可以爲善也，從而繼之，有惻隱，隨有羞惡，有辭讓、
　　　　有是非之心焉，且無念非惻隱，無念非羞惡、辭讓、是非，而時出靡窮焉，
　　　　斯善矣。』……若必擴充盡才，始見其善，不擴充盡才，未可爲善，焉知不
　　　　是荀子之性惡，全憑矯揉之力，而後至于善乎?」(《南雷文案》，卷三，〈與陳
　　　　乾初論學書〉。《黃宗羲全集》增訂版，冊十，頁158。) 宗羲以爲人性本善，
　　　　是本性之善原本具足，即孟子的我固有之，非「外鑠」而有的主張，所以就
　　　　算不用擴充盡才，人性依舊是善的。因此，宗羲反對陳確擴充盡才之論，認
　　　　爲此乃是「憑矯揉之力」而後至於善的荀子性惡之說。事實上，陳確「對於
　　　　孟子的性善論其實非取其後天義，若是後天義便是可以推諉，因爲若是後天
　　　　的學習所造成，若後天的因素而沒得學習，豈不是可以推諉、可以自暴自棄
　　　　了嗎?所以不該如黃宗羲的批評『天理只是人欲的改頭換面罷了』。而是應該
　　　　如此看待乾初思想，即其認爲善無止盡，好還要更好。」(蔡家和：〈黃宗羲
　　　　與陳確的論辯之研究〉，《國立臺灣大學哲學評論》，第35期，2008年3月，
　　　　頁7，註釋3。)

〔註18〕（明）黃宗羲：《南雷文案》，卷三，〈與陳乾初論學書〉(《黃宗羲全集》增訂
　　　　版)，冊十，頁159。

> 「超越」和「內在」的意義，他只採受「內在」的一面，而排斥本
> 體的超越義。因此，他講四端之心、平旦之氣、牿亡之後、行乞之
> 徒，本體皆「未嘗不在」；也就是說，他只承認性善內在於一切時地，
> 卻不承認這「未嘗不在」的體是「天命之性」。〔註19〕

最後，透過古先生的研究成果來看，陳確確實是承認有個「未嘗不在」的本
體，但這「未嘗不在」的本體卻非「天命之性」。筆者以爲這正凸顯出一個重
要線索，就是陳確偏重實然層的「工夫即本體」的說法，明顯異於心學就超
越層的工夫與本體的合一，反而類似朱學由格物以致知的途徑，但陳確始終
反對朱學預設一形上本體後，再經由格物以「豁然貫通」而無所不達的格致
說。至此說明了陳確明瞭本體「未嘗不在」，卻不承認這「未嘗不在」的本體
即是「天命之性」之因，在於陳確的內在思路中已存有一普遍性概念故無須
多言解釋，即認定「本體之理即在形氣之中」，故「工夫即本體」當然可以由
形下實然層體悟本體，此絕非心學「心即理」的思路，卻更有可能接近朱學，
但陳確直言反對朱學向上求理的格致一途，於是在當時的學說中，也只有「理
在氣中」的「氣學」，可以解釋形上本體之理爲何能下貫至形下氣質之中，使
形氣存有形上本體之理。因此，陳確與宗羲雖爲同學，但兩人的學術立場並
不相同，然而陳確的思想中卻隱含了「氣學」成分，〔註20〕或言這是受其師
劉宗周「體用一原」論的影響，還不如說是在明末清初時期，「氣學」的概念
已是普遍性的存在，而被廣泛的運用了。

二、王夫之的「心理氣是一」

　　王夫之，字而農，號薑齋，湖南衡陽人，晚年隱居於湖南衡陽金蘭鄉的
石船山，故人稱其爲「船山先生」。其中，王夫之的生卒日期皆與宗羲相接近，

〔註19〕 古清美：《明代理學論文集・陳乾初理學思想探討》（臺北：大安出版社，1990
　　　　年5月第1版第1印），頁310。

〔註20〕 王俊彥先生有云：「故統合地說，陳確反對朱學，對王學有所取捨，與純粹氣
　　　　本的王廷相不甚相契，對心理氣是一的劉宗周〔但心體義明顯〕、王船山、
　　　　〔但氣本義明顯〕則有所承接與推展，與理氣是一的戴震並重後天一段，但
　　　　自然義弱於戴震。可知陳確主要是順心理氣是一的理路發展，但爲糾正虛浮
　　　　學風，而只強調日用實踐一段的範域。形成其時代性、有延續性面貌的性善
　　　　論。」（〈陳確的性善論與明清氣學〉，《發皇華語・涵詠文學──中華文化暨
　　　　華語文教學學術研討會論文集》（臺北：文津出版社有限公司，2009年12月，
　　　　頁142。）

而且兩人亦同時在「天崩地解」〔註21〕的明亡時期，參與了抗清戰爭，加入南明的政權（王夫之投效桂王，宗羲投效魯王），復明運動失敗之後，王夫之輾轉流亡，直至順治十四年（1657 年）返回南嶽續夢庵故居，後徙居衡陽金蘭鄉，從此隱居荒山，著述至終。王夫之的生命歷程可謂與宗羲接近，但兩人在當時不僅無師承關係，亦無義理方面的書信交往。然而，王夫之卻與宗義的思想主張相接近，皆以「氣」論爲其思想基礎；因此，單純就時代背景而言，王夫之與宗羲兩人非師承與朋友的關係下，卻同時有相同氣學主張，此並非是學術上的巧合，因爲每位學者的思想架構各有其理路，彼此要能夠吻合的機率甚小；於是，只好就兩人的共同點來看，即在相同的時空中，必定存有普遍性的思想概念，而這應該就是「氣」概念的存在。不僅宗羲主張氣本體的「盈天地一氣」，王夫之亦表示「盡天地之間無不是氣」，〔註22〕其云：

> 虛空者，氣之量。氣彌淪無涯而希微不形，則人見虛空而不見氣。
> 凡虛空皆氣也。聚則顯，顯則人謂之有；散則隱，隱則人謂之無。
> 〔註23〕

又

> 人之所見爲太虛者，氣也，非虛也。虛涵氣，氣充虛，無有所謂無者。〔註24〕

王夫之以爲「陰陽二氣充滿太虛，此外更無他物，亦無間隙，天之象，地之形，皆其所範圍也。散入無形而適得氣之體，聚爲形而不失氣之常。」〔註25〕即指出宇宙天地之間，「氣」是唯一存在的實體，人見其「氣」即「太虛」，但非「虛空」，而是「彌淪無涯而希微不形」，故沒有所謂有無相對之「無」的虛空，是「太虛即氣則無無」〔註26〕的發展；因此，有形的天地萬物皆氣之所聚，而此氣散入無形時，即是太虛之體，故無論聚散、顯隱等變化，其

〔註21〕　（明）黃宗羲：《南雷文案》，卷二，〈留別海昌同學序〉（《黃宗羲全集》增訂版），冊十，頁646。

〔註22〕　（明）王夫之：《讀四書大全說》，卷十（《船山全書》，湖南：嶽麓書社，1988年～1996年版），冊六，頁1058。

〔註23〕　（明）王夫之：《張子正蒙注》，卷一（《船山全書》），冊十二，頁23。

〔註24〕　（明）王夫之：《張子正蒙注》，卷一（《船山全書》），冊十二，頁30。

〔註25〕　（明）王夫之：《張子正蒙注》，卷一（《船山全書》），冊十二，頁26。

〔註26〕　（宋）張載：《張子全書》，卷二，〈太和篇〉（臺北：臺灣中華書局，1968年7月臺2版），頁3上。

實都是氣不同樣態形式的存在。是繼承了張載「太虛無形，氣之本體」〔註27〕
的思想。所以，王夫之以「氣」即「太虛」而無形，其以「虛」的形態存在，
並非「虛無」的空無一物；故針對氣無所不在卻又無形的特色，王夫之避免
其落入虛空不實的學說之中，其從義理的角度，賦予了此氣具「誠」的內涵。
其云：

> 誠者，無對之詞也。必求其反，則《中庸》之所云「不誠無物」者
> 止矣，而終不可以欺與偽與之相對也。……說到一箇「誠」字，是
> 極頂字，更無一字可以代釋，更無一語可以反形，盡天下之善而皆
> 有之謂也，通吾身、心、意、知而無不一於善之謂也。〔註28〕

王夫之以爲「氣」創生實有的世界並非虛無，所以「太虛，一實者也。故曰：
『誠者天之道也。』」〔註29〕明確以「誠」來形容超越層面的氣本體內涵；不
過，王夫之爲避免以「誠」爲氣之內涵後，學者反而執著於「誠」之上，其
表示「誠」乃是無可與之相對應之字，是極頂之字，是可以形容本體之氣無
形卻眞實存有的特點。至此，可以得到一個結論，就是王夫之言「氣」是「彌
淪無涯而希微不形」，以「虛空」的樣態呈現此「氣」，但此「氣」並非相對
層面的「空無」，而是「誠」爲其內涵並實有存在，但此「誠」仍是氣的不同
名稱者，故爲「無對之詞」、「極頂字」，亦是不著於有無相對的；而此論點完
全是將「氣」定位於形上超越層面，是本體義之氣學觀。然而此主張，可謂
與宗羲氣本論觀點一致，宗羲有云：

> 其曰無極者，初非別有一物依于氣而立，附于氣而行。或曰：因「《易》
> 有太極」一言，遂疑陰陽之變易，類有一物主宰乎其間者，是不然
> 矣，故不得不加「無極」二字。〔註30〕

宗羲在「盈天地皆氣」的氣本體立場下，指出本體之氣在流行變化之中，並
無「無極」別爲一物的依於氣而立，附於氣以行，而是「無極」一詞正是用
以形容氣本體（太極）的不落方所，不著相對有無之意。對此，比對兩人思
路前進方向，不僅內涵相同，而且皆是順著張載「太虛即氣則無無」的立場，
確立本體之氣的眞實存有。因此，可以進一步來看，此本體之氣是形上位階

〔註27〕 （宋）張載：《張子全書》，卷二，〈太和篇〉，頁2上。
〔註28〕 （明）王夫之：《讀四書大全說》，卷九（《船山全書》），冊六，頁995。
〔註29〕 （明）王夫之：《思問錄·內篇》，（《船山全書》），冊十二，頁402。
〔註30〕 （明）黃宗羲：《宋元學案》，卷十二，〈濂溪學案下〉，附「梨洲太極圖講義」
（《黃宗羲全集》增訂版），冊三，頁609。

的存在，是不可能有聚則生，散則滅的情形。王夫之云：

> 以天運物象言之，春夏爲生、爲來、爲伸，秋冬爲殺、爲往、爲屈，
> 而秋冬生氣潛藏于地中，枝葉槁而根本固榮，則非秋冬之一消滅而
> 更無餘也。車薪之火，一烈已盡，而爲焰、爲煙、爲燼，木者仍歸
> 木，水者仍歸水，土者仍歸土，特希微而人不見爾。一甑之炊，濕
> 熱之氣，蓬蓬勃勃，必有所歸。若盒蓋嚴密，則郁郁而不散。汞見
> 火則飛，不知何往，而究歸于地。有形者且然，況其絪緼不可象者
> 乎！未嘗有辛勞歲月之積一旦悉化爲烏有，明矣。故曰往來，曰屈
> 伸，曰聚散，曰幽明，而不曰生滅。生滅者，釋氏之陋説也。〔註31〕

王夫之明確指出萬物的生死變化，都是一氣往來、屈伸、聚散等不同的表現，
但無論如何變化，都只是氣的形態不同而已；故氣聚則形成各種可見形體之
物，氣散則形體之物復歸原始氣的本然狀態，並沒有消失不見；所以「氣」
的變化「曰往來、曰屈伸、曰聚散、曰幽明，而不曰生滅。」據此，王夫之
更將此氣無聚散的觀點，轉入義理層面，其云：

> 倘如朱子散盡無餘之説，則此太極渾淪之內，何處爲其翕受消歸之
> 府乎？又云造化日新而不用其故，止此太虛之內，亦何從得此無盡
> 之儲，以終古趨于滅而不匱邪？……使一死而消散無餘，則諺所謂
> 伯夷，盜跖同歸一丘者，又何恤而不逞志縱欲，不亡以待盡乎！惟
> 存神以盡性，則與太虛通爲一體，生不失其常，死可適得其體，……
> 爲聖人與天合德之極致。聖賢大公至正之道異于異端之邪説者以
> 此。〔註32〕

王夫之站在氣無聚散的立場，反對朱子人死則氣散盡無餘的觀點。就道德義
理上而言，若是人死而氣散盡無餘，那聖人的道德倫理觀是否亦隨聖人過往
而消失無踪，如此，則人倫社會上的道德價值便只是暫存而毫無永恆普遍性；
所以，王夫之爲了避免「逞志縱欲」的發生，明確指出只有「存以盡性，則
與太虛通爲一體」的無相對生滅之存在，即本體之氣乃形上永恆存在，而道
德精神亦隨之恆久遍在。然此處要特別説明一點，其實王夫之如同宗羲一樣，
皆同時主張「氣」本體之論，以「氣」爲宇宙天地生化的本源，是以物質性
的「氣」爲學説基礎，但並不表示兩人脫離了中國傳統儒家道德觀，而是兩

〔註31〕（明）王夫之：《張子正蒙注》，卷一（《船山全書》），冊十二，頁21。
〔註32〕（明）王夫之：《張子正蒙注》，卷一（《船山全書》），冊十二，頁22。

人同時在氣本體立場下，以實質的道德價值賦予，具體落實在人倫社會，使其絕非一空談理論。而此也凸顯了在明末清初的亂世裏，兩人對社會的關懷。接著，再回到學理上的分析，對於王夫之「氣」無生滅的觀點，宗羲亦有類的主張，其云：

> 蓋以大德敦化者言之，氣無窮盡，理無窮盡，不特理無聚散，氣亦無聚散也。以小德川流者言之，日新不已，不以已往之氣爲方來之氣，亦不以已往之理爲方來之理，不特氣有聚散，理亦有聚散也。〔註33〕

宗羲此言與王夫之不同之處，在於王夫之言氣無生滅的觀點是直接就形上本體層說明，而宗羲言氣無聚散則分形上（等同王夫之的「生滅」之意）與形下兩層分析，此處確實是較王夫之爲詳細。不過，兩人對氣本體在超越形上層是永恆存在的看法並不相左，但是宗羲此處卻帶入了一個新論點，即「理」的存在與否；在宗羲的思路中，理只是「氣之理」，非別爲一物的存於氣之中。相應於王夫之，王夫之其實也有相同的主張，其云：

> 理即是氣之理，氣當得如此便是理，理不先而氣不後。……理只是以象二儀之妙，氣方是二儀之實。健者，氣之健也；順者，氣之順也。天人之蘊，一氣而已。從乎氣之善而謂之理，氣外更無虛託孤立之理也。〔註34〕

又

> 天下豈別有所謂理，氣得其理之謂理也。氣原是有理底，盡天地之間無不是氣，即無不是理也。〔註35〕

王夫之明確站在「理與氣不相離」〔註36〕的立場，以爲世上並沒有無氣之理，亦沒有無理之氣，即「理與氣元不可分作兩截」，〔註37〕是理氣合一並存的思路。不過，王夫之又進一步指出其作用，以理是氣化流行之妙用，而氣才是氣化流行之實體；因此，「天人之蘊，一氣而已」，以「氣」爲本體，而理只是氣化流行應當如此之理則；換言之，王夫之亦是氣本體論者，以「氣」爲

〔註33〕（明）黃宗羲：《明儒學案》，卷七，〈河東學案上〉，「文清薛敬軒先生瑄」（《黃宗羲全集》增訂版），冊七，頁121。
〔註34〕（明）王夫之：《讀四書大全》，卷十（《船山全書》），冊六，頁1052。
〔註35〕（明）王夫之：《讀四書大全》，卷十（《船山全書》），冊六，頁1058。
〔註36〕（明）王夫之：《讀四書大全》，卷九（《船山全書》），冊六，頁992。
〔註37〕（明）王夫之：《讀四書大全》，卷九（《船山全書》），冊六，頁991。

本，而「理」並非是氣外虛託孤立之理，故其直云：「理本非一成可執之物，不可得而見；氣之條緒節文，乃理之可見者也。故其始之有理，即于氣上見理；迨已得理，則自然成勢，又只在勢之必然處見理。」〔註38〕明顯是主張「理在氣中」，「氣外無理」、「理見之於氣上」以及「理乃氣流行應當如此之理則」等論點，完全符合宗羲「理為氣之理，無氣則無理」〔註39〕、「理不可見，見之於氣」〔註40〕以及「氣本一也，而一動一靜，一往一來，一闔一闢，一升一降，……卒不克亂，莫知其所以然而然，是即所謂理也。初非別有一物，依於氣而立，附於氣以行也。」〔註41〕的思想理路。

　　於是透過兩人理氣觀的比較，可以發現宗羲與王夫之兩人並沒有義理學上的交換，但卻有相同的理論交集，這就說明了在明末清初之時，氣學的概念不僅是普遍性存在之外（例如陳確主張由實然層言「工夫即本體」，但卻也隱含了「氣」本體的成分。），更是具有成熟的理論架構。即天地間一氣而已，而理只是氣之理，是理氣合一的主張；而此理論架構，亦是宗羲與王夫之共同面對挽救朱學，修正心學，甚至是發為「經世致用」的基礎。因此，站在王夫之以氣為本體的理氣合一基礎上，接著分析其心性關係。王夫之云：

> 原心之所自生，則固為二氣五行之精，自然有其良能，而性以託焉，知覺以著焉。此氣化之肇夫神明者，固亦理矣，而實則在天之氣化自然必有之幾，則但為天之神明以成其變化之妙，斯亦可云化理而已矣。〔註42〕

又

> 原于天而順乎道，凝于形氣，而五常百行之理無不可知，無不可能，于此言之則謂之性。人之有性，函之于心而感物以通，象著而數陳，名立而義起，習其故而心喻之。形也，神也，物也，三相遇而知覺乃發。故由性生知，以知知性，交涵于聚，而有間之中統于一心，

〔註38〕（明）王夫之：《讀四書大全》，卷九（《船山全書》），冊六，頁992。

〔註39〕（明）黃宗羲：《明儒學案》，卷七，〈河東學案上〉，「文清薛敬軒先生瑄」（《黃宗羲全集》增訂版），冊七，頁121。

〔註40〕（明）黃宗羲：《孟子師說》，卷二，〈浩然章〉（《黃宗羲全集》增訂版），冊一，頁60。

〔註41〕（明）黃宗羲：《明儒學案》，卷四十七，〈諸儒學案中一〉，「文莊羅整菴先生欽順」（《黃宗羲全集》增訂版），冊八，頁408。

〔註42〕（明）王夫之：《讀四書大全》，卷十（《船山全書》），冊六，頁1111。

由此言之則謂之心。〔註43〕

首先簡單說明王夫之的認識論，其以爲氣凝而成的形質之人，透過心的神感神發認知能力，認識客觀存在之物，即「形、神、物」三者「相遇」而產生理性的認知。接著，再回到義理面而言，王夫之認爲「心」是二五之精，故自有「能」與「知」，所以「夫人者，合知、能而載之一心也。」〔註44〕故此心可謂是「氣之靈」者，成於氣之上而有知、能之作用。換言之，天順道而凝於形氣，則倫常之則隨之體顯，故人有此性而無不知、無不能，之後透過形質之人的「心」感物以通。由此可見，在氣本體之下，心之所以能知性，其因在於氣凝爲形氣之時，同時便將氣化之神明作用（即氣之理）下貫於人身上，所以此性其實是氣直接下貫寄託在人心之上的，故此心當然能認得此性而發爲道德倫理。因此，王夫之又云：

> 性命之理顯于事，理外無事也。天下之務因乎物，物有其理矣。循理而因應乎事物，則內聖外王之道盡。……循夫理者，心也。故曰惟其所以用心者也。〔註45〕

由前述已可得知王夫之主張由心主動認知性的存在，而發爲合理的道德行爲，然此處更明白表示，要以心當下具足，只要內求便可由內聖而外王。而筆者以爲王夫之「以心循理」其實仍是合一之論，只是多了一「認知判別」的步驟，是可以避免良心所發未必合於理的弊病，故其直云：「以心循理，而天地民物固然之用、當然之則各得焉，則謂之道。」〔註46〕

最後，綜合而言，王夫之在當時「氣」概念普遍發展下，雖然沒有如劉宗周與宗羲的師承關係（其受業於父親王朝聘與叔父王廷聘）而有顯明的「體用一原」思路；亦沒有與宗羲有義理上的往來；甚至晚年之後還隱居深山，讀書餘生。但卻有與宗羲高度相似的理學架構，即「蓋言心言性，言天言理，俱必在氣上說，若無氣處則俱無也。」〔註47〕明顯是氣本體上的「心性理氣合一」的表現。因此，筆者以爲透過王夫之的「心理氣是一」（「心性理氣是一」）的架構，確實是可以凸顯出明末清初氣學的發展，已是成熟且普遍性的概念。

〔註43〕 （明）王夫之：《張子正蒙注》，卷一（《船山全書》），冊十二，頁33。
〔註44〕 （明）王夫之：《周易外傳》，卷五（《船山全書》），冊一，頁 984。
〔註45〕 （明）王夫之：《尚書引義》，卷一（《船山全書》），冊二，頁 273。
〔註46〕 （明）王夫之：《四書訓義》，卷八（《船山全書》），冊七，頁 377。
〔註47〕 （明）王夫之：《讀四書大全》，卷十（《船山全書》），冊六，頁 1109。

三、戴震的「理氣合一」

戴震字愼修，又字東原，安徽休寧人。其主張爲學「治經先考字義，次通文理，志存聞道，必空所依傍」。〔註48〕指出治學的途徑必先從事字義訓詁以通曉文意，最後才得以達道，明顯是以考據之學爲其學說基礎。至於戴震義理之學的發展，則顯得十分特殊，因爲戴震早年其實服膺程朱之學的，到了中年之後便「發狂打破宋儒家中《太極圖》」，即開始批評程朱之說，認爲「程子、朱子尊理而以爲天與我，猶荀子尊禮以爲聖人與我也。謂理爲形氣所污壞，是聖人而下形氣皆大不美，即荀子性惡之說也；而其所謂理，別爲湊泊附著之一物，猶老、莊、釋氏所謂『眞宰』『眞空』之湊泊附著於形體也。理既完全自足，難於言學以明理，故不得不分理氣爲二本而咎形氣。」〔註49〕戴震以爲朱學最大的錯誤在於分理氣爲二之後，以「理」爲本體而見在具足，其不善者歸之於「氣」。〔註50〕對此，站在「天地間百物生生，無非推本陰陽。」〔註51〕的戴震立場而言，其主張「氣」一元論，當然反對理氣二分之說。其因可分從兩部分來看；一由戴震本體之氣論而言，二由道即在人倫日用之中來討論。

第一，首先就戴震本體之氣論而言；戴震有云：

> 氣之流行既爲生氣，則生氣之靈乃其主宰，……豈待別求一物爲陰陽五行之主宰樞紐。下而就男女萬物言之，則陰陽五行乃其根柢，乃其生生之本，亦豈別求一物爲之根柢，而陰陽五行不足生生哉。
> 〔註52〕

戴震以爲不須於陰陽五行之氣外別求一物爲其主宰，因爲此二五之氣本身不僅能具體生化萬物，而且本身即是此生化過程之主宰，故此二五之氣是同時生化義與主宰義之具足，是本體意義的存在。即「是以人物生生，本五行、

〔註48〕（清）戴震：《與某書》（《戴震全書》，安徽：黃山書社，1995 年 10 月第 1 版第 1 次印刷），冊六，頁 495。

〔註49〕（清）戴震：《孟子字義疏證》，卷上〈理〉，（《戴震全書》），冊六，頁 166。

〔註50〕朱子站在「性即理」的立場，以爲性本天理而來，故爲善；因此「人之性皆善。然而有生下來善底，有生下來便惡底，此是氣稟不同……人一向推托道氣稟不好，不向前，又不得；一向不察氣稟之害，只昏昏地去，又不得。」（《朱子語類》，卷四，〈性理一〉，冊一，頁 69。）此處明顯可見朱子在理氣二分之下，將「氣」視爲影響「理」之不善者。

〔註51〕（清）戴震：《孟子字義疏證》，卷上〈理〉，（《戴震全書》），冊六，頁 170。

〔註52〕（清）戴震：《緒言》，卷上（《戴震全書》），冊六，頁 87。

陰陽為形色。」〔註53〕不過此處要說明一點，戴震本體之氣以陰陽與五行為其內涵，並非氣自氣，而陰陽五行自為陰陽五行。其云：

> 道，猶行也；氣化流行，生生不息，是故謂之道。《易》曰：「一陰一陽之謂道。」《洪範》：「五行，一曰水，二曰火，三曰木，四曰金，五曰土。」行亦道之通稱。舉陰陽則賅五行，陰陽各具五行也；舉五行即賅陰陽，五行各有陰陽也。《大戴禮記》曰：「分於道謂之命，形於一謂之性。」言分於陰陽五行以有人物，而人物各限於所分以成其性，陰陽五行，道之實體也。〔註54〕

戴震此處就整體的氣化內涵而言，其「舉陰陽則賅五行」、「與五行即賅陰陽」，明顯是將「陰陽」與「五行」作用同時混於一形上氣本體，使此氣本體不僅具備陰陽對立與調和之作用，亦含有五行相生相勝之能力。而且，再進一步分析，戴震以「陰陽各具五行」，即指出陰陽之作用中含有五行的成分，而「五行各有陰陽」，卻是指出五行之相生相勝中各有其陰陽作用；如此，彷彿是陰陽與五行對立。其實不然，戴震以為「在氣化曰陰陽，曰五行，而陰陽五行之成化也，雜糅萬變，是以及其流形，不特品物不同，雖一類之中又復不同。」〔註55〕由此可見，陰陽與五行不僅是並存於同一氣本體上，而且更豐富了氣本體的內涵，使氣得以能化生流形品物各不同的根據，此亦是合理解釋了形下氣化世界之多樣性。

接著，再討論此處「道」的概念；根據上述可知，戴震是主張本體之氣的主宰義與生化義具足者，是氣一本論；但此處戴震又指出「氣化流行，生生不息，是故謂之道。」則是從氣化流行角度來分析本體之氣，以其能生生不息故謂之道，而且此本體之氣透過內在二五作用以有人物，人物又各得其分以成性；此思路除了說明戴震之氣與道的關係是「陰陽五行，道之實體」的氣即道外，更凸顯了其思想中，確實隱含了「理在氣中」、「流行而不失其序，是即理也」的成分。因此，綜合來看，戴震之「氣」是以「道」或「陰陽五行」為其實體，並非空無的存在，而且此「氣」本身亦能透過內在二五之作用化生萬物，並為其主宰，明顯是主宰義與本體義的具足，加上其隱含於內的「理在氣中」成分，其實已呈現「理氣是一」的氣本體之論。據此，

〔註53〕（清）戴震：《原善》，卷中，（《戴震全書》），冊六，頁16。
〔註54〕（清）戴震：《孟子字義疏證》，卷中，〈天道〉（《戴震全書》），冊六，頁175。
〔註55〕（清）戴震：《孟子字義疏證》，卷中，〈性〉（《戴震全書》），冊六，頁179。

戴震將此思路進一步發揮於人倫日用之中，以「氣」即是「道」，亦是「天道」與「人道」的合一；故轉由第二點，道即在人倫日用之中，其云：

> 道有天道、人道。天道以天地之化言之，人道以人倫日用言也。是
> 故在天地，則氣化流行，生生不息，是謂道；在人物，則人倫日用，
> 凡生生所事，亦氣化之不可已，是謂道。〔註56〕

戴震除了繼承上述以「道」乃氣化流行，生生不息的本體之氣外，提出了道在人倫日用上的發用，即氣化流行之發用，是謂之「人道」。因此，戴震直言「道有天道、人道」，指出「道」具有雙重意義，以「道」是氣本與氣化具足之外，亦具有道德義；換言之，戴震無論是就「氣」而言，或由「道」而論，氣即道之實體而收攝一切內外在之理，確實是氣一元論思路。於是，戴震便以此為基礎，轉化由道德倫理立場發用，以為人本具天賦的道德天理與實踐的動力，故自能發用為合理的道德行為，並透過自身的踐履向外推展至人倫日用之中，力圖實現一和諧社會。

　　不過，此處還必須做進一步討論，因為戴震雖然存有以形上氣本體凝成形下氣質之人，同時形上本體之理亦隨之下貫此形質之人身上，使人成為世上唯一的道德實踐者的主張；但是，戴震卻又接著表示「人生而後有欲，有情，有知，三者，血氣心知之自然也。」〔註57〕以「情欲」是合理存在，亦本體賦予而來的，故其云：

> 欲者，血氣之自然，其好是懿德，心知之自然，此孟子所以言性
> 善。……於心知之自然謂之性，血氣之自然謂之欲，說雖巧變，要
> 不過分血氣心知為二本。〔註58〕

戴震明確指出「欲者，血氣之自然」，故有血氣之人必有此情欲，換言之，此情欲由本體發用而來，當然亦是本體之理下貫其中而為其內涵，故此「欲」之意義當然不同於傳統「存天理，去人欲」之「欲」的內容。對此，戴震對欲採取了正面的態度，以為「凡事為皆有欲，無欲則無為矣，有欲而後有為。有為而歸於至當不可易之謂理，無欲無為又焉有理！」〔註59〕推論至此，可以得到一個結論，就理論而言，戴震事實上是內在隱含著氣一元論的思路；

〔註56〕　（清）戴震：《孟子私淑錄》，卷上（《戴震全書》），冊六，頁37。

〔註57〕　（清）戴震：《孟子字義疏證》，卷上，〈才〉（《戴震全書》），冊六，頁197。

〔註58〕　（清）戴震：《孟子字義疏證》，卷上，〈理〉（《戴震全書》），冊六，頁171。

〔註59〕　（清）戴震：《孟子字義疏證》，卷下，〈權〉（《戴震全書》），冊六，頁216。

而就人性論角度而言，戴震則反對宋儒「存天理，滅人欲」之說，並認爲之所以造成天理與人欲二分相對之因，在於根本上受「理氣二分」思路的影響。於是戴震在內含理氣是一的思路，以及外在反對造成天理，人欲相對的理氣二分學說這兩個條件下，其開始對朱學提出批評。首先反對朱子視理爲一物的存在，其云：

> 後儒尊大之，不徒曰「天地、人物、事爲之理」，而轉其語曰「理無不在」，以與氣分本末，視之如一物然，豈理也哉！〔註60〕

又

> 就天地、人物、事爲求其不易之則，以歸於必然，理至明顯也；謂「理氣淪渾，不害二物之各爲一物」，將使學者皓首茫然，求其物不得。〔註61〕

戴震以爲二五之氣本身即是本體義與生化義具足之氣本體，其發用流行時，必依其隱含的「理氣是一」思路前進，故理只是氣中的條理，不可與氣分爲本末二物，即於氣外別求一「理」之物的存在。此可謂對朱子「未有天地之先，畢竟是有此理。」〔註62〕的修正，反對「理」先於「氣」而存於天地未生之前。於是戴震藉由考據的手段來解釋「理」，其云：

> 凡物之質，皆有文理，粲然照著曰文，循而分之，端緒不亂曰理。故理又訓分，而言治亦通曰理。……蓋氣初生物，順而融之以成質，莫不具有分理，則有條不紊，是以謂之條理。〔註63〕

戴震明確以「理」只是氣化流行之中，萬物順之各有其理的「分理」解釋之，是異於朱子以「理」爲本的說法。此即說明了理只是氣化萬物之中所各具之理，是用訓詁學的成果來反對朱子以理爲一物的說法。接著，再從反對朱子「理爲氣之主宰」的角度而言，戴震云：

> 在宋儒以形氣神識同爲己之私，而理得於天。推而上之，理氣截之分明，以理當其無形無跡述之實有，而視有形有跡爲粗。……由考之六經、孔、孟，茫然不得所謂性與天道者，及從事老、莊、釋氏有年，覺彼之所指，獨遺夫理義而不言，是以觸於形而上下之云，

〔註60〕　（清）戴震：《緒言》，卷上（《戴震全書》），冊六，頁87。

〔註61〕　（清）戴震：《緒言》，卷上（《戴震全書》），冊六，頁87。

〔註62〕　（宋）黎靖德編：《朱子語類》，卷一，〈理氣上〉，冊一，頁1。

〔註63〕　（清）戴震：《緒言》，卷上（《戴震全書》），冊六，頁87。

太極兩儀之稱，頓然有悟，遂創爲理氣之辨，不復能詳審文義。其
以理爲氣之主宰，如彼以神爲氣之主宰也。以理能生氣，如彼以神
能生氣也。以理於壞形氣，無人欲之蔽則復其初。如彼以神受形而
生，不以物累之則復其初也。〔註64〕

戴震此處依舊由訓詁考據立場，表示六經、孔、孟皆茫然不得所謂性與天道
者，故理氣二分之說，完全是受到佛道先立一「眞宰」、「抱一」虛空之本體
的影響。換個角度而言，戴震以爲理只是氣化流行自身之規律，但後世之學
者，參雜佛道之說，以爲無形乃實有存在，反而視有形爲粗，於是如同佛道
由形上形下釋之，遂以理氣之辨，而有理爲氣之主宰、理能生氣等說法，其
實完全是佛老之說所誤。

　　因此綜合前述來看，戴震之所以反對理氣二分，其實有二個前提的，一
是戴震接受了當時氣學「理在氣中」的思想，以爲氣本體所凝而成形質之人，
本身必定是道德本性與道實踐兼備之人，是不須由宋儒言理氣二分之下，人
之本性需靠格致之工夫以復性；而此亦正凸顯出「氣」學的觀念，由明中期
王廷相、吳廷翰等人的復興，到明末清初黃宗羲、王船山的成熟期，直至清
中期的戴震，其實氣學觀念已深入日用倫常與學術思想之中了。

　　再者，在戴震「天道與人道」合一的架構下，「欲」確實是現實存在，而
戴震對於「欲」的體現，則透過血氣心知的形下實然面說明，反對宋儒對天
理人欲二分說；然而此天理人欲二分之說的理論依據，又本於理氣二分而來，
所以由此層面來看宋儒天理人欲二分的錯誤，實際上便可反推理氣二分的失
誤。〔註65〕因此，由宗羲成熟的心理氣是一的氣學模型來看，戴震若順學術
發展的路數前進，亦應也是「心理氣是一」的主張，但是爲了修正朱學理氣
二分的錯誤，以及所造成天理與人欲的相對，戴震反而又不自覺的以「理氣
是一」的說法來反對朱學，尤其是戴震此種略偏形下實然層的理氣是一的修
治工夫，其實就是氣學即工夫即本體的主張，而此亦證明了氣學重實踐的特
性了。

〔註64〕　（清）戴震：《孟子字義疏證》，卷中，〈天道〉（《戴震全書》），冊六，頁179。
〔註65〕　張麗珠先生亦主張戴震對朱子理氣二分說的反對，除了透過「從訓詁進求理
　　　　　義」的手段外，並主張戴震是由對朱學「存天理，滅人欲」二分的反對，來
　　　　　反推其理氣二分的錯誤。（參考〈戴震「發狂打破宋儒《太極圖》」的重智主
　　　　　義道德觀〉，《興大中文學報》，第十二期，頁59～82。）

第二節　內聖外王的並舉

　　明末清初「氣學」的發展，內則由於對明中後期朱、王學的流弊所做的修正，外則由於為了挽救當時社會、經濟的衰敗所提出的務實工夫。因此，「氣學」重實踐的特性便在明末清初之際，快速發展以臻至成熟。而宗羲身遭亡國之痛，其總結明亡之因，無論就內在學術思想或外在歷史環境而言，宗羲以為只有務實的具體行動，才可以彌補明末一股「玄虛而蕩」或「情識而肆」的風氣。故宗羲自然以「氣學」的觀念來發展，將明代已高度成熟的內聖之道，能具體且確實的推展到外王。詳言之，氣學形上層面的「理氣合一」，是本體之氣與其本體氣之理的合一，是當下本體義具足的氣本體，亦是道德的本體，故此超越義的氣本體下貫而形成形質之人，其形上氣之理必同時賦予此形質之人的道德能力，明顯又是形上下理氣相通貫。所以在此完整的理氣架構之下，就知識層面而言，本體所「知」的當下便是發為「行」用的「知行合一」觀；就道德層面而言，天賦與人道德本性，此道德本體透過氣之具體發用之人以踐履，當下即是道德的行為；換言之，在理氣合一的立場下，「人」成為世上唯一的道德實踐者。

　　因此，在宗羲氣學的架構下，無論是知識層面或道德層面，皆是即知即行，即體即用的理氣合一觀發展，而此正是「事功」與「心性」的相融，即回歸了儒家「內聖外王」之原本面貌。

　　傳統儒家「內聖外王」之學，是同時包含了心性修養與建業立功。對此，孔子便開始言「學而優則仕」，其中「學」便是「內聖」而「仕」則為「外王」，可見孔子之時，內聖與外王的雛形已經形成；之後，孟子繼承了孔子思想，以為「古之人得志，澤加於民；不得志，修身見於世。窮則獨善其身，達則兼善天下。」而「獨善其身」即是心性修養，「兼善天下」即是經世事業，二者是內外並舉的存在，而非先後次序的關係。接著《大學》繼續闡發內聖外王之意，其提出「明明德」、「親民」、「止於至善」的三網領，以及「格物」、「致知」、「誠意」、「正心」、「修身」、「齊家」、「治國」、「平天下」的八條目。其中，「格、致、誠、正」即「修身」之意；故三綱領與八條目的對應，即「明明德」對應「修身」而為「內聖」，「親民」對應「齊家、治國」，「止於至善」對應「平天下」，後二者即「外王」。由此可見，《大學》之中，內聖是以生命修養為主而盡聖人之道，外王則是致用經世為主而盡王者之制；二者明顯是並舉對列的存在，是可以由內而外，亦可以由外而內的一貫性過程。

　　不過，傳統內聖外王之學到了宋明之後，卻演變轉化為只偏重自我內在修養的內聖之學。其因大致有二；第一，宋明儒高度專注內在生命之安頓處，於是開始尋求一內在超越之精神本體；就「性即理」而言，性是天理所賦予，然後透過心之認知後，再發為合乎天理的行為，故重心轉向對內在本性的識得；就「心即理」而言，本心即是本體，故本心所發便可以發為道德行為，但其本心極易受到習染，故工夫全在修養本心上，已足將重心轉向於內聖。至此，造成內聖之學的興盛，以為外王只是內聖所「推演」出去的結果，即內聖是體，外王是用，使二若關係成為體用關係而非即體即用之論。

　　第二，後世帝王的專制手段，將百姓視為己身之奴僕，將天下視為己身之家。於是為了鞏固政權，帝王將內聖修養轉化為政治上的「順從」，即要求百姓修養內聖道德，而其外王之時便是「順從」君王思想的表現，而非經世致用之學，於是所謂的外王其實只是內聖最高的道德表現，明顯已是與傳統儒學實用的外王之學有了差異。然而此種只有「內聖」或最高道德表現的「外王」，事實上對於社會經濟並無實質功能，即只重「心性」而不論「事功」，明確將傳統儒學內外並舉之論轉變成只知心性修養而不論經世之學的困境中。故一旦在高度道德的社會觀下，及明清政權交替之後，清政府以外族身份統治中國，自然不能為世儒所接受，於是一股反省的思潮便應運而生，或從政治制度上，或從思想上，諸儒的開始修正明亡之因。宗羲便在此氛圍之下，開始從思想上做最根本的改革。

　　宗羲繼承了明中期由羅欽順、王廷相發其端的「氣學」觀念，以「理氣合一」的主張修正朱學理氣二分而造成「理管不住氣」之說；以「氣本一」立場下的「心性合一」挽救王學「玄虛而蕩」「情識而肆」的弊病。並進一步將學術思想轉至「事功」，其史學、經學、絕學皆有所成就，冀透過實際的經世著作，對政治制度、社會經濟做一番改革。換言之，宗羲的思想是有完整的氣論架構，更能具體實用於現實世界，尤其是「人」成為世上唯一的本體與實踐之結合者，使「人」不僅能知即能行，而且其道德本體當下便發為道德行為，完全將「道德世界」與「現實世界」結合，是回歸了傳統儒學「內聖外王」並舉的世界。由此可見，明末清初是氣學成熟的時期，而宗羲之學更是明末清初之代表，而後清學的發展，或許不一定由此引伸而出，〔註66〕

〔註66〕劉述先指出「明末清初的思想，由泰州學派轉手，像陳確一類的人開始肯定『欲』，以之為首出的觀念，根本脫離了心性之學的規模，梨洲已無法力挽狂

但其氣學重實踐之特性，確實影響至清末民初之思想。〔註67〕簡言之，宗羲之氣論，不僅修正了朱學的僵化，亦挽救了心學的空疏，更使傳統重「內聖」之功夫得以與「外王」並重，而奠定了「明清氣學」之地位。

瀾。同時有關心性的討論，後來人乃不加簡擇，一起皆目之為玄論，棄之如敝屣。這種情況使得梨洲成為了這門學問最後的一個殿軍。以後是打開了一個新時代，思想上是顏元、戴震，最後連思想也不要了，乾脆轉上乾嘉考據文獻之學。『貞下啓元』，這絕不是梨洲所期待的新時代。而在明末清初的轉形期，思想潮流的大改變，梨洲都親身參與在內，推波助瀾，走上了一個不是他要的新方向。這乃是『歷史的弔詭』。必由這樣的角度去探測，才可以把握到梨洲在明末清初的思想史上的地位。完全非預期地，他結束了一個時代，而開啓了另一個『新』的時代。」(《黃宗羲心學的定位》，第六章，〈黃宗羲在思想史上的貢獻與地位〉，頁162。)

〔註67〕 梁啓超以為「清初之儒，皆講『致用』，所謂『經世之務』是也，宗羲以史學為根柢，故言之尤辯；其最有影響於近代思想者，則《明夷帶訪錄》也，……然在二百六七十年前，則真極大膽之創論也，故顧炎武見之而歡，謂『三代之治可復』；而後此梁啓超譚嗣同輩倡民權共和之說，則將其書節鈔，印數萬本，秘密散布，於晚清思想之驟變，極有力焉。」(《清代學術概論》，頁30～31。)

引用文獻

　　以下書目，除黃宗羲原典外，典籍部分依四庫全書總目次序排列，近人著作部分依姓名筆劃與時代順序排列。

一、典　籍

（一）梨洲原典

1. 《宋元學案》（臺北：河洛圖書出版社，1975 年 3 月）
2. 《明儒學案》（臺北：世界書局，1992 年 5 月）
3. 《黃宗羲全集》（一）～（十二）（杭州：浙江古籍出版社，2005 年 9 月增訂版）

（二）相關原典

經　部

易　類

1. 《周易正義》（魏）王弼、（晉）韓康伯注、（唐）孔穎達等正義（臺中：藍燈文化事業公司，《十三經注疏》景印嘉慶二十年江西南昌府學開雕）。

書　類

1. 《尚書正義》（漢）孔安國傳、（唐）孔穎達等正義（臺中：藍燈文化事業公司，《十三經注疏》景印嘉慶二十年江西南昌府學開雕）。

春秋類

1. 《春秋左傳正義》（周）左丘明傳、（晉）杜預注、（唐）孔穎達等正義（臺中：藍燈文化事業公司，《十三經注疏》景印嘉慶二十年江西南昌府學開雕）。

四書類

1. 《孟子注疏》（漢）趙岐注、（宋）孫奭疏（臺中：藍燈文化事業公司，《十三經注疏》景印嘉慶二十年江西南昌府學開雕）。

2. 《論語注疏》（魏）何晏注、（宋）邢昺疏（臺中：藍燈文化事業公司，《十三經注疏》景印嘉慶二十年江西南昌府學開雕）。

3. 《四書集註》（宋）朱熹撰 （臺北：世界書局，1967 年 11 月）。

4. 《讀四書大全說》（清）王夫之撰 （北京：中華書局，2009 年 5 月）。

史　部

正史類

1. 《明史》（清）張廷玉等撰（臺北：臺灣商務印書館，1988 年 1 月景印清乾隆武英殿刊本）。

2. 《清史稿》趙爾巽等撰 （臺北：博愛出版社，1983 年 9 月）。

傳記類——名人之屬

1. 《劉子年譜》（清）劉汋編 （北京：北京圖書館出版社，1999 年）。

2. 《黃宗羲年譜》（清）黃炳垕撰，王政堯點校 （北京：中華書局，1993 年 12 月）。

傳記類——總錄之屬

1. 《東林列傳》（清）陳鼎撰（臺北：新文豐出版社，1975 年 11 月）。

2. 《清儒學案》徐世昌撰（臺北：世界書局，1979 年 4 月）。

3. 《漢學師承記》（清）江藩撰（臺北：廣文書局有限公司，1977 年 7 月）。

地理類

1. 《浙江省餘姚縣志》（清）邵友濂修、孫德祖等纂（臺北：成文出版社有限公司，1983 年 3 月臺 1 版景印光緒二十五年刊本）。

子　部

儒家類

1. 《荀子集解》（周）荀況撰、（唐）楊倞注、（清）王先謙集解（臺北：世界書局，1970 年 10 月）。

2. 《周子通書》（宋）周敦頤撰（上海：上海古籍出版社，2008 年 3 月）。

3. 《張子全書》（宋）張載撰（臺北：臺灣中華書局，1968 年 7 月）。

4. 《朱子語類》（宋）朱熹撰、黎靖德編 （北京：中華書局，2004 年 2 月）。

5. 《居業錄》（明）胡居仁撰（臺北：臺灣商務印書館，景印文淵閣四庫全書）。

6. 《困知記》（明）羅欽順撰（明嘉靖十六年，吳郡陸粲刊本）。

7. 《劉子遺書》（明）劉宗周撰（臺北：臺灣商務印書館，景印文淵閣四庫全書）。

8. 《潘子求仁錄輯要》（清）潘平格撰（北京：中華書局，2009 年 5 月）。

雜家類

1. 《日知錄集釋》（清）顧炎武撰、（清）黃汝成集釋 （臺北：臺灣中華書局，1966 年）。

2. 《論衡校釋》（漢）王充撰，黃暉校釋 （北京：中華書局，1996 年 11 月）。

道家類

1. 《列子》（周）列禦寇撰、（晉）張湛注：（臺北：廣文書局有限公司，1987 年 3 月，景印清光緒甲申鐵琴銅劍樓摹刊宋本）。

2. 《莊子集釋》（周）莊周撰、（晉）郭象注、（清）郭慶藩輯：（臺北：華正書局有限公司，1991 年 8 月版）。

集　部

別　集

1. 《周元公書》（宋）周敦頤撰（臺北：臺灣商務印書館，景印文淵閣四庫全書）。

2. 《二程集》（宋）程顥、程頤撰（北京：中華書局，2008 年 7 月）。

3. 《朱子文集》（宋）朱熹撰，陳俊民校編（臺北：德富文教基金會，2000 年 2 月）。

4. 《南軒先生文集》（宋）張　栻撰（臺北：中文出版社，廣文書局印行，1993 年）。

5. 《呂祖謙全集》（宋）呂祖謙撰（浙江：古籍出版社，2008 年 1 月）。

6. 《象山全集》（宋）陸九淵撰（臺北：臺灣中華書局，1979 年 7 月）。

7. 《薛瑄全書》（明）薛瑄撰（山西：人民出版社，1990 年 8 月）。

8. 《康齋集》（明）吳與弼撰（臺北：臺灣商務印書館，景印文淵閣四庫全書）。

9. 《白沙子》（明）陳獻章撰（上海：商務印書館，四部叢刊三編集部景印東莞莫氏五十萬卷樓藏明嘉靖刊本。）。

10. 《王陽明全集》（明）王守仁撰（臺北：文友書局，1980 年 8 月）。

11. 《王廷相集》（明）王廷相撰（北京：中華書局，1989 年 9 月）。

12. 《雙江聶先生文集》（明）聶豹撰（臺南：莊嚴文化事業有限公司，1997 年 6 月，景印北京大學圖書館藏明嘉靖四十三年吳鳳瑞刻隆慶六年印本）。

13. 《吳廷翰集》（明）吳廷翰撰（北京：中華書局，1984 年 2 月）。

14. 《王畿集》（明）王畿撰（南京：鳳凰出版社，2007 年 3 月）。

15. 《念菴文集》（明）羅洪先撰 （臺北：臺灣商務印書館，景印文淵閣四庫全書）。

16. 《高子遺書》（明）高攀龍撰（臺北：臺灣商務印書館，景印文淵閣四庫全書）。

17. 《劉宗周全集》（明）劉宗周撰，戴璉璋、吳光主編、鍾彩鈞編審（臺北：中央研究院中國文哲研究所，1996 年 6 月）。

18. 《陳確集》（明）陳確撰（北京：中華書局，2009 年 3 月）。

19. 《船山全書》（清）王夫之撰（湖南：嶽麓書社，1988 年～1996 年）。

20. 《思復堂文集》（清）邵廷采撰（臺北：華世出版社，1977 年 6 月景印清光緒十九年會稽徐氏（友蘭）鑄學齋刊本）。

21. 《鮚埼亭集校注》（清）全祖望撰、詹海雲校注（臺北：國立編譯館，2003 年 12 月）。

22. 《戴震全書》（清）戴震撰（安徽：黃山書社，1995 年 10 月）。

二、近人著作

（一）專　著

1. 于化民撰：《明中晚期理學的對峙與合流》（臺北：文津出版社，1993 年 2 月）。

2. 小野澤精一、福永光司、山井涌編撰、李慶譯：《氣的思想——中國自然觀和人的觀念的發展》（上海：上海人民出版社，2007 年 3 月）。

3. 王邦雄撰：《儒道之間》（臺北：漢光文化事業公司，1989 年 10 月）。

4. 王邦雄、楊祖漢、岑溢成、高柏園撰：《中國哲學史》（臺北：國立空中大學，1998 年元月）。

5. 王茂等撰：《清代哲學》（安徽：人民出版社，1992 年 1 月）。

6. 王俊彥撰：《王廷相與明代氣學》 （臺北：秀威資訊科技股份有限公司，2005 年 10 月）。

7. 王俊義、黃愛平撰：《清代學術文化史論》（臺北：文津出版社，1999 年 11 月）。

8. 王瑞昌撰：《陳確評傳》（南京：南京大學出版社，2002 年 5 月）。

9. 方祖猷撰：《清初浙東學派論叢》（臺北：萬卷樓圖書股份有限公司，1996 年 7 月）。

10. 方祖猷撰：《萬斯同傳》（臺北：允晨文化實業股份有限公司，1998 年 10

月）。

11. 古清美撰：《黃梨洲之生平及其學術思想》（臺北：國立臺灣大學文學院，1978 年 2 月）。

12. 古清美撰：《明代理學論文集》（臺北：大安出版社，1990 年 5 月）。

13. 加藤常賢等撰、蔡懋棠譯：北京大學哲學系中國哲學史教研室編：《中國思想史》（北京：中華書局，1985 年）。

14. 成中英撰：《合外內之道：儒家哲學論》。（臺北：康得出版社，2005 年 11 月）。

15. 向世陵撰：《理氣性心之間——宋明理學的分系與四系化》。（北京：人民出版社，2008 年 2 月）。

16. 牟宗三撰：《從陸象山到劉蕺山》（臺北：臺灣學生書局，1990 年 2 月）。

17. 牟宗三撰：《中國哲學十九講》（臺北：臺灣學生書局，1991 年 12 月）。

18. 牟宗三撰：《中國哲學的特質》（臺北：臺灣學生書局，1994 年 8 月）。

19. 牟宗三撰：《心體與性體》（三）（臺北：正中書局，1995 年 12 月）。

20. 牟宗三撰：《心體與性體》（一）（臺北：正中書局，1996 年 2 月）。

21. 牟宗三撰：《心體與性體》（二）（臺北：正中書局，1996 年 9 月）。

22. 牟宗三撰：《政道與治道》（臺北：臺灣學生書局，1996 年 4 月）。

23. 牟宗三撰：《智的直覺與中國哲學》（臺北：聯經出版事業股份有限公司，2003 年）。

24. 牟宗三撰：《宋明儒學的問題與發展》（臺北：聯經出版事業股份有限公司，2003 年 12 月）。

25. 宇野精一主編、洪順隆譯：《中國思想（一）儒家》（臺北：幼獅文化事業公司，1987 年）。

26. 朱葵菊撰：《中國歷代思想史（六）清代卷》（臺北：文津出版社，1993 年 12 月）。

27. 朱義祿撰：《逝去的啟蒙——明清之際啟蒙學者的文化心態》（鄭州：河南人民出版社，1995 年）。

28. 朱義祿撰：《黃宗羲與中國文化》（貴陽：貴州人民出版社，2001 年 10 月）。

29. 全增嘏主編：《西方哲學史》上冊（上海：人民出版社，1991 年 8 月）。

30. 任繼愈主編：《中國哲學史》（北京：人民出版社，1992 年 4 月）。

31. 吳光撰：《古書考辨集》（臺北：允晨文化實業股份有限公司，1989 年 12 月）。

32. 吳光撰：《黃宗羲著作彙考》（臺北：臺灣學生書局，1990 年 5 月）。

33. 吳光撰：《儒家哲學片論》（臺北：允晨文化實業股份有限公司，1993 年）。

34. 吳光撰：《儒道論述》（臺北：東大圖書股份有限公司，1994 年 6 月）。

35. 吳光撰：《黃宗羲與清代浙東學派》（北京：中國人民大學出版社，2009 年 9 月）。

36. 吳光主編：《黃宗羲與明清思想》（上海：上海古籍出版社，2006 年 3 月）。

37. 吳光等主編：《黃梨洲三百年祭》（北京：當代中國出版社，1997 年 12 月）。

38. 吳怡撰：《中庸誠的哲學》（臺北：東大圖書股份有限公司，1993 年 10 月）。

39. 何佑森撰：《清代學術思想——何佑森先生學術論文集》（臺北：國立臺灣大學出版中心，2009 年 4 月）。

40. 何炳松撰：《浙東學派溯源》（桂林：廣西師範大學出版社，2004 年 12 月）。

41. 何冠彪撰：《明末清初學術思想研究》（臺北：文津出版社，1992 年 12 月）。

42. 何冠彪撰：《明清人物與著述》（臺北：臺灣商務印書館，1996 年 12 月）。

43. 何冠彪撰：《生與死：明季士大夫的抉擇》（臺北：聯經出版社，1997 年）。

44. 李明友撰：《一本萬殊——黃宗羲的哲學與哲學史觀》（北京：人民出版社，1995 年 10 月）。

45. 李紀祥撰：《明末清初儒學之發展》（臺北：文津出版社，1992 年 12 月）。

46. 余英時撰：《歷史與思想》（臺北：聯經出版事業公司， 1978 年 7 月）。

47. 余英時撰：《中國思想傳統的現代詮釋》（臺北：聯經出版事業公司，2004 年 4 月）。

48. 余英時等撰：《中國哲學思想論集——清代篇》（臺北：水牛出版社，1988 年 2 月）。

49. 余英時等撰：《中國歷史轉型期的知識分子》（臺北：聯經出版事業公司，1992 年 9 月）。

50. 岑溢成撰：《大學義理疏解》（臺北：鵝湖月刊雜誌社，1991 年 4 月）。

51. 東方朔撰：《劉蕺山哲學研究》（上海：人民出版社，1997 年 3 月）。

52. 林月惠撰：《良知學的轉折：聶雙江與羅念菴思想之研究》（臺北：國立臺灣大學出版社，2005 年 9 月）。

53. 林安梧撰：《王船山人性史哲學之研究》（（臺北：東大圖書股份有限公司，1987 年 9 月）。

54. 林安梧撰：《中國近現代思想觀念史論》（臺北：臺灣學生書局，1995 年 9 月）。

55. 林保淳撰：《經世思想與文學經世——明末清初經世文論研究》（臺北：文津出版社，1991 年 12 月）。

56. 林慶彰撰：《明代經學研究論集》（臺北：文史哲出版社，1994 年）。

57. 林聰舜撰：《明清之際儒家思想的變遷與發展》（臺北：臺灣學生書局，1990 年 10 月）。

58. 侯外廬、邱漢生、張豈之主編：《宋明理學史》（北京：人民出版社，1987 年 6 月）。

59. 姜國柱撰：《中國歷代思想史（四）宋元卷》（臺北：文津出版社，1993 年 12 月）。

60. 姜廣輝撰：《走出理學——清代思想發展的內在理路》（瀋陽：遼寧教育出版社，1997 年 5 月）。

61. 香港浸會大學宗教及哲學系編：《當代儒學與精神性》（桂林：廣西大學出版社，2009 年 1 月）。

62. 唐君毅撰：《中國哲學原論・原性篇》（香港：新亞書院研究所，1968 年 2 月）。

63. 唐君毅撰：《哲學論集》（臺北：臺灣學生書局，1990 年 2 月）。

64. 唐君毅撰：《中國哲學原論・原道篇》（臺北：臺灣學生書局，1990 年 9 月）。

65. 唐君毅撰：《中國哲學原論・原教篇》（臺北：臺灣學生書局，1990 年 9 月）。

66. 唐君毅撰：《中國哲學原論・導論篇》（臺北：臺灣學生書局，1993 年 2 月）。

67. 徐定寶撰：《黃宗羲評傳》（南京：南京大學出版社，2002 年 2 月）。

68. 徐定寶主編：《黃宗羲年譜》（上海：華東師範大學出版社，1995 年）。

69. 徐復觀撰：《中國人性論史》（臺北：臺灣學生書局，1988 年 2 月）。

70. 容肇祖撰：《明代思想史》（臺北：開明書店，1982 年 7 月）。

71. 容肇祖撰：《中國歷代思想史（五）明代卷》（臺北：文津出版社，1993 年 12 月）。

72. 袁爾鉅撰：《蕺山學派哲學思想》（山東：教育出版社，1993 年 12 月）。

73. 陳文章撰：《黃宗羲內聖外王思想之研究》（屏東：睿煜出版社，1998 年 12 月）。

74. 陳來撰：《朱熹哲學研究》（臺北：文津出版社，1990 年 12 月）。

75. 陳來撰：《宋明理學》（臺北：洪葉文化，1994 年 9 月）。

76. 陳來撰：《有無之境——王陽明哲學的精神》（臺北縣：佛光文化事業公司，2000 年 7 月 15 日）。

77. 陳捷先撰：《明清史》（臺北：三民書局，1990 年 12 月）。

78. 陳鼓應、辛冠潔、葛榮晉主編：《明清實學思潮史》（濟南：齊魯書社，1989 年 7 月）。

79. 陳榮捷撰：《王陽明與禪》（臺北：學生書局，1984 年 11 月）。

80. 陳福濱撰：《晚明理學思想通論》（臺北：環球書局。1983 年 9 月）。

81. 張立文主編：《中國哲學範疇精粹叢書——道》（臺北：漢興書局有限公司，1994 年 5 月）。

82. 張立文主編：《中國哲學範疇精粹叢書——理》（臺北：漢興書局有限公司，1994 年 5 月）。

83. 張立文主編：《中國哲學範疇精粹叢書——氣》（臺北：漢興書局有限公司，1994 年 5 月）。

84. 張立文主編：《中國哲學範疇精粹叢書——心》（臺北：七略出版社，1996 年 11 月）。

85. 張立文主編：《中國哲學範疇精粹叢書——天》（臺北：七略出版社，1996 年 11 月）。

86. 張立文主編：《中國哲學範疇精粹叢書——變》（臺北：七略出版社，200 年 4 月）。

87. 張永忠撰：《黃忠義政治哲學思想研究》（北京：人民出版社，2009 年 9 月）。

88. 張岱年撰：《中國哲學大綱》（臺北：藍燈文化事業股份有限公司，1992 年 4 月）。

89. 張豈之撰：《新中國思想史》（臺北：水牛出版社，1992 年 11 月 1 日）。

90. 張高評撰：《黃宗羲及其史學》（臺北：文津出版社，2002 年 5 月）。

91. 張麗珠撰：《清代新義理學》（臺北：里仁書局，2003 年 1 月 15 日）。

92. 張麗珠撰：《清代義理學新貌》（臺北：里仁書局，2003 年 3 月 15 日）。

93. 張麗珠撰：《清代的義理學轉型》（臺北：里仁書局，2006 年 10 月 30 日）。

94. 麥仲貴撰：《明清儒學家著述生卒年表》（臺北：臺灣學生書局，1977 年 9 月）。

95. 陶清撰：《明遺民九大家哲學思想研究》（臺北：洪葉文化，1997 年 6 月）。

96. 梁啓超撰：《中國近三百年學術史》（臺北：臺灣中華書局，1970 年 3 月）。

97. 梁啓超撰：《清代學術概論》（臺北：臺灣商務印書館，1994 年 1 月）。

98. 曹國慶撰：《曠世大儒——黃宗羲》（石家莊：河北人民出版社，2000 年 7 月）。

99. 湯一介撰：《儒學十論及外五篇》（北京：北京大學出版社，2009 年 4 月）。

100. 馮友蘭撰：《中國哲學史》（臺北：臺灣商務印書館，1999 年 11 月）。

101. 馮友蘭撰：《中國哲學史新編》（臺北：藍燈文化事業股份有限公司，1991 年 12 月）。

102. 程志華撰：《困境與轉型——黃宗羲哲學文本的一種解讀》（北京：人民出版社，2006 年 3 月）。

103. 傅佩榮撰：《柏拉圖》（臺北：東大圖書股份有限公司，1998 年 6 月）。

104. 勞思光撰：《新編中國哲學史》（臺北：三民書局股份有限公司，1998 年 2 月）。

105. 曾昭旭撰：《道德與道德實踐》（臺北：漢光文化，1985 年 4 月）。

106. 黃敏浩撰：《劉宗周及其慎獨哲學》（臺北：臺灣學生書局，2001 年 2 月）。

107. 溝口雄三撰、林右崇譯：《中國前近代思想的演變》（臺北：國立編譯館，1994 年 12 月）。

108. 鄔昆如撰：《西洋百位哲學家》（臺北：東大圖書股份有限公司，1984 年 1 月）。

109. 董金裕撰：《忠臣孝子的悲願——明夷待訪錄》（臺北：時報文化出版公司，1998 年 12 月 17 日）。

110. 詹海雲撰：《清初學術論文集》（臺北：文津出版社，1992 年 3 月）。

111. 詹海雲、李明輝、鍾彩鈞編：《劉蕺山學術思想論集》（中央研究院中國文哲研究所籌備處印行。1998 年 5 月）。

112. 楊祖漢撰：《中庸義理疏解》（臺北：鵝湖出版社，1986 年 9 月）。

113. 楊祖漢撰：《儒學的心學傳統》（臺北：文津出版社，1992 年 6 月）。

114. 楊慧傑撰：《天人關係論》（臺北：水牛圖書出版事業有限公司，1994 年 8 月 31 日）。

115. 楊儒賓主編：《中國古代思想中的氣論與身體觀》（臺北：巨流圖書公司，1993 年 3 月）。

116. 楊儒賓、祝平次編：《儒學的氣論與工夫論》（臺北：國立臺灣大學出版中心，2005 年 9 月）。

117. 葛榮晉撰：《王廷相和明代氣學》（北京：中華書局，1990 年 2 月）。

118. 葛榮晉撰：《王廷相》（臺北：東大圖書股份有限公司，1992 年 1 月 1 日）。

119. 熊十力撰：《讀經示要》（臺北：明文書局，1987 年 9 月）。

120. 蒙培元撰：《理學的演變》（臺北：文津出版社，1990 年 1 月）。

121. 蒙培元撰：《中國心性論》（臺北：臺灣學生書局，1996 年 3 月）。

122. 劉又銘撰：《理在氣中——羅欽順、王廷相、顧炎武、戴震氣本論研究》。（臺北：五南圖書出版有陽公司，2000 年 3 月）。

123. 劉述先撰：《黃宗羲心學的定位》（臺北：允晨文化實業股份有限公司，1986 年 10 月 28 日）。

124. 稽文甫撰：《左派王學》（臺北：國文天地雜誌社，1990 年 4 月）。

125. 蔡仁厚撰：《王陽明哲學》（臺北：三民書局股份有限公司，1983 年 2 月）。

126. 蔡仁厚撰：《宋明理學──北宋篇》（臺北：臺灣學生書局，1991 年 9 月）。

127. 蔡仁厚撰：《中國哲學大綱》（臺北：臺灣學生書局，1992 年 9 月）。

128. 蔡仁厚撰：《宋明理學──南宋篇》（臺北：臺灣學生書局，1993 年 9 月）。

129. 蔡仁厚撰：《孔孟荀哲學》（臺北：臺灣學生書局，1994 年 9 月）。

130. 鄭宗義撰：《明清儒學轉型探析：從劉蕺山到戴東原》（香港：香港中文大學出版社，2009 年）。

131. 錢明撰：《陽明學的形成與發展》（南京：江蘇古籍出版社，2002 年 9 月）。

132. 錢穆撰：《中國近三百年學術史》（臺北：臺灣商務印書館，1980 年 1 月）。

133. 錢穆撰：《中國學術思想史論叢》（八）（臺北：東大圖書股份有限公司，1980 年 3 月）。

134. 錢穆撰：《中國思想史》（臺北：臺灣學生書局，1993 年 8 月）。

135. 錢穆撰：《中國學術思想史論叢》（七）（臺北：東大圖書股份有限公司，1993 年 12 月）。

136. 錢穆撰：《宋明理學概述》（臺北：聯經出版事業公司，1995 年）。

137. 錢穆撰：《國學概論》（臺北：臺灣商務印書館，1998 年 5 月）。

138. 錢穆撰：《國史大綱》（臺北：臺灣商務印書館，1999 年 12 月）。

139. 謝國楨撰：《黃梨洲學譜》（臺北：臺灣商務印書館，1967 年 4 月）。

140. 謝國楨撰：《黃梨洲（宗羲）年譜》（臺北：文海出版社，1973 年）。

141. 譚丕模撰：《清代思想史綱》（上海：上海書店，1990 年）。

（二）論文集論文

1. 王俊彥撰：〈王船山氣學思想述要〉，《第三屆傳統文化與現代社會學術研討會論文集》，（1998 年），頁 119～134。

2. 王俊彥撰：〈王廷相的「元氣無息論」〉，《章太炎與近代中國學術研討會論文集》（臺北：里仁書局，1999 月 6 月）頁 503～524。

3. 王俊彥撰：〈羅欽順的「理氣心性」論──以「理氣是一的本體觀」爲詮釋進路〉，《高明教授百歲冥誕紀念研討會》（臺北：國立政治大學中國文學系，2009 年 10 月）頁 9～26。

4. 王俊彥撰：〈陳確的性善論與明清氣學〉，《發皇華語‧涵詠文學─中華文化暨華語文教學學術研討會論文集》（臺北：文津出版社有限公司，2009 年 12 月）頁 113～142。

5. 司徒琳撰:〈《明夷待訪錄》與《明儒學案》的再評價〉,《黃宗羲論——國際黃宗羲學術討論會論文集》(杭州:浙江古籍出版社,1987 年 12 月),頁 287～302。

6. 古清美撰:〈黃宗羲的《孟子師說》初探〉,《明代經學國際研討會論文集》(臺北:中央研究院中國文哲研究所,2002 年 3 月),頁 233～268。

7. 李紀祥撰:〈清初浙東劉門的分化及劉學的解釋權之爭〉,《第二屆國際華學研究會議論文集》(臺北:中國文化大學文學院,1992 年),頁 703～728。

8. 黃俊傑撰:〈黃宗羲對孟子心學的發揮〉,《明代經學國際研討會論文集》(臺北:中央研究院中國文哲研究所,2002 年 3 月),頁 199～231。

9. 葛榮晉撰:〈黃宗羲理氣說的邏輯結構〉,《黃宗羲論——國際黃宗羲學術討論會論文集》(杭州:浙江古籍出版社,1987 年 12 月),頁 213～224。

10. 劉又銘撰:〈顧炎武以氣爲本的宇宙觀〉,《第四屆清代學術研討會論文集》,(高雄:國立中山大學中文系,1995 年),頁 159～178。

11. 樓宇烈撰:〈黃宗羲心性說述評〉,《黃宗羲論——國際黃宗羲學術討論會論文集》(杭州:浙江古籍出版社,1987 年 12 月),頁 176～187。

12. 蔡家和撰:〈從黃宗羲《明儒學案》的評語見其心學意涵〉,《第十屆儒佛會通暨文化哲學學術研討會》(臺北:華梵大學,2007 年 3 月 18 日),頁 1～14。

(三)期刊論文

1. 丁國順撰:〈從「功夫即本體」的命題看黃宗羲哲學思想的實質〉,《浙江學刊》第 3 期,1992 年,頁 90～94。

2. 山井湧撰、盧瑞容譯:〈明末清初的經世致用之學〉,《史學評論》,第 12 期,1986 年 7 月,頁 141～157。

3. 王汎森撰:〈「心即理」說的動搖與明末清初學風之轉變〉,《中央研究院歷史語言研究所集刊》,65 本 2 分,1994 年 6 月,頁 333～373。

4. 王汎森撰:〈明末清初思想中之「宗旨」〉,《大陸雜誌》,94 卷 4 期,1997 年 4 月,頁 1～4。

5. 王汎森撰:〈清初思想趨向與《劉子節要》——兼論清初蕺山學派的分裂〉,《中央研究院歷史語言研究所集刊》,68 本 2 分,1997 年 6 月,頁 417～448。

6. 王汎森撰:〈清初的講經會〉,《中央研究院歷史語言研究所集刊》,68 本 3 分,1997 年 9 月,頁 503～588。

7. 王俊彥撰:〈吳廷翰「以氣即理,以氣即性」的思想〉,《華岡文科學報》,第 21 期,1997 年 3 月,頁 61～92。

8. 王俊彥撰：〈呂緝熙「氣生於氣」之思想〉，《中國文化大學中文學報》，第 7 期，2002 年 3 月，頁 31～62。

9. 王俊彥撰：〈王廷相的「性者、氣之生理」論〉，《中國文化大學中文學報》，第 9 期，2004 年 3 月，頁 41～64。

10. 方祖猷撰：〈黃宗羲與甬上弟子的學術分歧──兼論蕺山之學的傳播和沒落〉，《香港中文大學中國文化研究所學報》，第 22 期，1991 年，頁 336～350。

11. 方祖猷撰：〈黃宗羲及其弟子宗譜詩文輯佚〉，《寧波大學學報》第 1 期，1992 年。

12. 古清美撰：〈黃梨洲東林學案與顧涇陽、高景逸原著之比較〉，《孔孟月刊》第 22 卷第 3 期，1984 年 11 月，頁 47～50。

13. 古清美撰：〈清初經世之學與東林學派的關係〉，《孔孟月刊》，第 24 卷第 3 期，1985 年 11 月，頁 44～51。

14. 丘爲君撰：〈清代思想史「研究典範」的形成、特質與義涵〉，《清華學報》，24 卷 4 期，1994 年 12 月，頁 451～494。

15. 成中英撰：〈談明儒學案中的明儒氣象〉，《幼獅月刊》，第 47 卷第 2 期，1978 年 2 月頁 19～20。

16. 阮芝生撰：〈學案體裁源流初探〉，《史原》，2 期，1971 年 9 月，頁 57～75。

17. 何佑森撰：〈黃梨洲晚年思想的轉變〉，《故宮文獻》，第 3 卷第 1 期，1971 年 12 月，頁 35～42。

18. 何佑森撰：〈清初三大儒的思想〉，《故宮文獻》，第 4 卷第 3 期，1973 年，頁 11～16。

19. 何佑森撰：〈黃梨洲與浙東學術〉，《中國書目季刊》，第 7 卷第 4 期，1973 年 3 月，頁 9～16。

20. 何佑森撰：〈明末清初的實學〉，《臺大中文學報》，4 期，1991 年 6 月，頁 37～51。

21. 李明輝撰：〈劉蕺山對朱子理氣論的批評〉，《漢學研究》，第 19 卷第 2 期，2001 年 12 月，頁 1～32。

22. 杜保瑞撰：〈羅欽順存有論進路的理氣心性辨析〉，《哲學與文化》，第 387 期，2006 年 8 月，頁 101～121。

23. 林安梧撰：〈實踐之異化與形上的保存 對於宋代理學與心學的一個哲學解析〉，《聯合文學》，第 7 卷第 8 期，1991 年 6 月，頁 37～41。

24. 倉修良撰：〈黃宗羲與明儒學案〉，《杭州大學學報》，4 期，1983 年 12 月，頁 94～108。

25. 馬琇芬撰：〈論黃梨洲對王陽明「四句教」的辯析〉，《中山中文學刊》，2

期，1996 年 6 月，頁 145～167。

26. 陳文章撰：〈黃宗羲之工夫論評述〉，《鵝湖》，24 卷 2 期，1998 年 8 月，頁 30～38。

27. 陳文章撰：〈黃宗羲以知性為主體之務實主張所開展之儒家「以學領政」之精神〉，《鵝湖》，23 卷 11 期，1998 年 5 月，頁 32～37。

28. 陳振風撰：〈黃宗羲的思想〉，《臺南家專學報》，16 期，1997 年 6 月，頁 1～15。

29. 陳熙遠撰：〈黃梨洲對陽明「心體無善無惡」說的述解與其在思想史上的意涵〉，《鵝湖月刊》，15 卷 9 期，1990 年 3 月，頁 11～26。

30. 陳德和撰：〈黃宗羲「理氣同體二分論」析繹——「孟子師說」為中心〉，《鵝湖》，22 卷 1 期，1996 年 7 月，頁 8～16。

31. 陳錫勇撰：〈荀子性惡說的「性」與「偽」〉，《中國文化大學中文學報》，第 3 期，1995 年 7 月，頁 153～170。

32. 曹美秀撰：〈論黃宗羲晚年思想之轉變〉，《中國文哲研究通訊》，11 卷 2 期，2001 年 6 月，頁 223～248。

33. 張淑娥撰：〈黃宗羲之學術思想述要〉，《臺南師專學報》，20（下冊），1987 年 4 月，頁 53～67。

34. 張懷承撰：〈論理範疇在明清之際的演變〉，《中國文化月刊》，139 期，1991 年 5 月，頁 29～43。

35. 張麗珠撰：〈清代學術中的「學」「思」之辨〉，《漢學研究》，14：1=27，1996 年 6 月，頁 53～75。

36. 張麗珠撰：〈清代學術對宋明義理的突破〉，《故宮學術季刊》，13 卷 3 期，1996 年春，頁 131～149。

37. 張麗珠撰：〈理學在清初的沒落過程〉，《國文學誌》，4 期，2000 年 12 月，頁 99～117。

38. 程志華撰：〈黃宗羲民主思想成因初探〉，《河北大學學報（哲學社會科學版）》，2004 年第 2 期，頁 30～34。

39. 程志華、馮秀軍、楊鳳蘭撰：〈「自然視界」與意義世界關於黃宗羲「盈天地皆氣」與「盈天地皆心」關係的新詮〉，《河北大學學報（哲學社會科學版）》，第 30 卷，第 5 期，2005 年，頁 39～44。

40. 黃尚信撰：〈黃梨洲思想淵源探索——明代王學對黃梨洲思想的影響〉，《新竹師院學報》，4 期，1990 年 12 月，頁 23～39。

41. 黃翔撰：〈黃梨洲晚年思想轉變說試探〉，《中國文學研究》，14 期，2000 年 5 月，頁 273～305。

42. 曾昭旭撰：〈論儒家工夫論的轉向——從王陽明到王船山〉，《鵝湖》，17 卷 5 期，1991 年 11 月，頁 1～7。

43. 溝口雄三撰：〈論明末清初時期在思想史上的歷史意義〉，《史學評論》，12 期，1986 年 7 月，頁 99～140。

44. 楊自平撰：〈黃梨洲對四句教的理解、批判與創造性詮釋〉，《孔孟月刊》，34 卷 2 期，1995 年 10 月，頁 23～32。

45. 楊自平撰：〈黃梨洲對龍溪思想的詮釋與批判──重虛寂本體輕道德實踐的龍溪學〉，《哲學與文化》，22 卷 10 期，1995 年 10 月，頁 924～936。

46. 楊自平撰：〈梨洲歷史性儒學對人存有之歷史性的開啓〉，《鵝湖》，21 卷 5 期，1995 年 11 月，頁 44～53。

47. 楊芳燕撰：〈明清之際思想轉向的近代意涵─研究現狀與方法的省察〉，《漢學研究通訊》，20 卷 2 期，2001 年 5 月，頁 44～53。

48. 楊國榮撰：〈儒家價值觀的歷史轉換──明清之際的儒學〉，《孔孟學報》，68 期，1994 年 9 月，頁 173～189。

49. 楊儒賓撰：〈羅欽順與貝原益軒東亞近世儒學詮釋傳統中的氣論問題〉，《漢學研究》，2005 年 6 月第 23 卷第 1 期，頁 261～290。

50. 鄧克銘撰：〈羅欽順「理氣爲一物」說之理論效果〉，《漢學研究》，2001 年 12 月第 19 卷第 2 期，頁 33～57。

51. 鄭宗義撰：〈黃宗羲與陳確的思想因緣之分析──以陳乾初先生墓誌銘爲中心〉，《漢學研究》，14 卷 2 期，1996 年 12 月，頁 59～74。

52. 劉述先撰：〈論王陽明的最後定見〉，《中國文哲研究集刊》，11 期，1997 年 9 月，頁 165～188。

53. 劉述先撰：〈論黃宗羲對於孟子的理解〉，《鵝湖》，25 卷 7 期，2000 年 1 月，頁 2～11。

54. 劉述先撰：〈論儒家「內聖外王」之理想〉，《哲學與文化》，1988 年 2 月，15 卷 2 期，頁 26～34。

55. 劉述先撰：〈黃宗羲晚節保不保「黃宗羲討論會」之後的省思〉，《文星》，1987 年 4 月第 106 期，頁 156～159。

56. 蔡家和撰：〈黃宗羲與陳確的論辯之研究〉，《國立臺灣大學哲學論評》，第 35 期，2008 年 3 月，頁 1～36。

57. 蔡家和撰：〈黃宗羲的工夫論及其現代意義〉，《鵝湖學誌》，第 36 期，2006 年 6 月，頁 152～184。

58. 鍾彩均撰：〈羅整菴的理氣論〉，《中國文哲研究集刊》，第 6 期，1995 年 3 月，頁 56～64。

59. 蕭義玲撰：〈從方法論的發展看清代諸子學的興起〉，《孔孟學報》，75 期，1998 年 3 月，頁 153～168。

60. 韓學宏撰：〈明末清初經世思想興起因素平議〉，《中華學苑》，44 期，1994 年 4 月，頁 135～149。

61. 羅光撰：〈明朝初業哲學思想——黃宗羲〉，《哲學與文化》，8 卷 2 期，1981 年 2 月，頁 74～80。

62. 羅義俊撰：〈從王陽明到黃梨洲〉，《中國文化》，8 期，1993 年 6 月，頁 40～48。

（四）學位論文

1. 方文彬撰：《呂坤「氣即是理」思想研究》（臺北：中國文化大學中國文學研究所碩士論文，2002 年）。

2. 王巧儀撰：《孫應鰲「心與氣」思想之研究》（臺北：中國文化大學中國文學研究所碩士論文，2005 年）。

3. 古清美撰：《黃梨洲之生平及其學術思想》（臺北：國立臺灣大學中國文學系研究所碩士論文，1973 年）。

4. 吳文珠撰：《黃潤玉「理與氣」思想之研究》（臺北：中國文化大學中國文學研究所碩士論文，2005 年）。

5. 吳宛蓉撰：《王陽明與黃梨洲生命型態及學術走向的比較》（臺北：國立中山大學中國文學系研究所碩士論文，2007 年）。

6. 李東三撰：《黃梨洲及其明夷待訪錄之研究》（臺北：臺灣大學中國文學研究所碩士論文，1982 年）。

7. 李慧琪撰：《黃梨洲思想與明清之際儒學焦點的轉移》（臺北：國立中央大學中國文學系研究所碩士論文，2003 年）。

8. 林于盛撰：《黃梨洲思想旨歸研究》（臺北：國立中山大學中國文學系研究所碩士論文，2005 年）。

9. 林秀鳳撰：《吳廷翰氣學思想之研究》（臺北：政治大學中國文學研究所碩士論文，2002 年）。

10. 林怡伶撰：《高拱理學思想之研究》（臺北：中國文化大學中國文學研究所碩士論文，2002 年）。

11. 林盈盈撰：《吳廷翰「氣即道、道即氣」思想之研究》（臺北：中國文化大學中國文學研究所碩士論文，2003 年）。

12. 林朝和撰：《黃梨洲政治哲學之研究》（臺北：中國文化大學哲學研究所碩士論文，1986 年）。

13. 林嘉怡撰：《明代中期「以氣論性」說的崛起：羅欽順與王廷相人性論之研究》（臺北：政治大學中國文學研究所碩士論文，1998 年）。

14. 柯正誠撰：《劉蕺山「盈天地間一氣」思想研究》（臺北：中國文化大學中國文學研究所碩士論文，2003 年）。

15. 胡森永撰：《從理本論到氣本論——明清儒學理氣觀念的轉變》（臺北：臺灣大學中國文學研究所博士論文，1991 年）。

16. 南鍾鎬撰：《黃宗羲的政治思想》（臺北：臺灣大學政治研究所碩士論文，1991 年）。

17. 康長健撰：《黃宗羲政治思想之研究》（臺北：政治大學政治研究所碩士論文，1986 年）。

18. 曹美秀撰：《回歸原始儒學：晚明清初儒學風氣之探討》（臺北：臺灣大學中國文學研究所碩士論文，1998 年）。

19. 陳美吟撰：《高攀龍理學思想之研究》（臺北：中國文化大學中國文學研究所碩士論文，2003 年）。

20. 陳春福撰：《戴震《孟子字義疏證》「氣化流行」思想研究》（臺北：中國文化大學中國文學研究所碩士論文，2003 年）。

21. 陳國勛撰：《張載《正蒙》氣論思想之研究》（臺北：中國文化大學中國文學研究所碩士論文，2009 年）。

22. 陳惠雯撰：《呂柟氣學思想之研究》（臺北：中國文化大學中國文學研究所碩士論文，2005 年）。

23. 黃尚信撰：《黃梨洲經世之學研究》（臺北：中國文化大學中國文學研究所博士論文，1991 年）。

24. 黃筱君撰：《崔銑「氣與仁」思想之研究》（臺北：中國文化大學中國文學研究所碩士論文，2004 年）。

25. 楊自平撰：《梨洲歷史性儒學之建立》（桃園：中央大學中國文學研究所碩士論文，1995 年）。

26. 齊婉先撰：《黃宗羲之經世思想研究》（臺北：政治大學中國文學研究所碩士論文，1990 年）。

27. 賴昇宏撰：《湛甘泉理學思想之研究》（臺北：中國文化大學中國文學研究所碩士論文，1998 年）。

28. 韓學宏撰：《黃宗羲明儒學案之研究》（臺北：政大中國文學研所博士論文，1998 年）。